다윈 진화론
이데올로기에 맞짱을!

인문학의 시선에서 통찰한 과학

다윈 진화론
이데올로기에 맞짱을!

박홍순 지음

DARWIN

인문학의 시선에서 통찰한 과학

숨쉬는
책공장

들어가며

다윈혁명,
과학과 신화의 경계에 서다!

어느 때부터인가 이른바 '통섭'이라는 말이 자주 쓰인다. 통섭은 서로 다른 것을 한데 묶어 새로운 것을 만든다는 의미를 지닌다. 주로 인문학·사회학과 자연과학을 연결해 새로운 것을 만들어 내는 통합적 학문 연구를 가리키는 말로 쓰인다. 처음에는 생소한 단어로 여겨졌지만 이제 익숙한 편이다. 학문 간 경계를 허무는 몇몇 책이 꽤 관심을 불러일으켰고 언론에서도 주목을 받았다. 또한 관련 학자들이 TV 프로그램에서 활약하면서 사람들의 호기심이 더욱 늘어났다. 어느덧 일상용어 중 하나로 자리 잡았다.

그런데 한국 사회에서의 통섭에는 특정한 편향이 나타난다. 대부분 과학자가 자신의 관심 영역을 인문학·사회학 분야로 확장해 다룬다는 점이다. 과학적 지식과 시선을 기반으로 인간의 정신과 사

다윈 진화론 이데올로기에 맞짱을!

회적 현상을 설명한다. 가장 자주 접하는 방식은 동물의 행동이나 진화의 특성, 나아가 유전자 결정론에 근거한 접근이다.

학문 간 통섭은 매우 반가운 현상이다. 학문 간 경계의 벽이 워낙 높아 서로 소통이 되지 않던 한국의 학문과 문화 상황에서 상당히 의미 있는 시도다. 하지만 생물학의 눈으로만 인문학·사회학을 해석하는 방식은 또 다른 편견을 만들어 낼 가능성이 크다. 전체 시야에서 볼 때 좁고 특정한 색이 칠해진 안경으로 인간과 사회 전체를 해석하려는 시도이기 때문이다.

인간의 정신은 생물학보다 훨씬 넓은 토양 위에서 자라 왔다. 정신은 육체적 감각과 중추신경계의 기원과 발전 과정을 넘어서는, 개체와 종의 생존을 위한 적응을 넘어서는, 화학적·물리적 요인의 반응을 넘어서는, 일정 단계에 도달한 정신이 스스로 발전시킨 부분까지 포함하는 역사를 지닌다. 정신은 물질적 작용이나 진화로 환원될 수 없는 현상을 상당 부분 포괄한다.

분명 생물학의 프리즘을 통한 접근은 정신과 행위에 대한 참신한 시각을 제공하는 능동적인 면이 있다. 하지만 본래 인간이 가지고 있는 풍부한 토양을 협소한 틀 안에 가두는 한계가 동시에 나타난다. 좁은 시선으로 도달한 결론을 과학의 권위를 빌려 보편적인 그 무엇쯤으로 이해시킨다. 과학에서 출발했으나 신화와의 경계가 흐릿해지는 경향이 나타난다. 설사 그러한 의도가 있는 것은 아니라 해도 많은 사람이 그렇게 이해할 여지가 크다.

진정한 통섭을 위해서는 현재의 통섭이 놓치고 있는, 반대 방향에서의 접근이 함께 진행되어야 한다. 인문학 · 사회학의 시선으로 생물학이 밝혀낸 사실에 대해 해석하고 통찰하는 작업이 필요하다. 좀 더 적극적으로 말하자면, 이러한 방향의 통섭이 더욱 절실하고 바람직하기도 하다. 특히 유전자 결정론, 과학기술 만능주의가 맹위를 떨치고 있는 현실 상황을 고려할 때 더욱 절실한 면이 있다.

이 책은 생물학 역사에서 중요한 분기점이 되었던 다윈 진화론을 인간의 사회적 행동과 정신을 중심에 두고 살펴보는 다양한 시도를 다루고 있다. 각 생물학 이론과 사회 적용 이론의 핵심 내용과 의미를 이해하고, 나아가서 우리의 일상적인 삶과 사고방식에 미치는 영향을 반성적으로 성찰하고, 인문학 · 사회학과의 바람직한 관계 정립을 위한 모색을 담았다.

아무쪼록 이 책이 인문학 · 사회학과 생물학 사이에 놓여 있는 벽을 낮추는 데 손톱만큼이라도 자극이 되었으면 하는 마음이다. 무엇보다도 한 방향으로 치우쳐 있는 한국의 통섭 경향에서, 인문학의 시선으로 과학을 통찰하는 의미 있는 시도 중 하나가 되기를 바란다.

박홍순

차례

01

갈라파고스에서
생명의 비밀을 찾다!

진화론을 향한 다윈의 열망

지난 수백 년 동안의 과학사 중 가장 충격적인 사건을 꼽으라고 하면 단연 찰스 로버트 다윈(Charles Robert Darwin, 1809~1882)의 진화론이 첫 손가락에 꼽힐 것이다. 지금이야 진화론이 상식처럼 여겨지지만, 발표 당시로서는 실로 충격적인 주장이었다. 숭고한 인간이 원숭이의 자손일 뿐만 아니라, 심지어 생명의 기원으로 더 거슬러 올라가면 단세포 생물에서 시작되었다고 하니 경악할 일이었다.

존 콜리어, <다윈>, 1883년

다윈 진화론 이데올로기에 맞짱을!

영국 화가 존 콜리어(John Collier, 1850~1934)의 〈다윈〉은 식물을 통해 생물 진화를 연구하는 장면을 담고 있다. 다윈이 30대 중반부터 정착해 살았던 다운 하우스의 온실에서 여러 종류의 식물을 관찰하는 중이다. 각 식물 종의 차이, 혹은 같은 종의 변이 과정을 연구하는 듯하다. 책상에는 노트와 잉크가 있어서 관찰 결과를 꼼꼼하게 기록하는 그의 평소 습관도 보여 준다.

식물은 청년기부터 그림에서 보이는 노년기에 이르기까지 다윈이 줄곧 관심을 기울였던 대상이다. 1832년에 브라질에 도착했을 때도 기생식물, 난초, 커피, 카사바, 덩굴식물, 고사리 등을 관찰했다. 다윈의《종의 기원》에 의하면 진화의 증거는 우리 주변에서도 흔히 볼 수 있다. 특히 인류는 곡물, 과일, 꽃을 비롯해 각종 식물을 재배하며 살아왔다. 인위적인 개입에 의해 식물은 변화를 거듭해 왔다.

"지금도 밀과 같은 가장 오래된 재배식물에서 종종 새로운 변종이 나오고 있다. (…) 오늘날 꽃집에서 보는 꽃들은 불과 20, 30년 전의 그림과 비교해 보면, 얼마나 현저하게 개량되었는지를 알 수 있다. 어떤 품종의 식물이 일단 훌륭하게 확립되면, 종묘하는 사람은 정해진 표준에서 벗어난 이른바 '불량품'을 뽑아낼 뿐이다."　　　　_찰스 로버트 다윈,《종의 기원》, 동서문화사

사실 따지고 보면 한국인이 거의 매일 먹는 쌀도 오랜 기간 여러 차례의 개량으로 만들어진 새로운 품종의 벼에서 얻은 것이다. 간식으로 흔히 먹는 과일도 예외가 아니다. 예를 들어 본래 인류가 먹던

야생 사과는 모양이 작고 표면도 덜 고르다. 인류에게 유용하도록 품종 개량 과정을 거치면서 더 달고 더 큰 사과를 만들어 냈다.

다윈은 식물의 형태를 비교해 분류하는 데 중점을 둔 기존의 식물학을 넘어서고자 했다. 동일한 식물이 다른 형태로 변이하는 과정에 관심을 기울였다. 인위적으로 재배하는 식물이라 해도 단 한 번의 변이로 새로운 형태가 나타나지는 않는다. 여러 세대에 걸쳐 새로운 생활 조건 속에 놓일 때 눈에 띌 정도로 현저한 변화를 보인다. 원하는 변화에 미치지 못하는 개체들을 '불량품' 취급하며 거듭 제거하는 작업을 병행하면, 비슷한 조건 위에서 비교적 쉽고 빠르게 퍼져 나간다.

사람들이 가축으로 사육해 왔던 동물도 마찬가지다. 신체의 어떤 부위나 기관을 얼마나 더 사용하는가에 따라 상당한 변화가 일어난다. 다윈은 "동물에 있어서는 여러 신체 각 부분의 사용과 불사용의 증가가 훨씬 현저한 영향을 미친다."라고 했다. 예를 들어 집오리는 들오리보다, 골격 전체의 무게에 대한 비율로 따졌을 때 날개뼈는 가볍고 다리뼈는 무겁다. 집오리가 야생의 조상보다 나는 일이 적고 걷는 일이 많기 때문이다. 젖을 짜는 나라에서는 다른 나라보다 소와 염소의 젖이 크다. 유전적으로 젖이 발달한 것도 몸의 사용이 미치는 영향을 보여 주는 좋은 사례다.

그가 보기에 사람이 재배 작물이나 사육 동물에게서 인위적인 작용을 통해 변화를 만들어 낼 수 있다면 자연이라고 해서 못 할 게 없다. 인간의 인위적인 교배로 인한 변화보다 긴 시간이 걸린다는 차이가 있을 뿐, 자연도 개체의 변화를 끌어낸다. 오히려 인위적인 작용보다도 훨씬 더 변화무쌍한 조건과 방식으로 생존과 변화에 영향을 미친다. 자연조건의 현격한 차이에 적응하면서 다양한 종이 생겨난다. 또한 같은 종이라 하더라도 기후나 다른 생활 조건이 변화될 때 다른 모양으로 변이가 일어난다.

갈라파고스에서 찾은 비밀의 열쇠

다윈은 1831년 영국 해군 측량선인 비글호를 타고 남아메리카 연안을 살폈다. 그 스스로 "비글호 여행은 단연코 내 인생의 가장 중요한 사건이었고, 내 모든 경력을 결정지었다."라고 할 정도로 그의 연구에서 눈에 띄는 분기점이 되었다. 여행에서 그는 기존에 관찰했던 식물과 동물 종의 변이를 규명할 다양한 사례를 수집했다. 포유류 화석을 다량 발굴하는 기회도 얻었다. 화석과 현재 형태 사이의 놀라운 유사성에 강한 인상을 받았고, 혈족 관계 연구로 종의 계통과 관련된 지식을 쌓았다. 특히 다양한 지역을 관찰하면서 지리적인 차이가 종의 변이에 미치는 영향에 주목했다.

1835년에 여러 개의 섬으로 이루어진 갈라파고스 제도에 도착했다. 남아메리카 서해안에서 약 1,000km 떨어진 적도 바로 아래 있는 화산섬이다. 그는 이 섬에서 다양한 변이 양상을 보았다. 여러 섬이 지질학적인 측면에서 아주 오래되지 않았음에도 불구하고 생물들이 각각의 섬에서 조금씩 다른 모습으로 살아가고 있음을 발견하면서 "종이 불변이 아님을 거의 확신"했다.

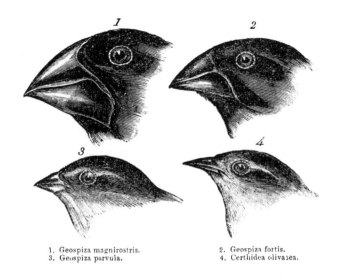

1. Geospiza magnirostris.
2. Geospiza fortis.
3. Geospiza parvula.
4. Certhidea olivacea.

존 굴드, <다윈의 핀치>, 1845년

무엇보다 다윈은 '핀치'라고 불리는 검은방울새가 섬의 조건에 따라 다른 모습을 하고 있는 것에 깊은 인상을 받았다. 같은 핀치인데도 하늘을 날지 못하고 땅에서만 사는 종이 있었다. 또한 다른 동물의 피를 빨거나 진드기를 먹는 종이 있는가 하면, 식물 열매를 먹는 종도 있었다. 이에 따라 몸과 꼬리의 형태, 나아가서는 부리의 모양이 달랐다.

형태의 차이는 영국 조류학자인 존 굴드(John Gould, 1804~1881)가 그린 <다윈의 핀치>에서 잘 볼 수 있다. 분명 같은 핀치지만 부리 모양이 다양하게 나타난다. 부리의 크고 작음, 길고 짧음, 굵고 얇음 등 상당한 차이를 보인다. 머리 모양도 부리 크기에 따라 다르다. 1번 핀치는 가장 강한 부리를 가지고 있다. 다른 핀치들은 점진적으로 부리

다윈 진화론 이데올로기에 맞짱을!

메러디스 뉴전트, <갈라파고스 거북을 관찰하는 다윈>, 1891년

가 작아지는 모습을 보인다. 이 가운데 4번 핀치는 가장 뾰족한 부리를 갖고 있다.

다윈은 1837년 동물학회에 핀치의 다양한 변이를 다룬 논문을 발표했다. 대륙에 살던 하나의 조상에서 출발해 서로 다른 생존 조건을 가진 고립된 섬 환경에 적응하면서, 생존하기에 적합한 모양의 부리로 변이가 일어났음을 보여 주었다. 각 동물에게서 생존에 적합한 방향으로 변이가 일어난다는, 진화에 대한 문제의식을 담았다. 전통적인 생물 창조론의 영향을 받은 유럽의 많은 지식인 사이에서 논란이 벌어졌다. 하지만 조류학자인 굴드가 갈라파고스의 다양한 핀치가 단순한 변종이 아니라, 각각 완전한 종으로 변화했음을 입증함으로써 진화론을 바탕으로 한 다윈의 문제의식을 뒷받침해 주었다.

갈라파고스에서 다윈에게 생물 진화의 문제의식을 제공한 동물은 핀치만이 아니다. 지금은 갈라파고스의 상징이다시피 한 갈라파고스땅거북도 중요한 역할을 했다. 다윈은 처음에 선원 6~8명이 붙어야 들어 올릴 수 있는 엄청나게 큰 거북을 발견하고, "이 거대한 파충류는 검은 용암과 잎 없는 관목과 큰 선인장으로 둘러싸여서, 내 상상 속에서는 마치 대홍수 이전의 동물처럼 보였다."라며 놀라워했다.

미국의 삽화가 메러디스 뉴전트(Meredith Nugent, 1860~1937)가 그린 〈갈라파고스 거북을 관찰하는 다윈〉은 단순한 신기함을 넘어 세밀한 탐구의 시선을 느끼게 한다. 갈라파고스땅거북은 등딱지 길이가 1.2~1.5m, 몸무게도 400~500kg에 달해서 코끼리거북으로도 불린다. 워낙 몸무게가 많이 나가기 때문에 1시간에 300m밖에 가지 못한다. 그림에서 다윈은 거북과 함께 천천히 걸으며 속도를 측정하고 있다. 그는 거북의 등에 자주 올라타는가 하면 연구를 위해 3마리를 기르기도 했다.

거대한 몸집도 자연환경 적응의 증거였다. 천적이 없는 환경에서 살다 보니 몸을 숨길 이유가 없어져 커진 것이다. 무엇보다도 거북의 다양한 형태가 특이하게 여겨졌다. 갈라파고스에 머물면서, 핀치가 그러하듯이 거북도 섬에 따라 생김새와 크기가 저마다 다르다는 사실을 알게 되었다. 그리고 원주민들이 거북의 모양에 따라 각각 어느 섬에서 온 것인지 구별할 줄 안다는 사실에 주목했다.

가장 특이한 차이는 등딱지의 모양이었다. 몇몇 섬의 거북은 목과 가까운 앞쪽 부분이 말안장처럼 위로 올라간 형태를 보였다. 다른 섬의 거북과 비교할 때 상대적으로 넓적하게 퍼진 모양도 특징적이었다. 말 등에 얹는 안장을 닮았다고 해서 안장형이라 불렸다. 또 다른 섬에 주로 사는 거북의 등딱지는 큰 바가지를 엎어 놓은 듯한 형태를 보였다. 가운데가 불룩 솟고, 전체적으로 둥그런 모양 때문에 돔형으로 불렸다. 이 두 형태 사이의 절충 형태인 중간형도 있었다.

다윈이 보기에 등딱지의 차이는 먹이의 차이 때문에 생겨났다. "거북들이 섬마다 다른 서식 환경에 오랜 시간 적응해 오면서 이런 차이가 생긴" 셈이다. 각 섬을 방문해 조사해 보니 돔형 거북은 습하고 먹이가 풍부한 섬에 살고 있었다. 땅 가까이에 무성하게 자라난 키 작은 풀을 주로 먹었다. 돔형은 대체로 목이 짧았는데, 지표면의 풀을 먹이로 삼으니 굳이 목을 늘일 필요가 없었고 이에 적합하도록 생김새를 갖추게 되었다.

안장형 거북은 건조해서 먹이가 부족한 섬에 살고 있었다. 돔형 거북보다 상대적으로 다리와 목이 조금 더 길다. 키가 큰 부채선인장 잎이 주요 먹이였다. 목을 길게 빼서 들어 올려야 먹을 수 있기에 등딱지 앞이 열려 쉽게 뻗을 수 있는 형태로 변이가 일어났다. 등딱지 구멍이 위로 넓게 벌어져 있어서 외부의 공격에 취약할 수 있지만, 열악한 먹이 환경에서 위협을 무릅쓰고라도 생존에 알맞은 형태로 변화가 나타난 것이다. 핀치의 다양한 부리 모양과 마찬가지로 거북의 다양한 등딱지 모양은 다윈이 진화의 개념을 정립하는 데 큰 도움을 주었다.

자연 선택에 의해 만들어진 세상

다윈은 종이 고정되어 있지 않고, 자연 선택에 의해 변화했다고 확신하게 되었다. 여행에서 확인한 연구 성과를 모아 1859년에 발간한 《종의 기원》에서 오늘날 지구의 다양한 생물이 창조가 아니라 진화의 결과임을 분명히 밝혔다. "최근까지 종은 불변하며 각각 창조된 것으로 믿었다. (…) 나는 자연 선택이 변화의 가장 중요한 방법임을 확신하고 있다."

기독교 세계관이 1000년 넘게 지배한 서양의 중세는 물론이고, 심지어 그 영향력이 상당히 이어진 근대 초기까지도 많은 사람들이 각각의 생물종은 저마다 창조되었다고 믿었다. 이 세상의 모든 생명은 신의 목적에 맞게 처음부터 창조되었고, 그 모습 그대로 현재까지 완결적으로 유지되고 있다는, 이른바 창조론 사고방식이다.

다윈이 보기에도 작고 단순한 구조의 생물과 크고 복잡한 구조의 생물은 창조론 주장처럼 별개로 만들어진 게 아니라 진화의 사슬을 통해 긴밀하게 연결되어 있다. 구조의 규모가 다른 여러 종 사이의 상호 연관성, 발생의 비교 등으로 확인할 수 있다. 예를 들어 인간의 뇌는 여러 조각으로 기묘한 모양을 한 두개골 속에 있다. 그런데 인간에 비해 몸이나 뇌가 아주 작은 새도 같은 구조를 갖추고 있다. 식물도 마찬가지다. 크기와 생김새가 전혀 다른 꽃의 꽃받침, 꽃잎, 수술, 암술은 현저하게 다른 목적에 적합한 것인데, 모두 동일한 패턴에 의해 구성되어 있다. 이는 크고 복잡해 보이는 개체들이 작고 단순한 구조에서 진화되었음을 알게 해 준다.

　단순한 형태 변화만이 아니라 몇몇 종은 "이미 절멸한 어떤 다른 종에서 유래하는 자손"일 정도로 변화의 폭은 훨씬 깊고 넓다. 언제 어디서나 각 생물은 자신을 둘러싼 생활 조건과 관련해 스스로 개량하는 일을 묵묵히 눈에 띄지 않게 계속한다. 이 모든 변화의 가장 중요한 요인이 자연이라는 점에서 자연 선택이 진화의 핵심 원동력이라 할 수 있다.

　"어떤 생물에게 유용한 변이가 일어나면, 이러한 형질을 가진 개체는 틀림없이 생존 경쟁에서 보존되는 가장 좋은 기회를 얻게 된다. 그리고 유전의 강력한 원리에 따라, 똑같은 형질을 가진 자손을 생산하는 경향을 나타내게 된다. 이러한 보존의 원리 또는 적자생존의 원칙을 나는 '자연 선택'이라고 명명했다."

_찰스 로버트 다윈, 《종의 기원》, 동서문화사

　자연 선택은 생존 경쟁에서 자기를 보존하는 기회를 확대하는 방향으로 나타난다. 생존 경쟁은 개체가 살아가는 것뿐만 아니라, 후손을 남기는 번식까지 포함한다. 다른 개체와의 경쟁도 문제가 되지만, 가장 치열한 경쟁은 같은 종 내에서 벌어진다. 비슷한 자연조건에서 같은 먹이와 주거를 놓고 직접 경쟁해야 하기 때문이다. 거의 같은 구조, 체질, 습성을 가지고 있기에 일반적으로 가장 격한 경쟁이 일어난다.

　경쟁 과정에서 개체는 나쁜 것은 버리고, 좋은 것은 보존하고 축적하는 경향을 보인다. 여러 세대에 걸치는 시간 경과에서 유용한 변이가 일어난 개체의 수는 늘어난다. 반대로 생존에 유리한 변화에서 뒤처진 개체들은 점차 줄어든다. 변종이나 새로운 종은 그들과 가장 가까운 종을 가장 심하게 억압하는 경향을 보이므로 해당 종은 절멸에 이르기도 한다. 그러한 의미에서 자연 선택에는 적자생존의 원리가 적용된다.

인간은 동물과 질적으로 다른 존재인가?

인간도 자연 선택에 따른 진화의 산물이다. 다윈은 《종의 기원》에서 생물이 진화한다는 주장을 펼쳤지만 인간의 진화에 대해서는 자세하게 다루지 않았다. 12년 뒤에 인간이 어디에서 왔는지를 본격 탐구한 《인간의 기원》을 출간했다. 여기에서 인간은 어떤 동물로부터 유래했고, 어떻게 발전해 왔는지를 설명했다.

"인간이든 동물이든 상동 구조, 배 발생, 흔적 기관 등은 점진적 진화의 원리를 지지할 확실한 증거를 충분히 제공한다. (…) 인간의 조상에게도 서서히 직립해 두 발로 걷게 되는 것이 틀림없이 유리했던 것으로 생각된다. (…) 흔히 동물은 도구를 전혀 사용할 줄 모른다고 말한다. 그러나 야생 침팬지는 서식지에 자라는 호우 같은 열매를 돌로 깨뜨린다."

_찰스 로버트 다윈, 《인간의 기원》, 동서문화사

다윈에 의하면 먼저 인간과 동물 사이의 비슷한 구조를 발견하는 게 그리 어렵지 않다. 인간의 뼈는 어느 것이나 원숭이, 박쥐, 바다표범 등의 뼈와 일치해 대응한다. 근육, 신경, 혈관, 내장도 마찬가지다. 배 발생은 인간과 동물의 긴밀한 관계를 더 잘 보여 준다. 발생의 초기 단계에는 다른 척추동물의 배와 거의 구별되지 않는다. 특히 원숭이와 구별하려면 태아 발생 후 상당한 시간이 흘러야 한다.

인간 신체의 흔적 기관도 동물로부터의 진화 증거를 보여 준다. 귀를 움직이는 근육이나 꼬리뼈는 남아 있지만 퇴화되어 제대로 기능하지 않는다. 하지만 배 발생 초기에 꼬리뼈 부분은 자유롭게 움직이며 다리보다 길다. 아주 먼 옛날로 거슬러 올라가면 인간도 동물처럼 꼬리가 있고 귀를 움직이는 동물을 선조로 두고 있음을 알게 해 준다. 인간이 어디에서 왔는지를 보여 주는 증거들이다.

다른 동물과 마찬가지로 인간의 선조도 자연환경이 넉넉하게 제공하는 식량 이상으로 증가한 경향이 있었으리라 예상되고 있다. 생존을 위한 경쟁이 심화되면 생존에 유리한 방향으로 변이가 나타난다. 다양한 영장류 가운데 일부가 지역 환경이나 먹이를 구하는 방법에서 변화를 갖게 되어, 나무보다 땅에서 지내는 일이 많아졌다면, 이동 방식에도 곧 변화가 일어났으리라. 점차 두 발로 걷는 방식이 생존에 유리한 상황을 맞이했을 것이다.

어느 순간 나무에서 땅으로 내려와 두 발로 걸으면서 두 손을 자유롭게 사용하는 방법이 인간에게는 양식을 구하는 데 더 유리한 환경이 만들어졌다고 봐야 한다. 걸으며 상체를 자유자재로 사용하는

작가 불명, <침팬지 마푸카>, 1893년

경향이 지속되면서 골격이나 근육이 이에 적합하도록 변이가 일어났다. 신체의 세부 기관도 마찬가지다. 점차 발은 평평해졌고 원숭이처럼 발가락으로 무언가를 붙잡는 기능은 퇴화되었다.

　　나아가 다윈은 인간만의 고유한 특징으로 알려졌던 도구 사용이 동물에게서도 발견된다고 했다. 많은 사람이 도구 사용을 인간과 다른 동물 사이에 결코 넘을 수 없는 벽으로 여겼다. 하지만 동물의 도구 사용은 단지 열매를 돌로 깨뜨리는 데 머물지 않는다. 아메리카 원숭이는 부드럽지만 맛이 없는 과일 껍질을 벗기는 데도 돌을 사용한다. 돌이나 나뭇가지를 무기로 사용하는 원숭이도 있다.

　　침팬지의 습성을 묘사한 19세기 판화집《침팬지 마푸카》에 실린 위의 그림도 꽤 능숙하게 도구를 사용하는 모습을 보여 준다. 침팬지

　　　　　　　　　　　　　다윈 진화론 이데올로기에 맞짱을!

가 가는 나뭇가지를 좁은 구멍에 집어넣고 무언가를 꺼내는 중이다. 세밀하게 힘을 조절해 가며 섬세하게 작업한다. 표정이나 동작은 이 작업에 얼마나 몰두하고 있는지를 알게 해 준다. 구멍에 사는 아주 작은 먹이를 잡기 위한 행위로 보인다.

침팬지의 도구 사용에 대해서는 영국의 동물학자로 침팬지의 행동 연구 분야에서 세계 최고 권위자로 꼽히는 제인 구달(Jane Goodall, 1934~)이 《희망의 이유》에서 생생하게 증언했다. 그는 1960년 어느 날, 아프리카 침팬지가 붉은 흙무더기에 앉아서 구멍 속으로 풀 줄기를 반복해서 찔러 넣는 모습을 보았다. 침팬지는 잠시 후 무언가를 조심스럽게 꺼내 한 마리씩 입속으로 털어 넣었다. 구멍 속의 흰개미를 잡는 행위였다.

이는 단순히 땅 위의 돌이나 나뭇가지를 주워 사용하는 수준을 넘어선다. 잎이 무성한 작은 가지를 주워서 잎을 떼어 낸 후 구멍에 넣었는데, 이는 물체를 변형하는 작업, 비록 조잡한 수준이지만 도구를 제작하는 작업이다. 그는 침팬지가 이파리를 으깨어 나무의 움푹 팬 구멍에서 빗물을 빨아들이는 모습도 보았다. 이 역시 물체를 변형해 도구를 만드는 작업이다. '도구를 만드는 인간'으로 동물과 인간을 질적으로 구분하는 규정이 설득력을 잃는 순간이다.

침팬지는 일종의 교육을 통해 도구를 사용하는 방법을 익히기도 한다. 다윈에 의하면 침팬지에게 커다란 상자 뚜껑을 나뭇가지로 여는 방법을 가르쳐 주면 이후 같은 방법을 사용한다. 나중에는 무거운 물체를 움직이기 위해 나뭇가지를 지레로 사용하는 장면도 관찰

된다. 인간이 사용하는 복잡한 도구와 비교해 수준이 떨어진다고 무시할 일이 아니다. "원시인이 맨 처음 부싯돌을 무슨 목적으로 사용했든, 처음에는 단단한 열매를 우연히 깼고, 나중에 날카로운 조각을 사용하게 된 것이 틀림없다."

인간이 영장류의 일부 종에서 진화했음을 받아들일 수 없는 사람들은 또 다른 이유를 들어 고개를 가로젓는다. 영장류의 모든 동물이 온몸에 털이 덮여 있는데, 인간만 털이 없는 피부라는 점을 근거로 의문을 던지기도 한다. 이에 대해서는 여러 갈래의 생물학자들이 다양한 방식으로 털이 없어지는 진화의 경로를 설명했다.

이 가운데 영국의 동물학자 데즈먼드 모리스(Desmond Morris, 1928~)가 《털 없는 원숭이》에서 주장한 다음 내용이 가장 설득력이 있어 보인다. 물론 이 책이 나온 1967년 당시에 그의 주장이 많은 사람들에게 자연스럽게 받아들여진 것은 아니다. 가톨릭 교황청에서는 금서로 규정했고, 몇몇 나라에서는 불태우기까지 했다.

"사냥감 추격은 매우 중요했기에 아무리 힘들어도 견뎌낼 수밖에 없었지만, 체온은 상당히 올라갔을 것이다. (⋯) 다른 측면에서는 상당한 희생을 의미한다 해도, 그는 체온을 내리기 위한 조치를 취할 수밖에 없었다. (⋯) 털을 갖고 있던 사냥하는 원숭이가 털 없는 원숭이로 바뀌는 데 작용한 주요한 요인이다." _데즈먼드 모리스, 《털 없는 원숭이》, 영언문화사

모리스에 의하면 아무리 작은 동물을 잡는 일이라 해도 사냥이

다윈 진화론 이데올로기에 맞짱을!

몇 시간 만에 끝나지 않는다. 사자나 호랑이와 같은 맹수는 폭발적인 순간 속도와 날카로운 이빨, 발톱으로 사냥 대상을 제압할 수 있다. 하지만 유인원은 돌과 나무로 발이 빠른 동물을 잡기 위해서는 인내력을 갖고 끈질기게 추격하는 방법밖에 없다. 사냥 동물의 사소한 흔적이라도 찾아 추격하는 지능이 다른 동물보다 발달해 있으니 어떡해서든 따라갈 수는 있다. 뛰든 걷든 하루 이상을 쫓는 일이 허다했을 게 분명하다.

　이 과정에서 가장 큰 문제는 온몸이 털로 덮여 있는 상태일 때 나타나는 체온 상승이다. 추격을 포기하거나 이를 무시해서 자기 목숨이 위태로워지는 일이 생긴다. 그래도 장시간의 추격 이외에 다른 방법이 없는 유인원으로서는 몸이 버틸 수 있는 한계까지 추격을 반복한다. 여러 세대를 거치는 동안 이러한 생존 조건에 적응하면서 체온을 내리는 방향으로 신체 변화가 나타났다. 털이 줄어들고 피부로 땀을 배출하면서 체온을 낮추는 방향이다. 대신 다른 측면에서 '상당한 희생', 즉 사냥하지 않는 기간의 추위라는 문제가 생겼다. 이를 보완하기 위해 피하 지방층이 늘어났다고 볼 수 있다.

　우리에게 잘 알려진 마빈 해리스(Marvin Harris, 1927~)가《작은 인간》에서 언급한, 실제 원시적 삶을 유지하고 있는 원주민들의 사냥을 연구한 인류학자들의 관찰 결과도 이를 뒷받침한다. 아메리카 원주민들은 장거리 달리기 능력을 발휘해 짐승을 끊임없이 추적해 잡았다. 때로는 며칠 동안을 추적하고, 짧아도 하루 이상은 걸렸다. 그렇게 해서 사슴이 쉬지 않고 뛰도록 만들었다. 코와 입으로 습기를 방출

함으로써 열을 식히는 포유동물은 체온 상승을 견딜 수 없기에 장거리 달리기에서 인간을 이기기 어렵다.

인간은 온몸의 땀샘으로 물기를 내보내 피부를 적시는데 이는 열을 식히기에 효과적이다. 다른 포유동물보다 땀샘이 훨씬 많아서, 무려 약 500만 개에 이른다. 공기가 젖은 피부를 스쳐 지나가면서 습기가 증발되고 피부 바로 밑에 흐르는 모세혈관의 열은 떨어진다. 정상적인 상태를 넘어선 과도한 열의 95%는 땀의 증발과 함께 발산된다. 대신 몸에서 자라날 수 있는 털은 제한된다. 인간이 영장류의 원숭이들과 달리 유인원을 거치면서 털이 없어진 이유도 자연 선택에 의한 진화 과정으로 설명된다.

오늘날 유전자 연구를 통해 진화론이 과학적으로 부인할 수 없는 사실이 되었다. 미국의 분자생물학자 제임스 듀이 왓슨(James Dewey Watson, 1928~)이 1953년에 DNA의 이중 나선 구조를 발견함으로써 획기적인 전환점을 마련했다. 이 업적으로 그는 1962년 노벨 생리학·의학상을 받았다. 왓슨은《DNA 생명의 비밀》에서 이같이 밝혔다.

"이중 나선의 발견은 생기론에는 조종 소리였다. (⋯) 인간 유전체 계획은 다윈이 자신이 감히 스스로 꿈꾸지 못했을 정도까지 옳았다는 것을 증명해 왔다. 분자생물학적 유사성은 모든 생물이 공통 조상을 통해서 서로 관련이 있다는 사실에서 비롯된다. 진화적으로 성공한 '발명'은 한 세대에서 다음 세대로 전달된다."
_제임스 듀이 왓슨,《DNA 생명의 비밀》, 까치

이중 나선은 2개의 긴 가닥이 서로 꼬여 있는 DNA 구조다. DNA는 유전정보를 담고 있다. 생물은 생애 전 단계에서 끊임없이 세포 분열을 한다. 이때 유전 정보 역시 빠짐없이 전달되는, DNA 복제가 일어난다. 2개의 긴 가닥이 풀리면서 유전자 복제가 시작된다. 복제가 끝나면 다시 닫힌다. 이 과정에서 일어나는 돌연변이는 진화의 원인이 된다.

생기론은 설 자리를 잃게 되었다. 생기론이란 생물은 물리적인 작용에 의해 나타나는 현상이 아니라, 어떤 합리적인 목적이 있어서 이를 실현하기 위해 살아간다는 이론이다. DNA의 규명으로 생명은 결국 물리학과 화학의 대상이 되었기에 특정한 목적이 개입할 여지가 사라졌다는 말이다. 적어도 생명 현상과 관련해서는 DNA 부호가 어떻게 자기 일을 해 나가는지 규명하는 과제가 있을 뿐이다.

유전자는 현재의 개별 종이 원래 생겨난 것이 아니라, 단순한 구조에서 복잡한 구조로의 진화가 일어났음을 입증해 준다. 또한 유전자는 생물의 공통 조상을 밝혀 다윈의 진화론을 결정적으로 입증한다. 초기의 단순한 생명체에서 파충류를 거쳐 조류·포유류 계통이 갈라져 나올 때 적지 않은 부분이 전달된 채 남아 있다.

예를 들어 균류에 해당하는 효모의 단백질 중 약 46%는 인간에게도 있다. 선충 단백질의 43%, 초파리 단백질의 61%, 복어 단백질의 75%는 인간의 단백질과 서열 유사성을 뚜렷하게 보인다. 침팬지와 인간 사이의 유사성은 훨씬 깊다. 유전학자들의 조사에 따르면 인간의 DNA 가운데 98.4%는 침팬지와 같다. 혈액에서 산소를 운반하는 헤모글로빈은 287개의 단위 수까지도 침팬지와 똑같다. 유전자는 진화적 과거의 흔적을 고스란히 보존하고 있다.

왓슨은 '복구 실험'으로 생물 사이의 근본적인 생화학적 유사성을 보여 줌으로써 유전자가 진화의 통로임을 입증한다. 한 종에서 특정한 단백질을 제거한 다음, 다른 종에서 상응하는 단백질을 가져와 넣었을 때 사라진 기능이 '복구'되는지 살펴보는 실험이다. 예를 들어 인간과 소의 인슐린은 아주 흡사하므로 인슐린을 만들지 못하는 당뇨병 환자에게 소의 인슐린을 투여하는 것이다.

인간이 동물과 전혀 다른 존재로 만들어졌다고 생각하는 사람들은 그래도 둘 사이의 현격한 차이를 근거로 다시 의심의 눈길을 보낸다. 물론 인간과 동물은 무시할 수 없는 큰 차이를 갖고 있다. 침팬지도 도구를 만들어 사용하지만, 인간의 탁월한 도구 제작과 사용 능력을 따라올 길이 없다. 하지만 이는 더 많고 적고의 정도 차이지, 있고 없고의 질적 차이는 아니다.

사실 동물 내에도 정도의 차이는 얼마든지 있고, 차이의 폭도 크다. 예를 들어 침팬지와 지렁이는 얼마나 큰 차이가 있는가. 우리는 인간과 침팬지의 차이가 침팬지와 지렁이의 차이보다 크다고 할 수 있을까? 그런데도 침팬지와 지렁이를 동물로 묶어 놓고, 인간은 동물 범주에서 빼는 발상이 과연 설득력이 있을까? 게다가 유전자의 발견으로 생물 내의 계통적 유사성을 규명된 지금, 인간이 진화의 산물임을 부정하는 것은 무모하고 헛된 자기 위안에 불과하다.

02

우리는 다윈혁명 시대에
살고 있다!

다윈 이전에도 진화론이 있었다

다윈의 《종의 기원》이 나온 후에 격한 비판과 조롱이 줄을 이었다. 어느 잡지의 삽화로 쓰인 〈원숭이 몸의 다윈〉은 당시 퍼부어진 조롱의 대표적인 상징이다. 얼굴은 누가 봐도 다윈인데, 몸은 영락없이 원숭이다. 몸은 아직 직립으로의 진화가 덜 된 상태여서 구부정하고, 팔은 땅에 닿을 듯 길게 늘어져 있다. 발은 나뭇가지에 매달리기 편하도록 손과 비슷한 모양과 기능을 갖추고 있다. 다윈에게 당신이나 원숭이의 자손으로 알고 그렇게 동물로 살라는 식의 조롱을 던진다.

당시 진화론을 둘러싼 논쟁에서도 인간을 동물의 자손이라고 보

작가 불명, 〈원숭이 몸의 다윈〉, 1871년

다윈 진화론 이데올로기에 맞짱을!

는 진화론에 대한 조롱이 흔했다. 1860년에 영국과학진흥협회 회의에서 진화론을 주장하던 인사에게 한 주교는 "당신이 원숭이의 자손이라고 주장한다면 당신 할아버지와 할머니 중 어느 쪽을 말하는 건가요?"라며 빈정댔다고 한다. 진화론을 주장한다면 당신의 부모가 원숭이냐는 막무가내식 비난을 한 셈이다.

다윈의 성과를 깎아내리는 방식의 비난도 많았다. 대표적으로 다윈의 이론이 독창적이지도 않고, 기존 무신론자들의 흔한 주장을 짜깁기한 데 불과하다는 내용이었다. 남의 생각을 도둑질한 부도덕한 인간이라는 식으로 다윈을 공격함으로써 진화론도 특별할 게 없고 다시 진지하게 검토할 필요도 없는 허접한 억지라는 식의 비난이었다.

사실 인간과 동물이 질적으로 구분될 수 없다는 주장이 아주 오래전부터 있었다. 고대 그리스로까지 거슬러 올라간다. 특히 기원전 6세기부터 활동했던 그리스 자연철학자들은 대체로 근대 진화론과 유사한 문제의식을 갖고 있었다. 초기 자연철학자였던 탈레스의 유명한 "만물의 근원은 물"이라는 규정도 관련이 깊다.

아리스토텔레스는 《형이상학》에서 이 규정의 의미를 "모든 것의 자양분이 축축하다는 것, 열 자체가 물에서 생긴다는 것, 그리고 모든 것이 여기에서 생겨난다는 점에서 근원이다. (⋯) 물은 축축한 것들에 대해서 본성의 근원이다."라고 설명했다. 당시에 물에 대한 탐구를 생물의 자연적인 근원에 대한 탐구로 이해했음을 보여 준다. 탈레스의 제자 아낙시만드로스는 좀 더 구체적으로 생명이 어디에서 출발했는지를 제시했다.

"생물들은 습한 곳에서 생긴다. 사람은 태초에 다른 생물, 즉 물고기와 아주 비슷했다."

_아리스토텔레스, 《형이상학》, 이제이북스

"습한 것에서 최초의 생물이 가시투성이의 껍질에 둘러싸여 태어났다. 세월이 흘러 더 마른 곳으로 나왔으며, 껍질이 찢겨 벗겨지자 짧은 기간 동안 다음 단계의 삶을 살았다."

_아리스토텔레스, 《형이상학》, 이제이북스

그에 의하면 더운 것과 찬 것이 분리·혼합하는 과정에서 액체라 할 수 있는 습한 상태가 만들어지는데, 여기에서 생명에 생겨났다. 초기 생명체들은 딱딱한 껍질을 갖고 있다가 점차 부드러운 몸으로 바뀌었다. 바다에서 최초의 생명체가 생겨났다는 발상이 놀랍다. 삼엽충이나 암모나이트처럼 비교적 딱딱한 껍질을 가진 생명체를 거쳐 부드러운 피부를 가진 다양한 종으로 변했다는 내용, 인간의 탄생을 거슬러 올라가게 되면 그러한 동물과 만나게 된다는 내용은 마치 현대 진화론을 보는 듯하다.

그런데 이것이 순전히 개인의 어떤 상상력에 의해 운이 좋게 얻어걸린 생각으로 치부해서는 안 된다. 엠페도클레스도 "동물과 식물 가운데 맨 처음 생겨난 것들은 전혀 온전한 모습으로 생겨나지 않았고, 함께 자라지 않는 부분들로 분리되어 있었다."고 했다. 적어도 고대 그리스의 자연철학자들 내에서는 일정하게 공감을 얻고 있던 견해라고 봐야 한다.

또한 실증적 근거가 전혀 없는 공상도 아니다. 나름대로 현실에

다윈 진화론 이데올로기에 맞짱을!

서 주장을 뒷받침할 만한 경험적 관찰이 있었다. 예를 들어 엘레아학파의 시조인 크세노파네스는 "조개껍데기들이 내륙과 여러 산에서 발견되었으며, 시라쿠사의 채석장에서는 물고기와 해초의 자국이 발견되었다."고 했다. 지각 변동이 있기 전의 바다 화석들을 발견하고 과거와 현재의 생물을 비교한 결과다. 그 외에도 파로스와 멜리테 지역에서 확인한 화석도 언급했다. 아득히 먼 옛날에 "모든 것이 진흙으로 뒤덮여 있을 때" 사라진 생명체들이다. 식물과 동물의 기원까지 거슬러 올라가, 생명이 자연에서 스스로 발생하고 변화되었다는 진화론 문제의식을 당시 확인할 수 있는 근거와 추론을 통해 밝혔다.

또한 이는 자연철학자들만의 고립된 주장에 머물지도 않는다. 그리스의 대표적인 철학자 아리스토텔레스는 《자연학》에서 인간과 동물의 관계를 다음과 같이 설명했다.

"정신과 몸에 공통된 것들, 이를테면 감각·기억·격정·욕망·즐거움·괴로움 등은 거의 모든 생물에 들어 있다. (…) 모든 동물에게 그것들은 먹이를 미리 감지하여 쫓아가고 몸에 안 좋은 먹이와 치명적인 먹이를 피하도록 생존을 위해 있는 반면에, 지능도 갖춘 동물들에게는 좋은 삶을 위해 있다."
_아리스토텔레스, 《자연학》, 이제이북스

진화론을 상식으로 여기는 현대인들조차 정신은 인간에게만 고유하고, 동물은 육체에 기초한 본능적 욕구만 있다는 통념을 가진 경우가 많다. 그런데 이 고대 철학자는 감각과 감정만이 아니라 정신적인 요소도 인간과 동물에게 공통적이라고 했다. 동물의 반응과 행위가 생존에만 매여 있는 게 아니라는 것이다. 일부는 좋은 삶을 지향하는 과정에서 나타난다. "사유 대상과 실생활의 일에 대한 지능이 동물들 안에"도 있다. 인간도 '지능을 갖춘 동물'의 일부분이다.

동물이 당장 눈앞에 벌어진 일에 대해서만 단순 반응한다고 볼 수도 없다. 아리스토텔레스에 의하면 동물 중에도 시간 감각이 있는 부류가 있어서 정신을 통해 '기억'을 한다. 기억력은 비록 간접적인 차원이긴 하지만 이성 능력에 속한다. 현재의 필요에 따라 의식적 · 선택적으로 특정한 과거의 경험을 끌어내 상기하는 '기억해 냄'은 인간에게만 있다. 하지만 기본적으로 기억력에 기반을 둔다는 점에서 정신 능력 측면에서 볼 때, 정도의 차이지 질적인 차이는 아니다.

근대 유럽에 들어서도 비슷한 문제의식이 곳곳에서 제기되었다. 사실 진화론의 아버지로 불리는 사람은 프랑스 자연사학자 조르주루이 르클레르 드 뷔퐁(Georges-Louis Leclerc de Buffon, 1707~1788)이다. 그는 《종의 기원》의 다윈보다 100년 전에 종의 진화를 주장했다. "신이 딱정벌레의 날개가 접히는 방식 때문에 매우 바빴다고 상상하는 것은 터무니없는 생각"이라며 신에 의한 창조론에 비판적인 태도를 보였다. 그의 연구는 후대의 진화론자인 라마르크와 다윈 등에 영향을 주었다.

장 바티스트 드 라마르크(Jean-Baptiste de Lamarck, 1744~1829)는 다윈보다 50년 앞서서 진화론을 체계적으로 정립한 《동물 철학》을 세상에 내놓았다. 용불용설에 의한 자연 선택으로 단순한 종에서 복잡한 종으로의 진화 경향을 보인다는 점을 밝혔다. 이어서 스코틀랜드의 패트릭 매튜(Patrik Matthew, 1790~1874)도 "같은 부모에게서 난 자손들도 아주 다른 환경을 거치면서 여러 세대가 지나면 서로 번식이 이루어지지 못하는 별개의 종이 될 수도 있다."라면서 자연 선택을 통한 진화론을 제안한 책을 출간했다.

다윈에 앞서 프랑스 동물학자 조르주 퀴비에(Georges Cuvier, 1769~1832)도 종의 변화를 주장했다. 라마르크의 진화론에는 반대했지만, 지층에 따라 다른 종들의 화석이 나타나는 점을 연구해 기존의 종이 사라지고 새로운 종이 생겨나는 현상을 발견했다. 다윈과 동시대에 진화론을 주장한 영국 동물학자로는 알프레드 러셀 월리스(Alfred Russel Wallace, 1823~1913)가 있다. 《종의 기원》이 출간되기 1년 전에 학회에서 다윈과 공동으로 진화론을 발표했다. 동남아시아에서 나비를 채집하다가 지리학적 요인에 의한 진화의 증거를 발견하고 '변종'에 대한 논문을 발표했다. 그는 연구를 진행하며 다른 학자들의 의견을 물었지만 무시당했다. 다윈에게도 보내 의견을 물었고, 이를 계기로 공동 발표를 하게 되었다. 박물학자였던 다윈의 할아버지도 "단순한 원시적 생물이 서서히 변화 발전"한다고 주장한 진화설 선구자 중 한 사람이다.

왜 다윈의 진화론은 혁명을 일으켰는가?

고대와 근대 유럽에서 진화론은 적어도 과학자들에게 적지 않은 공감을 얻고 있었다. 그런데 왜 《종의 기원》이 '다윈혁명'이라고 불릴 만큼의 분기점이 되었을까? 그리고 정말 '혁명'이라는 표현이 합당할까? 먼저 다윈은 방대한 관찰 증거로 무시할 수 없는 학문적 내용을 갖추었기에 큰 파문을 불러일으켰다.

19세기 중반의 유럽은 진화론 논란이 크게 벌어질 만한 사회 분위기를 형성하고 있었다. 프랑스에서 1789년의 대혁명과 1830년 7월혁명에 이어서, 1848년 2월혁명으로 필리프 왕정이 해산하고 다시 공화국이 세워졌다. 영국에서는 1838년부터 1848년에 걸쳐 차티스트 운동이 전개되었다. 독일에서는 1848년에 3월혁명과 함께 국민적 통일 운동이 일어났다. 이탈리아에서도 1848년 11월 로마 공화국이 들어섰다. 전반적으로 시민혁명이 분출하고, 국민 국가 건설 흐름이 형성되면서 구체제와 이를 지탱하던 완고한 이데올로기가 해체되는 중이었다. 이로 인해 진화론과 같이 기존 기독교 체제를 흔들 수 있는 파격적인 이론이 사회적으로 논의될 수 있는 분위기가 만들어졌다.

유럽 주요 국가에서 산업화가 본격적으로 추진된 점도 진화론에 유리한 조건으로 작용했다. 영국 산업혁명으로 촉발된 자본주의 경제가 유럽 전역으로 급속히 확산되었다. 영국에서는 1832년의 선거법 개정에서 산업자본가층의 의회 진출이 확대되면서 제도적으로 자유주의 경제체제로의 개혁이 진행되었다. 18세기 후반에 와트가 상업용 증기기관을 만든 이후, 1826년에는 이를 이용한 철도가 최초로 영국에서 부설되고, 점차 유럽 전체로 확대되었다. 증기 에너지를 이용한 기계제 대공업이 활성화되면서 프랑스, 독일 등도 본격적인 산업화로 접어들었다. 그 결과 공업이 발달했을 뿐 아니라, 이의 기반이

다윈 진화론 이데올로기에 맞짱을!

되는 과학적 사고방식이 자리 잡으면서 진화론이 스며들 수 있는 토대가 넓어졌다.

학문적으로도 유리한 조건이었다. 경험과 과학에 의한 입증을 중시하는 실증주의가 영향력을 넓히고 있었다. 수학, 천문학, 물리학, 화학, 생물학 등 자연과학의 실험적인 방법이 전체 학문의 중요한 원리로 여겨졌다. 학문으로서의 권위 기준이 사변적인 관념이 아니라 실증성에 두어졌다. 다윈의 이론은 실증주의 학문 분위기와 자연스럽게 어우러지는 면이 있었다. 이러한 여러 요소로 인해 다윈의 주장이 진화론의 거대한 분기점이 되었다.

이번에는 다윈'혁명'이라는 표현이 합당한지 살펴보려 한다. 혁명은 단순히 한 분야에서 변화가 일어났다고 해서 붙일 수 있는 말이 아니다. 산업'혁명'이라 부르는 이유도 경제적인 변화만이 아니라 사회, 정치, 문화 등 전반적인 영역에서 전환을 일으켰기에 가능한 표현이다. 그러한 의미에서 다윈의 진화론은 하나의 혁명이었다.

먼저 과학 분야에서 획기적인 전환을 이루었다. 일차적으로 진화론에 직접 연관된 생물학 분야가 도약했다. 식물이나 동물 형태학을 비롯해 생물의 외적인 분야만이 아니라, 생화학, 유전공학, 신경과학 등 생명의 내적인 비밀을 탐구하는 분야도 발전했다. 더불어 생명을 둘러싼 세계의 운동 원리, 생성의 기원, 변화 방향 등을 규명하려는 물리학 · 천문학 등 제반 과학도 새롭게 도약의 발판을 마련했다.

더구나 과학은 중세의 종교적인 세계관을 무너뜨리는 데 결정적인 역할을 했다. 코페르니쿠스와 갈릴레이의 지동설이 기독교 세계관을 흔들었다. 더 정확히 말하자면 균열을 내는 역할이었다. 설사 지구가 우주의 중심이 아니라 하더라도 무한대의 우주를 '누가 만들었는가'라는 점에서 여전히 신의 권위가 유지될 가능성은 여전히 남아 있었다.

진화론은 전혀 다른 충격파였다. 미켈란젤로(Michelangelo, 1475~1564)의 〈아담의 창조〉는 기독교의 인간 창조론을 반영했다. 신이 여러 천사와 함께 하늘에서 내려오면서 땅 위의 인간과 손끝을 맞춘다. 자신의 모습 그대로 만든 인간에게 생명을 불어넣고 축복을 주는 순간을 상징적으로 묘사한 그림이다. 《성경》에 의하면 신은 닷샛날과 엿샛날에 지구에 온갖 생물과 인간을 만들었다.

"하느님께서 '땅은 온갖 동물을 내어라! 온갖 집짐승과 길짐승과 들짐승을 내어라!' 하시자 그대로 되었다. (…) 하느님께서는 '우리 모습을 닮은 사람을 만들자! 그래서 바다의 고기와 공중의 새, 또 집짐승과 모든 들짐승과 땅 위를 기어 다니는 모든 길짐승을 다스리게 하자!' 하시고, 당신의 모습대로 사람을 지어내셨다."

여기서 집짐승이나 길짐승으로 구분한 내용에 주목할 필요가 있다. 집이나 길은 사람에 의해 만들어진다. 《성경》에 따르면 신은 생명을 창조할 때부터 동물을 인간의 쓸모를 중심으로 나누어 창조한 것이 된다. 가축은 자연 속에서 살던 동물을 인간이 가두어 키우면서 적응 · 변화한 것이 아니라 본래 가축으로 창조되었다. 말 그대로 각각

　　　　　　　　　다윈 진화론 이데올로기에 맞짱을!

의 동물은 저마다의 용도에 따라 개별적으로 신에 의해 만들어져 현재까지 이어져 오는 중이다. 인간은 특별하게 신의 모습으로 창조되었다. 그에 걸맞게 특권도 얻었다. 모든 종류의 짐승을 지배할 권한을 받은 셈이다.

그렇기 때문에 인간에게는 자신을 만들어 주고, 생존을 위해 온갖 동물을 다스리게 해 준 신에게 복종할 의무가 생긴다. 종교 입장에서 천동설보다 더욱 중요한, 신과 인간의 수직적 관계를 규정하는 근본 토대가 생명 창조론이다. 다윈은 이러한 논리가 전혀 근거 없다는 문제의식을 확산시켰다.

지구가 태양 주위를 돌더라도 태양이든 지구든, 하늘의 무수한 별까지 모두 신이 만들었다는 논리로 신의 권위를 보호할 마지막 장치는 있었다. 하지만 진화론은 근본적인 충격을 주었다. 우주의 측면에서 보면 지구는 하나의 모래알에 불과하다. 게다가 그 안에서 살아가는 작은 생명조차 신이 만든 게 아니게 된다. 결국 신은 아무것도 '만들지' 못한 존재가 된다. 또한 인간 창조가 부정되는 순간 '모든' 인간이 신에게 복종해야 할 의무가 사라진다. 종교는 개인의 취향과 선택의 문제로 떨어진다. 지동설이 종교의 세계 지배에 균열을 냈다면, 진화론은 결정적으로 기둥을 무너뜨린 것이다.

정신이 진화 산물일 때 세계관 혁명이 나타난다

다윈 진화론의 직접적인 영향은 과학의 발전, 창조론에 기반한 기존 종교적 세계관의 몰락에 머물지 않는다. 인문학, 사회학 등 학문의 거의 전 분야에 걸쳐 큰 변화를 일으킨다. 인간의 사고와 삶의 방식, 나아가 예술에 대한 태도에 이르기까지 거의 전 영역에 걸친 전환을 이룬다. 이러한 변화가 가능한 데는 진화론이 인간의 육체만이 아니라, 정신과 사회적 행위까지 광범위하게 연결되어 있기 때문이다.

인간이라는 존재 자체의 규정이 달라질 때 인간을 둘러싼 온갖 영역이 달라질 수밖에 없다. 고대에서 근대에 이르기까지 인간을 세상의 다른 존재와 구별하는 가장 중요한 특징을 '정신'에서 찾았다. 근대 조각의 시조로 불리는 프랑스 조각가 오귀스트 로댕(Auguste Rodin, 1840~1917)의 〈생각하는 사람〉은 이를 잘 보여 준다. 외부 현상에 대한 즉자적인 반응으로서의 정신 활동이 아니다. 한 손을 턱에 괴고 깊은 사색에 잠겨 있다. 다리에 팔을 짚고 앉아 있어서 한동안은 이 자세로 생각을 이어 갈 분위기다.

인간과 동물을 비롯한 자연의 관계, 나아가서는 인간과 인간의 관계에서도 정신이 기준 역할을 한다. 양심이나 도덕과 같은 정신적인 요소는 오직 인간만이 갖고 있기에 동물과 인간은 전혀 다른 존재가 된다. 유일하게 정신을 지닌 우월한 존재이기에 인간의 자연 지배를 당연하게 여긴다. 또한 인간 사이에서도 정신을 잣대로 우월과 열등을 구분한다. 정신이 인간의 고유한 특징이 아니라 다른 동물도 가지고 있는, 진화의 산물일 뿐이라고 한다면 그간의 모든 전제가 무너진다.

다윈이 보기에 정신 활동 역시 진화와 연관성을 갖는다. 생존 경쟁이라는 자연 선택의 핵심적 작용과 긴밀하게 연결된다. 다윈은 '하등 품종으로부터의 인간 유래의 증거'를 정신 영역에까지 확장해 논증하기 위하여 《인간의 기원》을 내놓았다.

"나의 목표는 인간과 고등 포유류 사이에는 정신적 능력에서 본질적인 차이가 없음을 보여 주는 것이다. (…) 모든 동물은 놀람이나 경이를 느끼며 대부분 호기심을 나타내기도 한다. (…) 동물들도 인간과 장소에 대해 뛰어난 '기억력'을 가지고 있다. (…) 어느 정도 상상력을 가지고 있음을 인정해야 한다. 인간의 모든 능력 가운데 '이성'이 그 정점에 있는데, 동물에게도 어느 정도 추론 능력이 있다." ＿찰스 로버트 다윈, 《인간의 기원》, 동서문화사

다윈에 의하면 정신 능력을 구성하는 여러 요소를 동물도 지니고 있다. 일단 기본적으로 정신의 저수지 역할을 하는 놀람, 경이 등 다양한 감정을 동물도 느낀다. 동물도 인간과 마찬가지로 기쁨, 고통, 행복, 두려움, 비참함을 느낀다. 강아지나 고양이나 양 등의 새끼들이 서로 어울려 노는 것만큼 행복하고 즐거운 장면은 없는데, 인간의 어린아이들도 마찬가지다. 용기와 두려움은 집에서 키우는 개에게서 흔히 발견할 수 있다.

지적인 활동의 계기가 되는 호기심도 공통적이다. 동물 가운데는 사냥꾼의 우스꽝스러운 몸짓을 보고 호기심에 이끌려 따라오다가 피해를 입는 일조차 있다. 특히 원숭이들은 호기심이 너무 강해서 인간이 하는 것처럼 닫혀 있는 상자 뚜껑을 열어 보는 일이 흔하다. "인간의 지적 진보에서 '주의력'보다 더 중요한 능력은 아마 없을 것"인

데, 야생 동물이 사냥감을 덮치려 할 때는, 너무나 한곳에 정신이 팔려 있어서 누가 다가가도 모를 정도다. 원숭이가 재주를 잘 배우는 것도 뛰어난 주의력 덕분이다.

개의 뛰어난 기억력은 익히 잘 알려져 있다. 개는 과거 기억했던 어떤 것의 연결고리가 5년이 지난 뒤에도 되살아난다. 그 이상의 시간이 흘러도 같이 지냈던 사람을 기억하는 일이 흔하다. 인간이 누리는 최고의 특권 가운데 하나로 여기는 상상력도 마찬가지다. 꿈을 꾸는 현상은 상상력을 지니고 있음을 보여 주는 증표다. 개, 고양이, 말 등 고등 동물 대부분이 꿈을 꾸는 것은 자는 도중에 몸의 움직임과 소리를 통해서도 알 수 있다.

동물도 걸음을 멈추고 곰곰이 생각한 뒤 문제를 해결하는 모습은 추론 능력도 일부 지녔음을 보여 준다. 개들은 얼음이 얇은 곳에 접어들면 함께 모여서 썰매를 끄는 것을 중지하고, 서로 흩어져서 체중을 널리 분산시켜 위험한 상황을 해결한다. 원숭이들은 처음에는 달걀을 모두 깨뜨려 안의 내용물을 쏟지만, 나중에는 사람처럼 달걀 끝을 단단한 것에 살짝 쳐서 내용물 모두를 먹는 방법은 찾아낸다.

정신이 인간의 고유한 능력이 아니라는 점에 주목하기 시작하면서 여러 측면에서 동물 행동 연구가 진척되었다. 특히 침팬지를 비롯한 원숭이의 지적 능력이 관심을 모았다. 원숭이의 지적 능력에 대한 호기심을 담은 그림도 늘어났다. 가브리엘 폰 맥스(Gabriel von Max, 1840~1915)의 〈학자〉도 그중 하나다.

원숭이 두 마리가 책을 펼쳐 들고 있다. 책은 장난스러운 놀이를

다윈 진화론 이데올로기에 맞짱을!

가브리엘 폰 맥스, <학자>, 19세기 후반

위한 도구가 아니다. 원숭이들은 매우 진지한 표정이고 한 마리는 손에 안경도 들고 있다. 뒤의 책장에도 여러 권이 있어서 평소에 독서에 열중하고 있음을 보여 준다. 상황을 봐서는 책을 읽다가 일부 대목을 놓고 두 마리의 원숭이가 열띤 토론을 하는 중인 듯하다.

물론 화가의 익살스러운 과장이기는 하다. 하지만 순전히 재밌거리만으로 묘사한 그림은 아니다. 화가 나름의 진지한 문제의식을 담았다고 봐야 한다. 잘 들여다보면 안경을 들고 있는 원숭이의 표정은 진지함을 넘어서 분노의 감정을 담고 있다. 책 아래로 두어 쪽이 약간 찢겨 있는 모습도 우연이 아니다. 책 내용을 놓고 토론을 벌이는 원숭이들이 재미로 찢었을 리는 만무하니 말이다. 책 표지가 화가의 문제의식을 엿볼 단서를 준다.

그림에 등장하는 책 제목이 'Dualismus(이원론)'라는 점을 보면 그 이유를 알 수 있다. 이원론은 세계와 인간은 독립적이고 대립적인 2개의 근본 원리로 설명하는 견해를 바탕으로 한다. 정신과 물질을 전혀 다른 것으로 설명한다. 기독교를 비롯한 종교도 대부분 여기에 속한다. 근대 유럽의 관념론도 대체로 둘의 절대적 구분 위에 세워졌다. 동물과 구별해 모든 정신적 요소를 인간에 귀속시키고, 이를 열등과 우월로 연결하는 경향을 보인다. 만약 원숭이들이 인간의 글을 읽을 수 있다면, 자신을 열등한 존재로 규정하는 이원론에 분노하는 게 당연하다. 익살스러운 과정으로 표현했지만, 화가 자신의 문제의식을 이 원숭이의 표정에 담은 듯하다.

정신 영역과 관련해서도 인간과 동물 사이의 격차가 워낙 현격하기에 인간만의 특성이라고 해도 무리가 아니라는 견해가 상당히 많다. 이러한 견해에 대해서도 다윈은 《인간의 기원》에서 비교적 분명하게 반론을 제시했다.

"인간과 동물의 정신적 능력은 정도는 크게 달라도 질적으로는 다르지 않다. 정도의 차이가 아무리 커도 인간을 독자적인 계로 분리하는 정당한 이유는 될 수 없다. 그것은 의심할 것도 없이 같은 강에 속하는 곤충인 깍지벌레와 개미의 지적 능력을 비교하면 곧 알 수 있다. 성질은 약간 다르지만, 인간과 가장 고등한 포유류 사이의 차이보다도 크다."

_찰스 로버트 다윈, 《인간의 기원》, 동서문화사

정신적 능력은 두뇌의 크기와 관련이 깊다. 인류의 화석을 보더라도 몸에 대비할 때 두뇌의 크기가 커지는 과정을 거쳤다. 정신적 능력의 발달과 비례하는 과정을 밟았다. 흔히 몸에 대비한 두뇌의 크기를 볼 때 인간이 월등하다는 점에서 정신 능력을 중심으로 동물과 질적으로 구분한다. 하지만 다윈이 보기에 이는 유무의 차이가 아니라, 상대적인 정도의 차이에 해당한다. 다른 곤충에 비해 개미는 대뇌 신경절이 매우 크다. 인간과 원숭이의 차이보다 그 차이가 더 크다. 그런데도 개미는 같은 동물계 곤충으로 분류하고, 인간은 동물 전체와 전혀 다른 존재로 분류하는 통념은 전혀 설득력이 없다는 주장이다.

진화론이 다루는 것은 누구의 능력이 더 뛰어나느냐가 아니다. 인간의 정신이 어느 날 갑자기 어디에선가 뚝 떨어진 게 아니라 아주 단순한 반응에서 시작해 복잡한 반응으로, 어느 순간에 점차 판단으로까지 나아가는 진화의 과정을 밟았다는 것이다.

라마르크도 《동물 철학》에서 밝히고 있듯이, "이성은 무언가를 밝혀 주는 불꽃이나 어떤 종류의 실체는 더욱 아니다. (…) 단지 판단의 정확성에 있어서 어떤 단계일 뿐이다." 오랜 기간 서양의 주류 철학은 이성을 독자적인 실체로 보았다. 하지만 이성은 두뇌의 기능에서 오는 지능의 일종이다. 신체와 정신은 동일한 기원에서 비롯되었다. 그러므로 공통적 기원을 지니는 이 두 질서를 신체와 정신으로 확연히 구분하거나 정신을 인간만의 고유한 특성으로 규정해서는 안 된다는 것이다.

진화론이 현대 문명을 바꾸다

정신 활동의 '정도' 측면에서도 동물은 많은 사람의 통념보다 더 넓은 영역에서 인간과 교집합을 이룬다. 고대에서 근대에 이르기까지 서양의 많은 철학자가 도덕을 높은 수준의 정신 능력으로 올려놓았다. 인간만이 가진 고유한 자질로 여겼음은 물론이다. 하지만 다윈은 도덕도 동물이 가진 감정의 일부이고, 생존 경쟁 과정에서 발달한 경향이라고 했다.

"동정심과 용기 등의 태도를 가진 집단이 그렇지 않은 집단에 비해 생존에 유리할 때 사회적·도덕적 자질이 늘어난다. 위험에서 더 손쉽게 벗어나고 번식과 유지에 유리하다는 점이 집단적으로 거듭 확인되면서 도덕적 행위가 구성원들의 몸과 마음에 배게 된다." _찰스 로버트 다윈,《인간의 기원》, 동서문화사

동물도 다른 존재의 고통에 공감하고, 자기에게 해가 되는 이타적 행동을 하는 경우가 드물지 않다. 다윈 이후에 동물학자들의 관찰로 다수의 사례가 보고되었다. 흡혈박쥐는 동굴 천장에 거꾸로 매달려 서로 피를 게워 내고 받아먹는 방식으로 호혜적·이타적 행동을 실천한다. 피를 받아먹은 박쥐는 고마움을 기억하고 훗날 은혜를 갚을 줄 알기 때문에 이 진기한 풍습이 유지된다. 상처를 입은 동료를 혼자 등에 업고 충분히 기력을 찾을 때까지 받쳐 주는 고래들의 따뜻한 동료애도 잘 알려져 있다.

다윈 진화론 이데올로기에 맞짱을!

영장류의 경우는 더 극적이다. 침팬지들은 헤엄을 못 치는데도 동물원 연못에 빠진 동료를 구하려고 기꺼이 물에 뛰어들기도 한다. 끈을 당기면 음식을 얻지만 대신 동료가 전기 충격을 받게 되는 상황에서 붉은털원숭이들은 며칠간 굶는 쪽을 택한 실험 결과도 있다. 이타적인 판단과 행위에서도 인간과 정도의 차이를 보일 뿐이다.

그러면 자의식은 어떨까? 《혹성탈출: 진화의 시작》은 침팬지에게 자의식이 있고, 지능이 더 발달하면 어떤 일이 벌어질까 상상하며 만든 영화다. 한 과학자가 알츠하이머병에 걸린 아버지를 치료하기 위해 손상된 뇌 기능을 회복시키는 치료제를 개발한다. 영화는 동족이 실험체로 고통을 당하는 참상에 분노해 인간을 상대로 침팬지들이 반란을 일으키는 이야기를 담았다. 자신이 인간과 다른 존재라는 침팬지의 자각이 출발점이 된다. 물론 과학적으로는 터무니없는 상상이기는 하다. 인간과 침팬지는 같은 조상으로부터 약 500~700만 년 전에 분리되어 각자 다른 길을 걸었다. 이를 거스르는 변화는 불가능하다. 영화이긴 하지만 동물의 자의식을 전제로 펼친 상상력이 흥미롭다.

그런데 현대 동물학자들의 관찰에 따르면 정신의 다른 영역과 마찬가지로 정도의 차이가 있을 뿐, 동물도 자의식을 지닌다. 그리고 이는 상식처럼 퍼져 있다. 미국의 정신분석학자가 동물의 자의식을 확인하기 위해 1970년에 개발한 '거울 테스트'가 유명하다. 동물에게 거울을 보여 주고 거울에 비친 이미지가 자신임을 알아차리는지를 살피는 실험이다.

마취를 해 의식이 없는 동안에 침팬지가 자기 눈으로는 직접 볼 수 없는 얼굴 한쪽 구석에 몰래 빨간 점을 찍었다. 침팬지는 깨어난 후 거울로 표시를 찾아내고 손으로 문지르는가 하면, 그 손의 냄새를 맡았다. 이러한 모습은 여러 차례 관찰되었다. 오랑우탄, 보노보, 고릴라 등의 다른 종에서도 유사한 결과가 나왔다. 또 다른 연구자들은 돌고래와 코끼리, 일부 조류도 거울 속의 자기 모습에서 표시를 찾아내는 것을 확인했다. 이러한 사실은 그들이 스스로에 대해 자각을 할 수 있음을 보여 주는 증거다.

자의식에 기반을 둔 수치심, 자긍심, 극기심 등도 인간에게서만 나타나는 고유한 현상이 아니다. 원숭이들은 우두머리인 수컷에게 자신의 교미 사실을 숨긴다. 다른 존재가 자신을 어떻게 보는지를 진지하게 고려한다는 점에서 이것 역시 자의식의 반영이다. 일정한 훈련을 거치면 자긍심과 극기심도 지니고 있음을 확인할 수 있다.

어떻게 해서든지 인간과 동물 사이에 정도 차이를 훌쩍 넘은 본질적 차이가 있음을 입증하려는 사람들은 예술과 연관된 미의식이야말로 오직 인간에게만 있다고 주장한다. 하지만 다윈은 이에 대해서도 "수컷 새가 암컷 새 앞에서 깃털과 화려한 색깔을 세련된 방법으로 과시하는 것을 보면, 암컷이 파트너인 수컷의 아름다움에 반하는 일이 없다고 생각하는 것은 불가능"하다고 말하며 동물들도 미의식을 지녔다고 했다.

이에 대한 반론도 만만치 않다. 짝을 구하기 위한 새의 화려한 깃털은 번식에 유용한 목적에 따른 행동에 불과하다고 하다는 반론이 제기된다. 예술은 유용성과 무관하게 단지 심미적인 기쁨이나 즐거움을 위한 것이라는 점에서 인간의 고유성이라는 것이다. 하지만 미국의 진화생물학자 재레드 다이아몬드(Jared Diamond, 1937~)가 《제3의 침팬지》에서 언급한 사례들은 심미적인 측면에서 동물의 미의식을 뚜렷하게 보여 준다.

볼티모어에 있는 메릴랜드 동물원의 침팬지를 상대로 한 실험에 의하면, 여러 침팬지들이 손가락, 붓, 연필, 분필, 크레용 등 다양한 도구로 그리는 방법을 습득했다. 하루에 33장이나 그린 침팬지도 있는데, 특이하게도 다른 침팬지에게 보여 주지 않았다. 또한 연필을 빼앗으면 물건을 던지며 화를 냈다. 이러한 행동은 모두 어떤 유용성과 상관없이 자기만족을 위해 그리는 행위라고 봐야 한다.

아동심리학자에게 해당 그림을 보여 주자, 침팬지의 작품인지 전혀 눈치채지 못했다. 오히려 한 살 된 암컷 침팬지가 그린 그림은 10세 정도 소녀의 그림으로 진단했다. 세 살 된 수컷 침팬지의 그림에 대해서는 공격적인 7~8세 소년이 그렸고, 편집광적 경향이 있다는 진단을 내리기도 했다. 동물원의 침팬지는 그림을 그리는데 야생 상태에서는 왜 안 그릴까? 이에 대해 그는 야생 침팬지는 먹을 것을 찾고 살아남으려 전력투구하기 때문이라고 했다. 만일 "야생 침팬지에게 더 많은 여유가 생기고 그림 도구도 만들 수 있다면 그들도 그림을 그릴 것"이다.

인간의 행동과 사고를 진화적으로 설명할 수 있다면, 정신 활동의 전 영역에 퍼질 과거와 전혀 다른 발상의 파급은 시간문제일 뿐이다. 생물학 혁명이 학문 자체의 혁명으로 이어졌다. 또한 가장 가까운 과학과 역설적이게도 가장 강한 압력을 넣었던 신학에 일차적으로 거대한 격변이 일어났다. 일단 두 분야에서 지각 변동이 현실이 되는 순간, 인문학과 사회학 등 전체 학문에 큰 변화가 일어났다. 윌슨이 언급한 심리학, 인류학, 사회학, 경제학을 비롯해 전혀 상관없어 보이던 기술공학에 이르기까지 새로운 발상 위에 서지 않으면 안 되는 상황을 맞이했다.

심지어 미술과 문학 등 예술 분야에 새로운 상상력을 불어넣었다. 다윈의 진화론이 이루어 낸 성과에 상당 부분 의존하는 프로이트의 정신분석은 미술과 문학 등 예술에서도 과거와는 다른 양상을 만들어 냈다. 정신분석의 문제의식을 그림과 글을 통해 표현한 초현실주의가 예술의 중요한 한 경향이 되었다. 의식 중심의 예술을 거부하고 무의식 세계를 미술과 문학의 가장 중요한 묘사 대상으로 삼기에 이른 것이다. 꿈과 무의식 세계를 상상력의 기반으로 삼아 필연보다는 우연을, 정상적 상태보다는 광적인 증상을 표현하게 되었다.

정신 활동으로서의 학문은 실제의 관계와 행위로서의 활동과 긴밀하게 연결되어 있다. 생물학 혁명이 학문 혁명을 자극했다면, 다시 학문 혁명은 인간 삶의 바탕을 이루는 문명과 문화의 혁명을 자극했다. 현대인의 삶과 연관된 거의 모든 분야에 발상의 전환이라는 흔적을 넓고 깊게 남김으로써 세상의 변화에 큰 영향을 주었다. 그러한 의미에서 다윈의 진화론이 일으킨 변화를 '다윈혁명'으로 불러도 과장이라 할 이유가 없다.

03

심리를 생물 진화가
결정하는가?

진화론 위에 피어난 프로이트 정신분석

현대인에게 이제 심리학은 낯선 분야가 아니다. 사실 고대에서 근대에 이르기까지 심리학은 그리 큰 관심을 얻지 못했다. 오히려 어떤 면에서는 배척당하는 처지에 있었다. 인간 존재의 의미를 결정하는 정신의 주인 자리에 늘 의식을 놓았기 때문이다. 수천 년 동안 서구 학문은 이성의 거처인 의식을 통해 체계화되었다. 의식 배후에 자리 잡은 내밀한 심리는 피해야 할 마음 상태였다. 심할 때는 의식 활동을 저해하는 비정상적인 요소로 치부되었다. 특히 무의식은 추방해야 할 마음의 병적인 상태로 여겨졌다.

하지만 정신의 주인이 의식보다 무의식에 중심을 두고 있다

오딜롱 르동, <우는 거미>, 1881년

다윈 진화론 이데올로기에 맞짱을!

는 정신분석학이 점차 호응을 얻으면서 정신의 의미에 큰 전환이 일어났다. 특히 심리학 발전에 결정적 역할을 한, 지그문트 프로이트(Sigmund Freud, 1856~1939)의 정신분석학은 다윈의 진화론 성과와 긴밀하게 연관된다. 다윈은 이성이 자연과 무관하게 고유하고 독립적인 정신 활동이라는 기존의 통념을 뒤흔들었다. 정신도 자연 진화의 결과라는 점에서 생존과 생활, 환경 요소와 긴밀하게 맞물린다. 동물이 그러하듯이 인간의 정신은 본능적 욕구에 맞닿아 있게 된다. 의식이 바다 표면에 떠다니는 작은 조각이라면, 그 뿌리에 동물적 본능에 긴밀하게 연결된 무의식 세계가 넓은 바다처럼 출렁인다.

프랑스 상징주의 화가 오딜롱 르동(Odilon Redon, 1840~1916)의 〈우는 거미〉는 인간의 정신이 무의식을 통해 자연의 동물에 밀착해 있음을 보여 준다. 사람의 얼굴을 한 거미가 배경을 알 수 없는 공간에서 울고 있다. 마치 구멍이 뚫려 있는 듯한 눈에서 눈물이 뚝뚝 흐른다. 가늘고 긴 여러 개의 다리가 몸을 지탱하고 있다.

바닥 모를 슬픔이라는 깊은 감정을 분출하고 있다. 사람들이 흉측하게 여기는 벌레에 인간 감정을 연결하는 게 터무니없어 보이기 십상이다. 당장이라도 부러질 듯 가는 다리에 머리를 얹어 놓은 모습이 괴기스럽기도 하다. 당연히 화가의 과장이 더해졌지만, 인간 감정이 동물적인 감각 위에서 이루어지는 작용임을 말하려는 듯하다.

인간에 의해 하등 동물로 분류되는 거미의 다리는 몸을 지탱하거나 이동하는 도구에 머물지 않는다. 놀랍도록 섬세한 감각기관이자 생존을 위한 활동 수단이다. 사냥을 위해 인간은 흉내 내지 못할 정도로 정교한 거미줄을 순식간에 만든다. 먹잇감이 거미줄에 걸리면 아무리 작은 떨림이라도 다리를 통해 느낀다. 거미줄에는 곤충이 달아나지 못하도록 잡아 두는 끈끈한 접착 성분이 있다. 먹이가 요동치지 못하도록 신경을 마비시키는 물질도 섞여 있다. 거미는 먹이를 포획하면 소화액을 주입해 액체 상태로 만든 후에 빨아들인다.

하찮아 보이는 작은 몸과 다리에 놀라울 정도의 감각과 활동이 숨어 있다. 인간의 몸과 감각이 생존을 위해 벌이는 활동과 본질에서는 유사한 기능을 한다. 그림은 인간의 감정과 정신도 그 연장선에 있음을 보여 준다. 우리가 거미를 끔찍하게 혐오하고 푸대접한 것처럼 무의식 또한 그렇다. 눈물은 무의식 형성 요인이라 할 수 있는 억압을 상징하는 게 아닐까 싶다. 자연의 미물이라고 천시받아 온 거미가 인간과 하나로 연결되듯이 무의식도 의식과 유기적으로 연결된다.

실제로 프로이트 이론은 다윈 진화론의 영향을 크게 받았다. 인간 정신도 자연 진화의 결과라는 점에서 생존과 생활, 환경 요소와 긴밀하게 맞물린다. 동물이 그러하듯이 정신은 본능적 욕구에 맞닿아 있게 된다. 프로이트가 《정신분석 운동》에서 언급한 다음 내용처럼, 진화론에 기초한 생물학이 본능적 충동과 정신의 관계를 중시하는 정신분석이론의 기본적 발상을 제공했다.

"심리학과 생물학 사이의 경계에 있는 개념으로서 '본능'을 고려하지 않을 수 없다. (…) 정신분석학이 생물학과 심리학 사이의 매개로 작용하는 많은 측면에 주의를 기울이도록 만들었다. (…) '개체발생은 계통발생을 반

다윈 진화론 이데올로기에 맞짱을!

복한다'라는 원리가 정신생활에도 적용 가능해야만 한다는 것을 인식하게 되었으며, 이로부터 정신분석학적 관심의 새로운 확장이 일어났다."

_지그문트 프로이트,《정신분석 운동》, 열린책들

프로이트에 따르면 심리를 다룰 때 생물학적 용어와 관점을 사용하지 않을 수 없다. 특히 생명체로서의 '본능'을 고려하지 않고는 정신분석 작업을 진행하기 어렵다. 본능 중에서도 성적 욕구에 주목해야 한다. 예를 들어 성욕과 이를 둘러싼 차이가 남성과 여성의 정신적인 속성 차이로 이어진다. 성적 본능에 뿌리를 둔 이러한 성질은 정신분석을 위한 임상 작업의 전제에 속한다.

프로이트가 성적 본능에 각별하게 주목하지만, 본능을 여기에 한정하지는 않는다, 본능은 독자적으로 생기고 기능하지 않는다. 신체의 특정 기관과 밀접하게 결부되어 있다. 신체의 각 기관이 유기적으로 작동하기에 여러 본능과 기능이 연결된다. "성욕은 영양 섭취와 배설이라는 자기 보존 기능에, 그리고 모든 가능성으로 볼 때 근육 흥분과 감각 활용이라는 기능에 결부되어 있다." 그러하기에 심리를 근원적으로 이해하기 위해서는 생물학적 의미에서의 본능, 연관된 신체의 기능을 탐구해야만 한다.

심리학에서 관심을 두는 '모성애'도 특정한 신체 기능의 결과다. 미국의 생리학자 월터 캐넌(Walter Cannon, 1871~1945)이 〈사람 몸의 지혜〉(《과학과 방법》)에서 언급한 실험은 이를 잘 보여 준다. 새끼를 낳기 몇 달 전에 암고양이의 교감 신경을 제거한 실험이었다. 그 고양이는 새끼 3마리를 낳았는데 젖샘이 수유에 맞게 발달하지 않았다. 더 놀라운 것은 모성 본능을 조금도 보이지 않아서, 새끼들을 전혀 돌보지 않았다는 점이다. 실험자가 일부러 젖을 물려 보려 했지만, 어미 고양이는 벌떡 일어나 피하고 방치하는 게 예사였다.

정신에 적용되어야 하고 정신분석학을 확장해 준다는, '개체발생은 계통발생을 반복한다'라는 원리도 프로이트와 진화론의 깊은 관계를 알게 해 준다. 다윈의 진화론을 독일에 확산시키는 데 기여한 유명한 생물학자 에른스트 헤켈(Ernst Haeckel, 1834~1919)이 제시한 진화의 원리다.

개체발생은 수정란이 성체와 같은 형태를 가진 개체로 성장하는 것을 말한다. 만약 개체발생만 반복된다면 지구에 여러 종의 생물이 생겨날 수 없다. 계통발생은 단세포생물에서 출발해 진화에 의해 각종 다세포생물이 생기는 과정을 말한다. 그런데 새로운 종이 기존 종의 변이에서 생겨나기 때문에 배발생은 자기 조상의 특징을 반복적으로 보여 준다. 예를 들어 척추동물의 개체발생 과정을 보면 초기에 어류 아가미의 맹아적 기관이 나타난다.

사람도 수정 후 초기에 어류, 양서류의 진화 흔적을 보인다. 자연환경 변화에 결부된 생존 경쟁에서 개체에 나타난 변이가 진화를 이끌면서 여러 종 사이의 계통을 만든다. 프로이트는 종의 진화를 이끄는 이 원리가 인간 정신에도 적용되어야 함을 주장한다. 동물이 지니는 생명체로서의 본능이 인간 정신에도 이어지면서 발현된다. 또한 개인 경험 속에서 축적된 무의식이 인간이라는 종 전체의 특징을 만

다윈 진화론 이데올로기에 맞짱을!

든다. 그만큼 본능적 충동은 무의식이라는 저수지를 통해 끊임없이 정신에 영향을 준다.

　정신의 주인을 신체나 본능과 구분된 의식에서 찾는 것은 무리다. 프로이트는 《새로운 정신분석 강의》에서 동시에 두 주인을 섬기지 말라는 속담을 인용하며 우리의 자아가 처한 현실을 설명한다. 불쌍한 자아의 경우는 훨씬 힘이 든다. 엄격한 주인 셋을 섬겨야 한다. "자아가 섬기는 세 주인은 외부세계, 초자아, 그리고 이드다."

　초자아는 부모와 사회로부터 배우는 양심, 도덕 규범 등을 말한다. 의식과 무의식의 양쪽 모두에 나타난다. 이드(Id)는 본능적인 생체 에너지다. 본능과 본성을 지닌 영역으로 무의식적이다. 그런데 이드는 "단일화된 의지가 없고, 오로지 쾌락 원리에 따른 본능적 욕구 충족을 위한 충동만이 있을 뿐"이다. 또한 자아를 확고한 의식이나 뚜렷한 의지라고 여기는 것은 오랜 착각에 불과하다. 무의식적 충동, 혹은 무의식과 의식이 섞여서 나타난다.

　이는 다윈이 《인간과 동물의 감정 표현》에서 밝힌 문제의식과도 일맥상통한다. "이 책 전체를 통틀어 나는 의지, 의식, 의도라는 용어의 적절한 적용에 상당한 어려움을 느꼈다." 다윈에 의하면 인간에게 의지와 의식으로 이루어지는 동작이나 감정 표현이 있기는 하다. 주로는 성장 과정에서 다른 사람에 대한 모방이나 인위적인 학습으로 습득된 것이다. 의식적, 자발적으로 수행되면서 점차 습관으로 자리 잡는다.

　하지만 인간은 동작이나 감정 표현 가운데 훨씬 많은 부분을 선천

요한 하인리히 퓌슬리, <악몽>, 1791년

적이거나 유전을 통해 물려받았다. 처음에는 자발적이었던 동작이 이후 습관이 되고, 최종적으로는 유전이 되기도 한다. 이러한 동작과 표현이 개인의 의지에 좌우된다라고 말할 수는 없다. 오히려 의지를 거슬러 수행되기도 한다. 애써 의식이 시키는 대로 하려 해도, 자기도 모르는 사이에 무의식 안에 자리 잡은 표현이 드러나는 경우도 허다하다.

일상에서 흔하게 접하는 무의식의 발현이 꿈이다. 프로이트는 꿈 해석을 통해 무의식 세계로 접근하는 시도를 자주 했다. 과거에는 동양이든 서양이든 꿈을 장래에 벌어질 일을 예측하는 통로로 여기곤 했다. 혹은 꿈에는 현실에서 만나지 못할 희한한 장면이 많이 등장하기에 상상력에 연결하기도 했다. 다시 말해 꿈이라는 현상을 과거

다윈 진화론 이데올로기에 맞짱을!

보다는 미래, 육체보다는 순수한 정신의 발현으로 보았다.

영국 화가 요한 하인리히 퓌슬리(Johann Heinrich Füssli, 1741~1825)의 〈악몽〉은 꿈을 묘사한 대표적인 서양 회화로 꼽힌다. 한 여인이 깊은 잠에 빠져 있다. 제목처럼 악몽을 꾸는 중인지 몸이 뒤틀려 있다. 가위에 눌리는 꿈에서 벗어나려 애쓰는 게 몸으로 나타난다. 여인의 몸 위에 앉아 있는 정체불명의 괴물은 지금 꿈에서 여인을 괴롭히는 악령이리라. 악몽은 한 번 시작되면, 벗어났다 싶다가도 다시 이어진다. 커튼 뒤로 무서운 형상의 말이 머리를 내민 모습이 이를 암시한다. 배 위의 악령이 사라지면 또 다른 악령이 괴롭힐 예정이다.

식은땀을 흘리게 만드는 악몽을 꾸면 그날 혹은 가까운 미래에 어떤 안 좋은 일이 벌어질 수 있음을 알려 주는 조짐으로 해석하는 경우가 많다. 프로이트는 꿈의 해석에서 생물학적인 요소의 도움을 받는다. 《정신분석 운동》을 보면 꿈의 근원을 과거에 경험한 본능의 흔적에서 찾는다.

"유아기의 모든 소망, 본능적 충동, 반응 방식과 태도는 성년기에도 증명할 수 있을 정도로 여전히 현존하며, 적절한 환경 속에서는 다시 한번 나타날 수 있다. (…) 이 주장의 근거는 정상인의 꿈이 어린 시절 성격을 매일 밤 재생시키고, 전체 정신생활을 유아기의 수준으로 되돌아가게 한다는 사실에 놓여 있다."
_지그문트 프로이트, 《정신분석 운동》, 열린책들

다윈의 진화론은 단순히 현재의 동물·식물의 형태를 비교해 분석·분류하는 작업이 아니라, 어떻게 그 종으로 변화해 왔는지를 밝히는 작업에 주목했다. 프로이트의 정신분석도 진화론의 영향을 받으면서 같은 방법을 심리 현상에 적용했다. 정신분석은 당장에 나타나는 복잡한 심리 현상을 더 단순한 현상으로 분석하는 데 머물지 않는다.

> "정신분석학은 하나의 정신적 구조에서, 시간적으로 그것보다 선행하고 그 구조가 발전되어 나온 또 다른 구조로 추적해 들어가는 데에 있다."
>
> _지그문트 프로이트, 《정신분석 운동》, 열린책들

꿈을 미래에 대한 예측이나 상상력의 산물이 아니라, 과거의 기억으로 보는 진화론의 시각은 라마르크의 《동물 철학》에서도 살필 수 있다. "꿈이라든가 꿈을 이루고 있는 무질서한 관념과 사유는 무작위로 혼란스럽게 일어나고 있는 '기억' 행위와 다름없다." 그에 의하면 꿈에서 나타나는 현상이 평생 한 번도 접해 본 적이 없는 기상천외한 형태로 나타난다고 해도 사실은 기억의 일부다. 단지 꿈이라는 통로에서 굴절되거나 왜곡되어 나타났을 뿐이다. 깨어 있을 때 가져 본 일이 없었던 관념이나 이전에 전혀 알지 못하던 대상을 회상해 낼 수는 없다. 그러한 의미에서 꿈은 우리에게 기억의 메커니즘을 보여 준다.

더 나아가 꿈 분석은 증후의 기원과 발전 과정을 추적해 근본 원인을 파헤친다는 점에서 진화론에 한 발 더 다가선다. 생물학에서 계통적인 진화를 확인하기 위해 배 발생을 탐구하듯이, 프로이트도 "정신적인 구조에 주의를 기울이고 그 구조에 적용할 발생적 심리학을

다윈 진화론 이데올로기에 맞짱을!

구성"하는 일에 심혈을 기울였다. 꿈의 심리적 분석도 마찬가지다. 성인이 되어 꾼 꿈도 상당 부분은 유아기의 경험으로 거슬러 올라간다. 꿈은 성인이 된 후에도 유아기의 정신적 형성물 가운데 많은 부분이 사라지지 않음을 보여 준다. 성장 과정에서 유아기의 경향이 파괴되는 것이 아니다. 어떤 것은 현실적으로, 다른 것은 무의식의 형태로 잠재적으로 아래에 깔려 있다가 꿈으로 나타나기도 한다.

또한 꿈 분석은 심리의 기원 추적에서 생물학적 본능을 주요한 관심 대상으로 둔다는 점에서도 생물학과 매우 친근하다. 유년기를 비롯해 현재까지의 성장 과정에서 신체적 욕구에 기초해 경험한 '본능적 충동'이 꿈으로 나타난다. 보통은 성적 욕구를 포함한 본능적 충동이나 소망이 현실의 제도, 도덕, 상황 등에 의해 억압되어 무의식속에 숨어 있다가 퓌슬리 〈악몽〉처럼 기괴하고 두려운 왜곡 형상을 통해 드러난다. 개인적 유년기의 배후에서 계통발생학적 유년기, 즉 인류의 발전에 대한 인식 가능성이 열린다.

프로이트가 《꿈의 해석》에서 사례로 든 꿈 하나를 살펴보자. 한 여인이 꿈에서 어린 아들이 시체가 되어 관 속에 누워 있는 것을 보았다. 죽은 모습을 보면서도 그녀는 아무런 슬픔도 고통도 느끼지 않는다. 프로이트의 해석에 따르면 이 꿈도 어떤 방해에 의해 실현되지 않는 과거의 소망과 연결된다. 꿈을 꾼 여인은 현재의 남편을 만나기 이전에 자기가 좋아하던 남자를 다시 만나고 싶다는 소망을 꿈속에서 은폐하고 있다. 현재 의식 속의 감정은 무의식에 숨어 있던 소망과 조화를 이루지 않는다. 그러하기에 자식이 죽어서 관 속에 누워 있지만,

전혀 슬퍼하지 않는 현상이 나타난 것이다.

꿈은 아득한 과거 상황으로 돌아간다는 점에서, 그리고 과거의 억압된 기억이 현재를 지배한다는 점에서 정신적 퇴행이다. 퇴행의 정도가 심해질 때 흔히 현실에서 비정상적이라고 말하는 병적 증상까지 나타난다. 히스테리와 편집증에서 나타나는 환각은 실제로 퇴행에 해당한다. 그러므로 신경증에 대한 심리 치료에서 정신적 퇴행의 뿌리를 추적해 문제의 원인을 찾아내는 작업이 중요하게 이뤄진다.

성격은 진화와 유전으로 결정되는가?

이탈리아 르네상스를 대표하는 화가 중 한 사람인 티치아노 베첼리오(Tiziano Vecellio, 1488~1576)의 〈카인과 아벨〉은 《성경》이 기록한 인류 최초의 살인 장면을 묘사했다. 《창세기》에 의하면 카인은 낙원에서 쫓겨난 아담과 이브가 낳은 맏아들이고, 아벨은 둘째 아들이다. 카인은 농사를 짓고 아벨은 양을 치는 목자가 되었다. 카인은 추수한 곡식을, 아벨은 양의 첫 번째 새끼를 신에게 제물로 바쳤다. 하지만 신은 아벨의 제물만을 기쁘게 받았다. 카인의 신을 우선하는 마음이 아벨만 못했기 때문이다. 화가 난 카인은 동생 아벨에게 "들로 가자."라며 거짓말로 유인해 쳐 죽였다.

티치아노는 살인의 결정적인 장면을 참혹하게 묘사하고 있다. 이미 몽둥이로 치명적인 공격을 당한 아벨은 머리에 붉은 피를 뚝뚝 흘리며 고통에 몸부림친다. 카인은 동생의 숨통을 끊을 심산으로 마

티치아노 베첼리오, <카인과 아벨>, 1544년

지막 일격을 가하는 중이다. 아벨이 피하지 못하도록 한쪽 다리로 몸을 눌러 고정한 후에 높이 치켜올린 몽둥이를 내리치려는 순간이다. 화가가 감상자의 시선이 아래에서 위로 향하도록 구도를 만들고, 몸이 최대한 뒤틀린 역동적 동작을 묘사해서 감상자에게 마치 살인 현장을 바로 앞에서 직접 목격하는 생생함을 불러일으킨다.

《성서》에 묘사된 카인의 성격은 포악할 정도로 공격적이다. 신이 아벨의 제물만을 받자 곧바로 '고개를 떨어뜨리고 몹시 화가 나' 있는 모습을 숨기지 않는다. 신이 "너는 왜 그렇게 화가 나 있느냐?"라고 물을 정도로 노골적으로 거친 감정을 드러냈다. 아벨을 죽인 후에 신이 네 아우는 어디 있냐고 묻자, 카인은 죄의식을 느끼기는커녕 "제가 아우를 지키는 사람입니까?"라며 오히려 격하게 성질을 냈다. 세상을 떠돌아다니는 신세가 되도록 신이 벌을 내리자, 아우를 죽였음에도 불구하고 "저를 만나는 사람마다 저를 죽이려 할 것"이니 지나치게 벌이 무겁다고 항의했다.

인간의 감정 표현과 성격은 어떻게 만들어지는가? 다윈은 《인간과 동물의 감정 표현》에서, 감정이나 성격을 자유의지의 결과물로 보는 견해에 매우 부정적인 시각을 보였다. 일부만이 자발적인 선택과 학습으로 습득한 것이라고 했다. "훨씬 많은 표현 동작들, 그리고 매우 중요한 표현 동작들은 선천적이거나 유전을 통해 물려받은 것들이다." 그것들은 개인의 의지에 따라 좌우된다고 말할 수는 없다.

카인이 보인 공격적인 성격도 마찬가지다. 진화생물학자나 그 영향을 받은 진화심리학자들은 대부분 인간의 공격성을 유전적인 진화 과정이 만들어 낸 경향으로 이해한다. 에드워드 윌슨은(Edward Wilson, 1929~2021) 사회생물학을 인간에 적용한 《인간 본성에 대하여》에서, 아예 공격성을 인간이 진화 과정에서 획득한 기본적 성향이라고 했다.

"인간의 공격성은 타고난 것이다. 세계 역사를 보더라도 가장 조직화된 공격 기술을 뜻하는 전쟁은 수렵채집 사회부터 산업 국가에 이르기까지 모든 형태의 사회를 규정하는 특징이다. (…) 인간은 외부의 위협에 비합리적인 증오심으로 반응하고, 꽤 넓은 여분의 범위까지 고려하여 위협의 근원을 압도할 수 있을 만큼 적개심을 고조시키는 성향이 강하다."

_에드워드 윌슨, 《인간 본성에 대하여》, 사이언스북스

다윈 진화론 이데올로기에 맞짱을!

윌슨에 의하면 인간은 생존 경쟁을 통한 진화 과정에서 공격성을 지니게 되었다. 공격성이 진화와 유전이 아니라 나쁜 환경 때문이라고 주장하는 이론가들이 있기는 하다. 하지만 이 견해는 근거가 부족하다. 대부분 알래스카의 이누이트를 비롯해 일부 지역의 원주민처럼, 평화로워 보이는 극소수 사회를 예로 드는 데에 불과하기 때문이다. 지금은 평화로워 보여도 구석기 시대에는 파괴자였을 수 있고, 혹은 미래에는 특정 환경에서 집단적인 살인 행위를 할 수 있다는 점에서 설득력이 미흡하다.

지구에 인간이라는 종이 생기고, 수렵 · 채취의 조건상 이동 생활을 하는 과정에서 필연적으로 외부 위협에 직면했다. 다른 집단과 식량을 놓고 경쟁하는 일이 발생했다. 이는 생존과 직결되기 때문에 우리의 뇌에는 사람들을 동료와 이방인으로 구분하는 성향이 자리 잡았다. 점차 "이방인들의 행동에 매우 두려움을 느끼고 공격을 통해 갈등을 해결하려는 성향"을 갖게 된다. 안정적인 유지와 번식을 위해 당장 필요한 수렵 · 채취 범위를 넘어서는 영역까지 제압할 수 있도록 내적으로 증오와 같은 감정으로 무장하고 언제든지 공격에 나설 수 있는 태도를 갖추게 되었다. 공격성을 최대한 지닌 집단이 생물학적 이익을 보고 생존하기에 셀 수 없이 많은 세대를 거치는 동안 본성의 일부로 진화된 것이다.

카인은 아벨에게 들로 가자고 거짓말을 하고, 살해한 이후 신에게도 아벨이 어디 있는지 모른다고 다시 거짓말했다. 카인을 비롯해 인간의 성격이나 감정에서 흔히 등장하는 거짓말도 진화의 영향이라고 주장하는 심리학자와 생물학자들이 많다. 캐나다의 진화심리학자 스티븐 핑커(Steven Pinker, 1954~)는 《마음은 어떻게 작동하는가》에서 거짓말에 대해 다음과 같이 설명했다.

"감정은 꾸며 내기가 어렵기에 성공적으로 진화했다. (…) 걸어 다니는 거짓말 탐지기들의 세계에서 최고의 전략은 자신의 거짓말을 믿는 것이다. 만일 당사자가 자기 거짓말이 진짜 의도라고 생각한다면 숨겨진 의도는 드러나지 않을 것이다. (…) 프로이트의 무의식과 자아의 방어기제 이론과 비슷한 점이 있다." _스티븐 핑커, 《마음은 어떻게 작동하는가》, 동녘사이언스

인간은 본래 개체 사이의 소통을 위해 의도를 담은 감정이 얼굴과 신체에 드러나도록 진화해 왔다. 그러므로 거짓말도 겉으로 드러나기 십상이다. 게다가 자신을 미루어 상대 생각이나 마음을 어느 정도 읽을 수 있다. 서로가 거짓말 탐지기를 갖고 있는 셈이다. 누구나 자신의 거짓말이 노출될 위험에 처해 있다.

거짓말과 관련한 시행착오를 여러 세대에 걸쳐 겪으면서 성격과 감정의 진화가 나타났다. 살아 있는 거짓말 탐지기를 통과하기 위해서는 스스로 자신의 거짓말을 믿는 게 제일 탁월한 방법이다. 스스로를 속여 남을 더 성공적으로 속이는 '자기기만'이 발달했다. 상대가 나의 거짓말을 의심하고 있다고 가정한 상황에서 말을 해야 하기에 프로이트가 말한 심리적인 '방어 기제'가 무의식 안에 자라난다. 방어 기제는 받아들일 수 없는 잠재적 불안의 위협에서 자신을 보호하기 위

다윈 진화론 이데올로기에 맞짱을!

해 무의식적으로 욕망을 조절·왜곡함으로써 마음의 평정을 찾는 심리 작용이다. 방어 기제를 매개로 생물학적 진화와 심리학이 만난다.

티치아노의 〈카인과 아벨〉을 통해 인간의 성격과 감정 가운데 공격성과 거짓말이 어떻게 진화했는지를 살폈다. 그런데 인간에게는 다양한 성격과 감정이 있다. 이 모두가 공격성, 거짓말과 동일한 경로로 진화가 이루어지는 것은 아니다. 그렇더라도 진화심리학자들은 공통적으로 생물학적인 유전과 심리적 현상 사이의 직접적인 관련성을 강조한다.

영국의 진화심리학자 대니얼 네틀(Daniel Nettle, 1970~)은 《성격의 탄생》에서 "성격을 결정하는 큰 요인 중 하나는 여러분이 우연히 갖게 된 유전자 변형체"라고 한다. 그렇다고 해서 물려받은 유전자형과는 관계없는 다른 요인을 부정하지는 않는다. 어린 시절의 경험, 질병, 부모와의 관계, 가족 구조, 학교생활, 친구 관계 등 비유전적 요인의 영향 역시 인정한다. 하지만 "환경이 성격에 어떻게 영향을 미치는지 제대로 밝히기" 어렵다는 말을 덧붙인다. 결국 적어도 '실질적인' 결정 요인이 유전에 의한 진화에 있다는 시각을 숨기지 않는다.

성격 형성에 관련된 상황조차도 의지나 의도와 분리한다. 네틀에 따르면 외향적인 성격과 내향적인 성격은 같은 상황에 대해서도 서로 포착하는 적극성의 정도가 다르다. 그에 따라 결과도 다르게 나타난다. 적극성이 이익이 되기도 하고 해가 되기도 한다. 그러므로 성격과 상황 사이에 서로에게 영향을 주는 상호 관계가 만들어진다. 성격과 상황 간의 이러한 관계를 자연 선택에 호응하는 개념으로 '상황 선택'이라고 한다. 성격과 감정은 상황 선택을 통해 진화 과정을 밟는다. 상황을 의지에서 독립해 있는, 진화론에서의 자연과 유사한 발상으로 규정한다.

필자가 보기에 성격과 감정에 대한 생물학과 진화심리학의 관점에는 몇 가지 과도한 일반화와 논리적 비약이 있다. 먼저 복잡한 대상을 지나치게 단순화한다. 다윈은《인간과 동물의 감정 표현》에서 "감정과 느낌은 흥분 혹은 낙담으로 분류되어 왔다."라고 했다. 다양한 감정이 뿌리를 추적하면 '흥분과 낙담'으로 압축된다는 발상이다. 흥분은 몸과 마음의 모든 기관이 평소에 비해 더 활기차고 신속하게 그 기능을 수행하는 상태다. 낙담은 그 반대의 상태다. 그 외 다른 감정을 이 두 가지에 귀속시킨다. 예를 들어 분노, 기쁨, 슬픔 등은 "애초부터 흥분의 감정"이다. 원기 왕성하거나 몸부림치는 동작을 동반한다는 공통점으로 묶는다.

한국에서는 오랜 기간 혈액형으로 개인의 성격과 기질 및 다른 사람과의 관계 등을 분류하는 게 유행했다. A형, B형, O형, AB형으로 나누어 네 가지로 그 많은 사람을 꿰맞췄다. 네 가지 유형만으로 분류하는 것이 지나치다고 여겨졌는지, 최근에는 가짓수를 더 늘려서 'MBTI 성격테스트'로 성격, 진로, 의사소통, 대인 관계, 적성 등의 심리 유형을 가늠하는 게 유행이다. 외향과 내향, 감각과 직관, 사고와 감정, 판단과 인식으로 구성되는 네 가지 선호지표를 조합해 총 열여섯 가지로 성격 유형을 분류한다. 심리 유형이 네 가지에서 열여섯 가지로 늘어난 것이다.

다윈 진화론 이데올로기에 맞짱을!

생물학과 진화심리학에서 성격을 몇 가지 유형으로 압축해 단순화하는 이유는 분명하다. 성격을 진화나 유전에 의한 결정으로 규정하기 위해서는 몇 가지 행동 패턴이나 신경 물질의 작용으로 설명할 필요가 있기 때문이다. 이는 무언가 법칙적인 도식을 찾아내야 하는 과학이 빠지는 함정이기도 하다. 문제는 이를 무리하게 모든 심리에 곧바로 적용하면서 생겨난다.

유전적인 요소나 오랜 기간의 생존 과정에서 형성된 습성이 인간, 개인의 성격 형성에 어느 정도 영향을 주었음은 분명하다. 하지만 인간의 성격이나 감정만큼 다양하고 복잡한 것도 찾기 어렵다. 셀 수 없을 만큼 다양한 성격과 감정이 있다. 각자의 유전적인 요소도 부모 양쪽의 유전자가 섞이는 정도에 따라 다르게 발현된다.

여기에 대니얼 네틀이 예로든 어린 시절의 경험, 질병, 부모와의 관계, 가족 구조, 학교생활, 친구 관계 등의 비유전적 요인만 해도 서로 얽히고설킨 조합을 만든다. 이 모든 요소의 조합은 경우의 수로 치자면 거의 무한대에 가깝게 된다. 결론적으로 100명의 사람에게는 100개의 성격이 있다. 지구상에는 세계의 인구만큼의 성격이 있다고 봐야 한다.

그러므로 심리학은 '유형'의 학문이기 어렵다. 개인의 마음은 동물을 어류, 파충류, 갑각류, 조류, 포유류 등의 유형으로 구분하는 직업과 전혀 다른 특징을 지닌 대상이다. 특히 심리는 겉으로 드러나는 의식만이 아니라 숨겨진 무의식까지 다뤄야 하니 더욱 복잡하다. 심지어 무의식이 의식으로 드러나지 못하도록 막는 전의식이 작용하는 정도와 양상도 사람마다 다르다. 그러니 이를 무슨 수로 유형화한다는 말인가.

다음으로 유전 중심의 성격분석은 논리적 비약이 적지 않게 개입되어 있다. '상황 선택'이라는 설정이 대표적이다. 단지 특정 심리학자만의 발상은 아니다. 흔히 인간 정신에 영향을 주는 두 통로로 유전과 환경을 꼽는다. 그런데 신체적인 진화에서는 '자연'을 환경으로, 정신적인 진화에서는 '사회적 조건과 상황'을 환경으로 구분하는 경향이 다분하다. 자연이 인간에게 외부적인 환경이듯이 상황도 같은 역할을 한다. '나'를 유전자로 바꿔 놓고, '상황'을 의지에서 독립해 있는 외부 환경으로 설정한 것이다.

하지만 자연과 상황은 같은 외부 환경으로 분류될 수 있는 것이 아니다. 네틀이 '상황 선택'의 대표적인 예로 든 어린 시절의 경험, 질병, 부모와의 관계, 가족 구조, 학교생활, 친구 관계 등을 봐도 그러하다. 학교생활, 친구 관계는 개인의 의지나 의도에 따라 달라질 수 있는 요소를 내포하고 있다. 질병도 개인의 생활 습관과 무관하지 않다는 점에서 스스로의 선택과 무관하지 않다. 심지어 부모와의 관계도 자연의 초원지대나 사막처럼 의지가 조금도 개입할 여지가 없는 전적인 외부 환경이 아니다. 성장 과정에서는 유아기를 벗어나 8~9세부터 청소년기로 접어드는 순간 의식적인 요인이 연관되는 여지가 생겨난다.

인간의 삶을 둘러싼 상황은 의지와 조건이 맞물려 있는 공간이다. 개인에 따라 맞물리는 범위와 정도는 천차만별로 다르긴 하다. 하지만 인간의 의식과 무관한 물리적 공간이 전혀 아니다. 그런데도 다수의 심리학자는 자연과 상황을 동일하게 취급하는 논리적 비약을 통해 성격 형성이 의지에서 독립한 진화의 결과라는 규정을 도출해 낸다.

불안은 자기와 종족 보존 본능에서 생기는가?

불안장애는 현대인이 심리학과 가장 자주 만나게 되는 계기다. 불안감은 사람이라면 대부분 경험하는 감정이다. 하지만 이유 없이 불안하고 그 정도가 지나쳐 사회생활을 하는 데 지장을 초래하는 상태에 있을 때 불안장애라고 한다. 공황장애, 광장공포증, 사회공포증, 특정공포증, 강박장애 등이 여기에 해당한다. 그런데 원래 마음이라는 게 그렇듯이, 불안감과 불안장애의 경계는 뚜렷하지 않다. 특히 사람들을 경쟁의 벼랑으로 몰아세우는 현대 사회에서 그 경계가 더 낮고 엷어지는 경향이 있다.

노르웨이 출신의 표현주의 화가 에드바르 뭉크(Edvard Munch, 1863~1944)의 〈지옥 안의 자화상〉은 불안을 안고 살아가는 모습을 보여 준다. 뭉크는 '불안의 화가'라 불릴 만큼 평생을 불안 증세와 함께했고, 불안 감정을 극적으로 표현하는 여러 작품을 남겼다. 어린 시절에 어머니와 아버지를 잃고 한 누이가 결핵으로 사망했다. 또 다른 누이동생도 정신 분열증으로 병원에 입원했다. 뭉크 자신은 불행한 연애와 관련한 권총 사고로 생명의 위협을 느꼈고, 손가락 하나를 잃었다. 주변에 죽음의 공포를 동반하는 불안 요소가 늘 둘러싸고 있었다.

〈지옥 안의 자화상〉은 불안에 휩싸인 내면을 담았다. 뭉크는 마

에드바르 뭉크, <지옥 안의 자화상>, 1903년

치 지옥의 불길이 일렁이는 듯한 배경 앞에 서 있다. 늘 자신을 옥죄는 병적인 불안이 지옥으로 여겨졌으리라. 뭉크는 자신을 물끄러미 응시한다. 등 뒤로 넓게 퍼진 검은 그림자는 무의식 세계를 반영하는 게 아닌가 싶다. 불안의 정체를 만나기 위해 숨겨진 무의식을 응시한다.

그런데 왜 알몸일까? 실오라기 하나 걸치지 않은 모습의 자화상을 그리는 경우가 극히 이례적이니 말이다. 알몸은 신체에 밀착되어 있는 본능을 향한 화가의 시선을 보여 주는 게 아닐까? 시도 때도 없이 찾아와 괴롭히는 불안장애의 정체가 본능적 충동과 이어져 있다는 생각이 그림에 반영되어 있는 게 아닐까?

마치 프로이트가 《정신분석 운동》에서 신경증의 원인으로 분석한 다음 내용을, 뭉크가 자신의 경험을 통해 회화적으로 구현한 듯한

다윈 진화론 이데올로기에 맞짱을!

생각이 들게 한다.

"신경증의 원인으로 추적할 수밖에 없는 자아 본능과 성 본능 간의 대립은, 개인 보존에 봉사하는 본능과 종의 생존에 봉사하는 본능 간의 대립이라는 생물학적인 분야로 옮겨진다. 생물학에서 각각 소멸해 가는 개인들이 매달려 있는 불사의 생식질에 대한 더 포괄적인 생각에 다다른다. 이를 통해 생리학과 심리학에서 성 본능의 역할을 올바로 이해할 수 있다."

_지그문트 프로이트, 《정신분석 운동》, 열린책들

프로이트에 의하면 불안장애와 같은 신경증은 자아 본능과 성 본능의 대립에서 생긴다. 둘은 모두 보존과 연관된다. 전자는 자기 보존이고, 후자는 종족 보존이다. 둘은 서로 독립적으로 보이지만 동물적인 삶에서는 빈번하게 부딪힌다. 자기 보존이 결국 실패할 수밖에 없음은 인간 스스로 너무나 잘 안다. 모두 소멸해 가는 유한한 존재이기 때문이다. 더 정확히 말하자면 살아간다는 것은 늘 죽음의 그림자가 함께하는 과정이다. 종족 보존은 후손을 남김으로써 유한한 존재로서의 자기 운명을 거역하고자 하는 본능이다.

불안은 이러한 두 가지 본능과 연관을 맺고 나타난다. 불안장애에는 대부분 죽음의 그림자가 어른거린다. 예를 들어 공황장애는 아무도 없는 으슥한 밤길에 강도를 만나는 것과 같은 두려움을 일상에서 겪는다. 불안의 계기만이 아니라 증상도 죽음에 닿아 있다. 숨이 막히거나 심장이 두근대고 죽을 것만 같은 극단적인 상태가 이어진다. 광장공포증은 공황이나 유사 증상을 피하거나 도움을 받기 어려운 상황에 부닥칠지 모른다는 불안이기에 역시 죽음의 그림자와 연결되어 있다. 높은 곳, 비행기, 어떤 동물, 주사 맞기, 피의 목격 등을 맞닥뜨릴 때 나타나는 다양한 공포증도 이러한 상황에서 죽을 것 같은 느낌에 사로잡히며 생긴다.

그렇기에 프로이트는 개인이 "불사의 생식질"에 매달린다고 한다. 생식질은 유전 정보를 가지고 있으며 배우자에게 전달되는 생식 세포 내의 물질이다. 다시 말해 생식질을 지닌 개인은 강렬한 성 본능에 지배당한다. 유아기에서 시작되어 청소년기, 청년기를 거쳐 중년기, 장년기에 이를 때까지 평생에 걸쳐 성 본능이 개인을 지배한다. 설사 의식 차원에서는 애써 무시하고 일상에서 누른다고 해도 사라지지 않는다. 죽음에 대한 불안이 종족 보존을 향한 불안과 맞물리면서 성 본능이 무의식 속에 서 끊임없이 꿈틀대기 때문이다. 자아 본능과 성 본능이라는 심리학적 주제가 자기 보존과 종족 보존이라는 생물학적 분야에 직결되는 것이다.

본능은 생물학적으로 볼 때 신체 안에 있는 자극 원천에서 유래하기에 항시적인 힘처럼 작용한다. 외부적 자극은 의식적으로 피할 수 있지만, 본능은 신체 안의 자극에서 유래하므로 달아날 수 있는 성질의 것이 아니다. 자극 원천에서 실현으로 도달하는 과정에서 억압이나 장애가 심할 경우 불안장애를 비롯한 신경증을 발생시킨다.

현대 심리학자들 가운데도 생존 경쟁 과정에서 강화된 자기 보존 본능을 불안의 근본 원인으로 꼽는 경우가 많다. 대니얼 네틀은

다윈 진화론 이데올로기에 맞짱을!

《성격의 탄생》에서 "우리 조상들이 살던 환경이 가혹하고 집단 내부 또는 집단 간 경쟁으로 인해 상당히 위협이 존재할 때는 신경성 수치가 높은 사람이 생존과 번식에 유리하다."라고 한다.

구석기 인류는 맹수의 공격이나 급변하는 기후 등으로 인한 생존 위협 속에서 살았다. 또한 인류 내부 다른 집단과의 충돌도 중요한 위협 요인이었다. 이때 '화재경보기'처럼 위험을 감지하고 육체와 정신을 순식간에 최고의 긴장 상태로 몰아넣어 대비하게 하는 장치가 필요하다. 경보기 센서가 없거나 둔감하다면, 다시 말해 "신경성 수치가 너무 낮으면 사망률이 높아지기 때문에 생존과 번식에 불리"하다. 불안은 진화 과정에서 '생존과 번식' 즉 자기 보존과 종족 보존의 본능 속에 설계되었다.

사회생물학자들도 대체로 자기 보존과 관련된 죽음에의 공포에서 불안의 원인을 찾는다. 구석기 인류로 거슬러 올라가는 오랜 진화에서 형성된 반응의 일종이라고 여긴다. 에드워드 윌슨은 《인간 본성에 대하여》에서 공포증과 같은 불안장애의 뿌리를 다음과 같이 진단했다.

"공포증은 대개 뱀, 거미, 쥐, 고독, 폐쇄 공간 같이 고대 환경에서 위협을 주었던 것에 의해 환기되는 데 반해, 칼, 총, 전기 기기 같은 현대의 인공물에 의해서는 거의 야기되지 않는다. 역사의 여명기에 공포증은 생존을 담보하는 데 필요한 완충 지대를 구축했는지도 모른다."

_에드워드 윌슨, 《인간 본성에 대하여》, 사이언스북스

윌슨에 의하면 인간의 감정은 오랜 진화 과정에서 여러 세대에 걸쳐 학습된 것이다. 특히 불안이나 우울과 같은 신경증은 인류 초기에 생존을 위해 무의식에 자기도 모르게 스며들어 왔기에 의식으로 통제하기 어렵다. 대체로 유년기부터 시작되며, 매우 비합리적이기에 없애기가 쉽지 않다. 인류 초기에 발생해서 무의식에 축적되어 왔음은 주로 어디에서 공포를 느끼는지를 보면 알 수 있다.

그가 든 사례처럼 실제로 공포증 대부분이 현대 문명의 이기보다는 주로 초기 인류가 맞닥뜨렸을 위협과 연관되어 있다. 원시 인류의 거주지 가까이에서 일상에서 언제든지 불쑥 나타나 두려움을 주던 동물, 혹은 소규모로 집단생활을 하면서 가장 큰 위협이 되는 고립의 두려움 등이다. 늘 엄습하는 두려움과 위협에 즉각 대응해야 했다. 그렇다고 해서 늘 공포 상태로 지낼 수는 없는 노릇이다. 평온한 일상 속에서도 언제든지 비상한 상황에 대비해 마음속에 신속한 대응체계를 내장하고 있어야 했다. 그러한 의미에서 공포증은 "생존을 담보하는 데 필요한 완충지대"였다.

하지만 진화론에 밀착한 심리학자와 생물학자 다수가 상식처럼 여기는 이 견해는 의외로 허점이 적지 않다. 불안 증상의 특징을 고려할 때 자기 보존 본능과 연관이 깊다는 점은 비교적 분명하다. 문제는 여전히 주로 고대 인류의 절박한 생존에서 오는 자기 보존 본능으로 환원하는 경향에 있는 점이다. 비록 당시 위협의 흔적이 무의식에 남아 있는 것은 어쩔 수 없다 해도, 현대 사회로 올수록 불안의 정도가 줄어야 논리적으로 이해가 된다.

다윈 진화론 이데올로기에 맞짱을!

원시생활에서 벗어나 점차 문명이 발달하면서 고대의 동물이나 조건이 인간을 직접 위협하는 정도가 줄어들었으니 말이다. 동굴이나 밀림에서 살다가 문명에 적응한 지 얼마 되지 않았다면 상관이 없다. 하지만 최소한 1000년 이상의 세월이 흘렀다. 특히 적어도 서구의 경우는 과학기술이 발달하고 대도시에서 생활한 게 수백 년은 되었다. 그런데 현대 사회로 올수록 불안은 줄어들기는커녕 오히려 빠르게 증가하고 있다.

불안의 급격한 증가는 인류 초기의 생존 조건과 다른, 무언가 자기 보존 본능을 자극하는 새로운 요인이 대규모로 생겼음을 의미한다. 그런데도 '오랜' 진화의 결과라는 사고에 갇혀 고대 인류가 맞닥뜨렸던 위협으로 계속 환원한다면 현대인의 불안은 출구를 찾지 못하게 된다. 생존의 위협이라 해도 다 같은 성격을 지닌 것은 아니다. 그 위협의 차이에 따라 다른 자기 보존 본능이 자극되기 마련이다. 이와 관련하여 독일의 사회학자 울리히 벡(Ulrich Beck, 1944~2015)이 《위험사회》에서 주장한 다음 내용은 좋은 참고가 된다.

"과거의 위해들은 위생학 기술의 저공급에 연원을 두었다. 오늘날의 위해들은 산업적 과잉생산에 그 기초를 두고 있다. (…) 계급 사회에서 작동하는 운동은 다음 표현으로 요약된다. 나는 배고프다! 다른 한편 위험사회에서 작동하는 운동은 이렇게 표현될 수 있다. 나는 두렵다! 불안의 공동성이 필요의 공동성 자리를 차지한다."
_울리히 벡, 《위험사회》, 새물결

인류의 생존을 위협하는 요인은 시대마다 큰 차이가 있다. 오랜 기간 인류는 낙후된 위생 기술로 인해 생존의 벼랑에 몰렸다. 유아 사망률이 매우 높았던 것도 이와 관련이 깊다. 지극히 사소한 병균이나 해충의 피해 때문에 생명을 잃었다. 혹은 맹수의 공격으로 생긴 상처가 치명적인 결과를 초래하기도 했다. 여기에 자연적인 위협도 큰 문제였다. 지진이나 가뭄 등의 자연재해가 공포를 불러왔다. 자연재해로 인한 공포는 대체로 인간이 내린 결정에서 발생한 위험이 아니고, 효과적인 예방도 어려워서 생겼다.

문명과 국가가 출현한 이후 중세와 근대의 계급 사회에서는 착취로 인한 빈곤이 현실적인 위험이었다. 빈곤의 위험 때문에 숨을 죽이고 있어야 했다. 10세만 넘으면 공장에서 노동을 해야 했다. 1832년 영국 하원의 아동 노동 실태 조사 위원회 보고서에 의하면 거의 매일 새벽 3시에 공장에 가서 밤 10시까지 사실상 강제 노동에 시달렸다. 19세기 중엽 영국 노동자의 평균 수명은 30세에도 이르지 못했다.

그런데 현대에 들어서는 다시 '산업적 과잉 생산'에 기초한 위험으로 그 성격이 바뀌었다. 이 과정에서 발생한 생태적 위험과 고도 기술의 위험 등이 인류 생존의 위기를 초래하고 있다. 예를 들어 환경 파괴로 인한 기후 위기는 미래의 일이 아니라 오늘날 이미 닥친 문제다. 폭염, 혹한, 폭우, 폭설, 태풍, 가뭄 등은 이제 '이변'이 아니라 전 세계의 일상이 되었다. '기후 재난'이라는 말이 상식으로 통할 정도로 극한 기상 현상이 동시다발적으로 일어난다. 고도 기술은 원전 사고, 유전자 조작, 유전자 식품 등의 위험으로 나타난다. 이 새로운 위험은

다윈 진화론 이데올로기에 맞짱을!

이 행성의 모든 생명체를 위협한다. 그가 현대의 성격을 '위험사회'라고 규정할 정도로, 그 어느 시대보다 공통으로 느끼는 불안이 지배하는 사회다.

더 나아가서 고독으로 인한 불안의 의미도 달라졌다. 전통 사회에서는 마을이나 부족 등 집단적 구속력에서 벗어나는 상황은 곧바로 죽음을 의미했다. 하지만 현대 사회는 전혀 사정이 다르다. 잦은 이사로 집단으로서의 마을 개념은 사라진 지 오래다. 핵가족이나 일인 가족도 이미 사회적으로 익숙한 현상이다. 현대인의 고독은 과거의 인류처럼 죽음으로 직접 연결되는 불안이 아니다. 생물학적 죽음으로서의 불안이 아닌, 실존적인 의미에서의 불안이다.

프로이트 이후 심리학에서 불안의 주요 요인 중 하나로 지목되었던 종족 보존 본능도 점차 설득력이 떨어졌다. 과거에는 자신의 핏줄이라 할 수 있는 후손을 남기지 못할지도 모른다는 불안이 문제였다. 하지만 후손을 남기는 일에 대한 생각이 많이 변화했다. 심지어 출산율 저하로 골머리를 앓고 있는 국가들도 많다. 어떤 면에서는 후손을 많이 갖게 될 때 생겨날 수 있는 여러 곤란을 불안하게 느끼고 출산을 회피하는 사람들이 늘고 있다. 현대인의 성 본능에서 오는 불안은 종족 보존보다는 친밀한 관계나 유희, 쾌락의 기회에 연관된다. 그러한 의미에서 생물학적 요인보다는 사회적인 요인에 가깝다.

자기 보존 본능이라는 점이 유사하다고 해서 같은 범주로 분류하기 어려운 경우가 많다. 그런데도 자기 보전이라는 공통점으로 현대인의 불안을 초기 인류가 직면했던 생존, 죽음의 위협에서 오는 불안으로 환원하는 방식은 큰 착오를 일으킨다. 원인 진단 방향이 잘못 잡히면 필연적으로 해결은 어려워진다.

이렇듯 진화심리학의 여러 유효한 문제의식에도 불구하고 맹점도 적지 않다. 진화심리학은 진화의 시간 개념이 짧게는 수백 년, 길게는 수십만 년이라는 특징에 얽매어서 자꾸 초기 인류로 우리를 이끄는 경향이 있다. 그런데 현대의 100년이 어떤 경우에는 구석기의 수만 년 이상의 큰 변화를 동반한 경우가 많다. 그 결과 인간의 무의식, 감정과 행동 가운데는 지난 1세기 내에 벌어진 변화가 더 직접적인 요인인 것도 많다. 이러한 점을 간과한다면 심리학이 현실의 생생한 문제의식이 아니라 구태의연한 복고적 태도로 뒷걸음질 치게 된다.

집단생존이 자연스럽게 집단심리를 만드는가?

풍속화로 잘 알려진 네덜란드 화가 피터르 브뤼헐(Pieter Bruegel, 1527~1569)의 〈네덜란드 속담〉은 집단심리의 특징을 잘 보여 준다. 일상에서 접하는 온갖 속담의 잔치가 펼쳐진다. 캔버스 안에 100개가 넘는 속담을 담았다. 이 가운데 한눈에 보이는 몇 가지만 소개하면 다음과 같다. 그림 중앙 하단부에 붉은색 드레스를 입은 부인이 남편에게 푸른 외투를 입힌다. '남편에게 푸른 외투를 입힌다.'라는 속담을 표현한 것인데, 푸른 외투는 부정과 어리석음을 뜻한다. 아내가 무언가로 남편을 속이고 있다는 의미다. 가슴이 많이 드러난 붉은색 옷을 입고 있는 모습으로 봐서 남편을 속이고 다른 남자와 만나는 부정행

피터르 브뤼헐, <네덜란드 속담>, 1559년

위를 고발하는 듯하다.

중앙 하단은 '소 빠진 후 구멍 메우기'라는 속담 광경이다. 삽을 들고 구덩이를 흙으로 덮는 남자가 보인다. 흙 아래로는 죽은 송아지 모습이 보인다. 때가 늦은 대책을 조롱하는 의미로, 한국 속담 '소 잃고 외양간 고친다.'에 해당한다. 옆으로는 '돼지에게 장미 뿌린다.'라는 속담이다. 우리로 치면 '돼지 목에 진주 목걸이'라는 의미다. 왼편의 돼지를 붙들고 있는 장면은 '한 사람은 양의 털을, 한 사람은 돼지 털을 깎는다.'라는 속담이다. 한 사람이 이로운 일을 하는데 다른 사람이 쓸데없이 따라 하면서 해를 입히는 행위다. '남이 장에 가니 거름 지고 장에 가더라.'는 속담과 비슷하다.

푸른 외투 위로는 괴물 앞에 꿇어앉아 무언가 이야기하는 사람이 보인다. '악마에게 고백한다.'라는 속담을 표현한 것으로 적에게 비밀을 이야기하는 어리석은 짓을 하지 말라는 뜻이다. 그 옆으로 빨간색 모자를 쓴 남자가 닭을 만지는 모습은 '암탉 뒤꽁무니를 만진다.'라는 속담을 표현했다. 우리로 치면 '김칫국부터 마신다.'에 해당한다. 그림 좌측 밑에 머리로 벽을 박고 있는 사람은 우리로 치면 계란으로 바위 치기 정도가 된다. 그 근처에 나오는 '기둥을 무는 사람'은 과도한 신앙심, 위선적인 행동을 의미한다.

화가는 날카로운 관찰력과 회화적 실현 능력을 발휘해 도덕률과 현실의 비뚤어진 인간 행위를 비교한다. 그러한 의미에서 옳음과 그름, 지혜와 무지, 현명함과 어리석음이 교차된다. 속담은 시대의 산물, 특히 당시의 사회적 도덕률을 일상의 사고방식이나 행위를 통해 간단하고 쉽게 풀어낸다. 속담은 해당 사회의 각 구성원에게 아주 어릴 적부터 상식이나 인륜의 이름으로 반복적으로 주입되어 집단심리를 형성한다.

프로이트는 이러한 집단심리를 다윈의 진화론에서 끌어낸다. 《문명 속의 불만》에서 집단심리학이 어디에서 출발해야 하는지를 다음과 같이 설명했다.

"1912년에 나는 다윈의 추론을, 인간 사회의 원시적 형태는 한 사람의 강력한 남성에 의해 전제적으로 지배되는 군집이었다는 취지로 이해했다. 나는 이 군집의 운명이 대대로 내려오는 인간의 역사에 지울 수 없는 흔적을 남겼다는 사실을 입증하려고 애썼다."

_지그문트 프로이트, 《문명 속의 불만》, 열린책들

집단심리는 사고와 감정이 공통된 방향으로 집중되는 방식으로 나타난다. 그 공통된 방향은 개인의 의식적인 선택이 감퇴하고, 무의식적 정신생활이 우세한 쪽으로 향한다. 어떤 의도가 떠오르자마자 의식적인 선택보다는 습관에 의해 당장 실행에 옮기려 든다. 프로이트에 의하면 이러한 집단심리는 원시적 정신 기능으로 퇴행한 상태라는 점에서 다윈이 진화의 기원을 추적하는 방식과 일치한다. 원시적 군집에서의 정신 기능에 기초해 만들어진 심리다.

현재 우리 집단의 일종의 원형은 원시적 군집이다. 강력한 한 명의 남성이 지배력을 행사하는 군집인 셈이다. 초기 인류의 사고, 감정, 행동이 군집의 필요와 생존에 맞춰 이루어지기에 "집단심리는 가장 오래된 인간 심리라고 결론"을 내린다. 개인의 심리는 오래된 집단심리에서 나중에야 서서히 모습을 드러내기 시작했다. 점진적인 과정이었으며, 지금도 현재 진행형이다. 현대인에게는 개인의 심리가 발달했지만, 집단심리 형태로 모든 개인의 마음속에 원시인이 잠재적으로 살아남아 있다. 그래서 지금도 대등한 동료들의 무리에서 지내면서도, 무의식에는 우세한 힘을 가진 한 개인을 염두에 두는 상황이 늘 깔려 있다.

프로이트와 함께 심리학을 대표하는 카를 구스타프 융(Carl Gustav Jung, 1875~1961)은 특히 집단심리를 중심으로 무의식을 분석했다. 《무의식 분석》에서 집단적 무의식과 이를 형성하는 여러 근원적 유형이 인간 정신의 바탕이며 뿌리라고 했다.

"무의식에는 개인적 층과 집합적 층이 있다. 개인적 층은 유아기 기억으로 끝난다. 집합적 무의식은 조상 대대로의 생활 전체를 포함한다. (…) 집합적 무의식이 더욱 깊은 층이 첨가됨으로써 인격의 학대가 생기고 심적 인플레이션 상태가 된다. (…) 페르소나는 집합적 마음의 가면에 불과하다. 개성이 있는 것처럼 보이게 하는 가면이다." _칼 구스타브 융, 《무의식 분석》, 선영사

집단심리에는 인류의 조상이 대대로 우리에게 남겨 준 무의식이 작용한다. 개인 경험의 가장 빠른 시기인 유아기조차 뛰어넘어, 과거 조상이 되풀이해서 경험한 것들의 총화가 바로 그 무의식의 뿌리다. 집합적 무의식은 신화, 속담, 종교 등 과거로부터 이어지는 이야기를 통해 우리의 마음에 스며들어 오는 경우가 많다. 워낙 넓고 깊은 뿌리이기 때문에 "의식적 개인은 집합적 마음의 어느 한 부분"이 된다. 집합적 무의식이 추가되어 마음이 개인의 경험할 수 있는 범위를 넘어 확대된다는 의미에서 심적 인플레이션이 일어난다.

융은 심리학에 페르소나 개념을 도입한 것으로 잘 알려져 있다. 페르소나는 본래 관리가 썼던 가면이며, 관리가 하는 일을 나타낸다. 관리는 그 직책과 업무 때문에 일하면서 자기 마음을 그대로 드러낼 수 없다. 가면이 인위적으로 꾸민 감정을 대신한다. 집단심리에 의한 마음도 마찬가지다. 우리는 흔히 자기 개성을 감정과 표정으로 드러낸다고 생각한다. 하지만 실제로는 집합적인 마음이 출현한 것에 불과하다.

다윈이 《인간의 기원》에서 밝힌 바에 따르면 집단의 생존을 위

다윈 진화론 이데올로기에 맞짱을!

해 필요한 태도가 여러 미덕의 형태로 만들어져 후손에게 전달된다. 여러 집단이 공존하는 생존 경쟁 조건에서 자기 보존을 넘어 집단 보존을 위해서는 개체의 희생이 필요한 경우가 생긴다. 집단을 지키고자 하는 동물의 '사회적 본능'이 점차 발달해 인간의 도덕감각이 생긴다. 먼저 사회적 본능이 동료에 대한 동정심을 키워 동료에게 봉사하도록 한다. 점차 개인의 보존 본능을 넘어서는 만족감을 알게 된다. 여기에 언어 능력까지 발달하면서 공공 이익을 위한 지침이 만들어진다. 그리하여 결국은 집단의 필요와 희망에 맞춘 행동이 개인의 마음에 폭넓게 자리 잡는다.

언뜻 보기에 이는 진화론이 주장하는 생존 경쟁 원리와 대립하는 것처럼 보인다. 집단을 위해 자기 생명을 희생한 개체는 대부분 자손을 남기지 못해 오히려 줄어들 테니 말이다. 하지만 희생은 개인에게 다른 종류의 만족을 준다. "사회적 미덕의 발달을 위한 또 하나의 다른, 그리고 더 강력한 자극은 우리 동료로부터의 칭찬과 비난에 의해 주어진다." 이에 의해 점차 도덕적 행위가 집단 내에 확대된다. 그리고 사회적 미덕을 가진 개인이 많은 집단이 다른 집단보다 생존에 유리한 위치에 서게 되어 사회적 미덕이 집단적인 마음으로 자리 잡았다는 것이다. 집단의 생존을 위한 태도와 행위가 세대를 거듭한 진화를 통해 자연스럽게 신화, 도덕, 속담 등의 형식으로 집단심리를 형성했다는 논리다. 그러나 조금만 들여다보면 그 이상으로 역사적인 사실과 맞지 않는 부분이 상당히 섞여 있다. 무엇보다도 집단심리의 근간이 되는 신화, 도덕, 속담 등의 성격 이해가 실제의 역사적 근원과 다른 면이 많다. 과연 진화론과 진화심리학의 주장처럼 사회적 미덕이 집단 구성원 모두의 필요에 따라 자연스럽게 만들어졌을까?

지금까지 전승되는 고대 신화는 대부분 국가 형성기에 만들어졌다. 우리의 기억에 깊게 남아 있는 신화로 무엇이 있을까? 당장 한국의 고대 신화를 종합한 《삼국유사》를 떠올려 볼 수 있다. 〈단군 신화〉, 〈고주몽 신화〉, 〈박혁거세 신화〉 등 신비스러운 힘이 왕으로 점지한 인물의 탄생 이야기가 중심을 차지한다. 불가사의한 현상으로 지배자의 탁월한 영도력을 선전하려는 의도가 다분하다.

다른 지역의 고대 신화는 다를까? 그리스의 신화 가운데 가장 잘 알려진 〈일리아드〉와 〈오디세이아〉를 떠올려 보라. 왕과 귀족 영웅들의 이야기이고, 일반 병사는 이들을 위해 희생하는 게 마땅하다는 교훈이 이어진다. 최초의 문명이 시작되었다고 하는 수메르의 〈길가메시 신화〉는 어떠한가? 지배자가 세상을 다스리게 되는 영웅담이다. 민중의 삶이 녹아 있는 민간 설화가 섞여 있기는 하다. 하지만 이는 대체로 소소한 이야깃거리에 머문다. 특정한 개인을 주인공으로 하는 신화는 그만큼 권력을 거머쥔 인물이나 세력이 등장했다는 역사적 현실을 보여 준다. 즉 집단 구성원 모두의 생존을 위해 자연스럽게 만들어지고 유포된 게 아니라, 특정한 소수 지배 세력에게 복종하도록 유포된 이야기가 많다.

도덕도 본질적으로는 크게 다르지 않다. 도덕은 사전의 의미로는 사회의 구성원들이 양심, 여론, 관습 따위에 비추어 스스로 마땅히 지켜야 할 행동 준칙이나 규범을 말한다. 그런데 실제로는 그 시대 지

　　　　　다윈 진화론 이데올로기에 맞짱을!

배 세력이 자기들의 정치적 · 경제적 이익을 위해 사회 구성원들에게 강제하고자 하는 내용이 많다. 우리의 경우를 돌아봐도 그러하다. 조선 시대의 도덕은 당시 지배 세력이었던 사대부 양반 신분의 이해를 중심으로 한 유교 윤리관에 입각해 있었다.

서양의 중세 기독교 도덕률도 지배층이던 교회 성직자와 귀족의 이해를 담고 있다. 신분제 사회의 관성이 가득하다. 혹은 구성원들의 노동력을 짜내기 위해 만들어진 도덕률도 상당 부분을 차지한다. 고대부터 현재까지 이어지는 도덕 가운데는 가족과 연관된 내용이 많은데, 가부장제 이해관계가 노골적으로 반영되어 있다. 주로 남편과 부인, 아버지와 자식 사이의 수직적 · 권위적 관계를 정당화하는 내용이다.

속담은 도덕률을 현실의 흥미로운 현상이나 비유에 담아 전달한다. 모든 속담을 지배층이 만든 것은 아니지만, 그 가운데 당시 지배 세력의 사고방식이 스며든 경우가 적지 않다. 브뤼헐의 〈네덜란드 속담〉에 나온 몇 가지를 보면 이해가 쉬울 듯하다. '남편에게 푸른 외투를 입힌다.'라는 속담에는 부부 사이의 정절을 주로 여성의 덕목으로 여기도록 강요하던 가부장제 논리가 짙게 배어 있다.

우리로 치면 '돼지 목에 진주 목걸이'라는 의미를 갖는 '돼지에게 장미 뿌린다.'라는 속담도 고약한 구석이 있다. 점잖게 해석하면 값어치를 모르는 사람에게는 보물도 아무 소용없음을 이르는 말이다. 하지만 동양이든 서양이든 아주 옛날부터 귀족을 비롯한 지배 세력은 민중을 가축에 비유해 왔다. 자신들의 통치 행위를 백성을 부리기 위해 고삐 잡는 일에 비유하곤 했다. 결국 속담이라는 교묘한 표현 속에 민중에게는 먹고사는 것 이상을 베풀 필요가 없다는 인식이 숨겨져 있는 셈이다.

나아가서는 집단의 성격을 질적으로 구분하지 않는 것도 역사적인 현실에서 한참 벗어나 있다. 초기 인류의 원시 공동체 집단 경험을 현대 국가의 집단 경험과 연결하는 것은 논리적인 비약에 가깝다. 무리를 이루고 있다고 해서 기본적으로 같은 성격은 아니기 때문이다. 혈연에 기초한 씨족, 부족 등과 고대 국가는 전혀 다른 성격을 지닌 집단이다. 국가는 오히려 기존 씨족, 부족을 비롯한 자연적인 혈연 공동체를 해체하거나 제압하고 만들어진 인위적인 단위다. 나아가 같은 국가라 해도 부족 연합 성격이 강했던 고대 국가와 장원 중심의 중세 국가, 그리고 현대의 기본 틀이 마련된 근대 국가조차 성격을 구분해야 한다.

씨족 집단의 자연스러운 확대 과정에서 국가가 만들어졌다는 인식에는 국가를 인간 본성의 산물로 여기게 만들려는 지배 세력의 의도가 강하게 담겨 있다. 생물학과 진화심리학에는 이러한 왜곡된 시각이 여과 없이 담겨 있는 경우가 많다. 역사적 사실보다는 진화론과 심리학의 자기 완결성에 치중하면서 나타나는, 역사적인 현실에서의 유리나 논리적인 비약이라고 봐야 한다. 그 결과 심리학이 사회 속에 내던져진 개인의 심리적 상처를 치유하기보다는, 의식하든 의식하지 않든 현실 지배 이데올로기의 대변 역할을 하는 경우조차 드물지 않게 나타난다.

다윈 진화론 이데올로기에 맞짱을!

04

성과 사랑이 자연 선택으로
습득되는가?

남녀 차이는 성 선택에 따른 결과인가?

미국의 인상주의 화가 메리 카사트(Mary cassatt, 1844~1926)의 〈뱃놀이〉
는 휴양지에서의 즐거운 한때를 보여 준다. 카사트가 남프랑스 니스
인근 앙티브의 빌라에서 보냈을 때의 작품이다. 앙티브는 요트로 유
명한 지중해의 작은 휴양도시로, 카사트만이 아니라 이전부터 많은
미술가가 찾았다. 여인 뒤편의 해변 기슭에 하얀색 벽에 붉은색 지붕
의 빌라들이 보인다. 따뜻한 햇볕이 감싸는 화창한 오후에 물놀이를
즐기는 중이다. 아기를 안고 있는 여인의 모습에서 애정과 따뜻함이
듬뿍 묻어난다. 엄마의 품과 손길 안에서 아기도 이 순간을 편안하게
즐기는 표정이다. 시선은 열심히 배를 젓는 남성을 향한다. 요트 위의

메리 카사트, <뱃놀이>, 1894년

다윈 진화론 이데올로기에 맞짱을!

여인이 화가는 아니다. 카사트는 평생 독신으로 살았고, 당시 앙티브에서는 어머니와 함께 지냈으니 말이다. 앙티브에 요트를 즐기러 온 가족의 흔한 광경을 담은 듯하다.

사랑으로 연결된 어머니와 아이의 모습은 카사트가 평생에 걸쳐 반복해서 그린 친숙한 주제였다. 그림은 우리가 통념으로 지닌 남녀의 전형적인 특징을 담고 있기도 하다. 아이를 안고 남성을 바라보는 여성의 눈길은 온화하고 정감이 어려 있다. 시선이 늘 아이와 가정의 일상으로 향하는 분위기다. 남성의 느낌은 상당히 대조적이다. 힘차게 노를 젓는 팔뚝은 마치 거친 세상을 헤쳐 나가는 남성들의 치열한 삶과 성격을 보여 주는 듯하다.

남성과 여성의 차이가 무엇이고, 왜 생겨났는지는 인류의 오랜 관심사였다. 다윈도 동물과 인간의 진화를 연구하면서 이 주제에 주목했다. 진화에 따른 성 선택의 원리를 《인간의 기원》에서 다음과 같이 설명했다.

"남자와 여자의 정신적 능력 차이에 성 선택이 매우 큰 역할을 했을 가능성이 높다. (…) 여자는 더 온화하고 자기희생적이라는 점에서 남자와 다른 것 같다. (…) 여자는 모성 본능으로 인한 심정을 온 힘을 다해 아이에게 쏟을 뿐만 아니라, 종종 타인에게도 확장한다. 남자는 다른 남자의 경쟁자이고, 경쟁을 즐겨 야심을 불러일으켜 쉽게 이기적으로 된다."

_찰스 로버트 다윈, 《인간의 기원》, 동서문화사

먼저 다윈이 말한 '성 선택'의 의미부터 이해할 필요가 있다. 번식에 필수적인 일차적이고 직접적인 성 기관의 차이만으로는 현실의 다양한 성 차이를 모두 설명할 수는 없다. 다윈은 이차 성징의 발달이 진화에서 중요한 역할을 한다는 점을 강조했다. 성징(性徵)은 암수 혹은 남녀를 구별하는 해부학적·생리적 특징이다. 일차 성징은 출생 시부터 명확하게 나타나는 성기의 구조적 차이를 말한다. 이차 성징은 생식기관 이외의 성별을 나타내는 여러 형질이다. 신체의 크기, 형태, 색채, 향기, 음성 등의 차이, 나아가서는 정신, 심리, 행동 등의 차이도 포함된다.

다윈이 보기에 조류와 포유류, 그리고 인간의 이차 성징에 의한 성 차이는 진화 과정에서 다른 양상으로 나타난다. 조류의 경우 수컷이 이차 성징으로 다양한 장식을 발달시키는 방식이 특징적이다. 대표적인 사례가 수컷 공작의 화려한 꼬리다. 암컷의 선택 확률을 높임으로써 번식에 유리한 위치에 서기 위한 전략이다. 다윈은 이를 자연 선택과 연관된 표현으로서 '성 선택'이라고 불렀다.

그런데 수컷의 장식은 개체의 생존에는 불리한 면이 있다. 날거나 달리는 능력을 어느 정도 희생하는 데다가 화려한 색깔은 포식자를 유인하기 때문이다. 왜 많은 종에서 수컷이 생존에 장애가 되는 특징을 진화시켰느냐가 문제가 된다. 암컷 앞에서 매력을 과시하고 유혹해 짝짓기에서 승리한 수컷은 자신의 뛰어난 형질을 새끼에게 전달한다. 진화의 관점에서 본다면 낮은 생존율과 높은 번식률의 교환 즉, 생존보다 번식을 택한 것이다. 수컷 개체의 생존율 하락 이상으로 번식 기회가 증가하면 그 종은 늘어난다. 이차 성징의 진화는 수컷 사이의 경쟁으로 설명된다.

포유류의 방식은 상당히 다르다. "포유류 수컷은 자기 매력의 과시보다는 투쟁의 법칙을 통해 암컷을 획득하는 경우가 훨씬 많은 것 같다." 암컷을 얻기 위해 수컷끼리 싸우는 경우가 많다. 산토끼, 다람쥐, 비버 등 비교적 작은 동물도 싸우는 과정에서 상처를 입고, 심할 때는 치명적인 결과를 맞이하기도 한다. 바다표범과 같은 수생 포유류의 경우에도 '투쟁의 법칙'이 작용한다. 번식기에 상대의 이빨과 발톱을 이용한 격한 공격 때문에 표피에 많은 상처가 생긴다.

인간의 이차 성징은 훨씬 복합적인 방식으로 나타난다. 포유류의 일반적인 특징과 별도의 고유한 특징이 모두 포함된다. 다른 남자와의 직접적인 충돌도 있다. 다윈은 원시적으로 생활하는 호주나 북아메리카 원주민들의 사례를 근거로 든다. 여자를 둘러싼 투쟁이 빈번하게 일어나고, 좋아하는 여자를 둘러싼 격투가 관습으로 자리 잡기도 한다. 이는 젊은이들이 어릴 때부터 격투 기술과 힘을 연마하게 하는 열정의 원천이 된다. 또한 사냥을 뛰어나게 잘하지 못하거나 허약한 남자는 마음에 둔 여자를 아내로 맞이하기 어렵기에 경쟁에 적합한 방식으로 신체 변화가 생긴다. 그래서 평균적으로 남성이 여성보다 키가 크고 힘이 세며, 어깨가 벌어지고 근육이 잘 발달한다.

정신, 심리, 행동 등에서 나타나는 이차 성징은 인간의 고유한 특성이라 할 만하다. 다윈은 남녀의 신체 구조와 능력의 변화만이 아니라 "정신적 능력 차이에 성 선택이 매우 큰 역할"을 했을 가능성이 크다고 했다. 동물과는 다른 생존과 성 선택 조건 때문에 생겨난 특성이다.

"여자들의 취향은 남자의 사회적 지위와 재산에 크게 영향을 받는다. 남자가 인생에서 성공할지는 주로 지적 능력과 에너지, 또는 조상에게 있었던 그러한 능력의 결과에 크게 의존한다. (…) 직관, 빠른 인지, 모방 능력은 여자가 더 뛰어나다고 한다. 이러한 능력의 일부는 미개한 인종의 특징으로, 과거에 문명이 발달하지 않았던 시절의 상태일지도 모른다."

_찰스 로버트 다윈, 《인간의 기원》, 동서문화사

동물이나 초기 인류는 주로 신체적 특성과 사냥 능력이 수컷 사이 경쟁의 가장 중요한 요소다. 하지만 인류의 생존 방식이 수렵과 채취에서 농경과 목축으로 바뀌고, 집단의 규모가 커지면서 경쟁력의 성격도 바뀐다. 재산과 지위의 정도가 성 선택의 핵심 능력이 된다. 단순히 몸이 크고 힘만 세다고 경쟁에서 승리할 수는 없다. 이는 정신적 능력의 영향을 크게 받기에 세대가 거듭되면서 남성이 이에 대한 더 두드러진 발달 과정을 겪었다는 것이다.

다윈에 의하면 먼저 부와 권력을 성공적으로 획득하는 데 필요한 용기, 인내, 의지력이 발달한다. 새로운 싸움에서 수많은 경쟁을 헤쳐 나가지 않으면 안 되기에 새로운 정신 능력이 추가된다. 더 확실한 성공을 위해 상상력, 이성 등 더 고도한 정신 능력이 획득된다. 다윈은 현실에서 "시, 그림, 조각, 작곡, 연주, 역사, 과학 그리고 철학의 각 분야"에서 남자가 뛰어나다는 점을 근거로 든다. 물론 전적으로 성 선택의 결과라는 주장은 아니다. 일부는 인류의 존속을 위한 일반적인 투쟁에서 승리함으로써 자연 선택을 통해 획득되었다.

여성은 직관, 빠른 인지, 모방 능력에서 남성보다 뛰어나다. 그런데 이는 특별히 성 선택에 연관된 능력으로 보기 어렵다. 초기 인류에게 공통적인 정신 특징일 가능성이 크다. 그러한 의미에서 여성이 남성보다 뛰어나게 지닌 능력의 경우 문명 이후에 특별히 더 발달한 정신 능력이 아니다. 여성의 정신적 성향은 다른 방향에서 특징적인 차이를 보인다. 남성이 치열한 경쟁 때문에 호전적이고 이기적인 성향을 보인다면, "여성은 더 온화하고 자기희생적"이다. 또한 "모성 본능으로 인한 심정"을 아이와 타인에게 제공하는 데서 남성보다 적극적이다. 성 선택에 의한 남녀의 정신적 특성에서 차이가 생겼다는 견해는 현대 사회에서도 통념으로 상당히 폭넓게 자리 잡고 있다.

일차 성징, 그리고 이차 성징 중에서 신체에 해당하는 부분에 대해서는 대체로 성 선택의 연관성을 부인할 이유가 없다. '대체로'라고 한 데에는 이유가 있다. 성 선택이 신체의 크기와 형태에 영향을 주는 '방향'에서 다른 접근을 놓치고 있는 부분이 있기 때문이다. 현대사회학의 주요 창시자 중 한 명인 에밀 뒤르켐(Emile Durkheim, 1858~1917)이 《사회분업론》에서 주장한 다음 내용은 진지하게 고민할 필요가 있다. "과거의 여자들은 전혀 연약한 인간이 아니었다. (…) 선사시대의 유골을 보면 남자와 여자의 체력의 차이는 오늘날에 비하여 훨씬 적었음을 알 수 있다."

구석기인의 유골은 크기와 굵기에서 현대인보다 남녀 간 격차가 적다. 여성의 신체에도 상당한 변화가 생겼음을 알 수 있다. 다윈은 여성의 선택에 의해 남성들이 호전적으로 경쟁하는 과정에서 골격이 커지고 힘이 세졌다고 한다. 성 선택이 남성의 신체적 능력을 점차 강하게 만들었다는 주장이다. 하지만 전혀 다른 경로로 남녀 신체적 능력의 차이가 만들어졌을 가능성을 소홀히 했다. 뒤르켐이 언급했듯이 남성 신체가 여성보다 더 크고 강하게 변한 게 아니라, 반대로 여성의 신체가 약해지는 과정을 충분히 고려할 필요가 있다. 적어도 성 선택이 암컷과 수컷, 혹은 여성과 남성 사이에서 상호 작용하고 있다는 점을 모두 살펴야 한다.

하지만 성 선택이 양성 사이의 정신적 능력의 차이를 만든다는 다윈의 이론은 상당히 설득력이 떨어진다. 무엇보다도 이성과 상상력처럼 고도한 정신 능력에서 남성이 여성보다 발달하는 쪽으로 성 선택이 작용했다는 주장이 문제다. 다윈은 이성에 관련해서는 역사, 과학, 철학 등의 학문적 능력, 상상력에 관련해서는 시, 그림, 조각, 작곡, 연주 등의 예술적 능력에서 남자가 뛰어나다는 점은 의심할 여지가 없다고 여겼다. 그 원인을 성 선택에서 찾았다.

지금까지도 많은 사람이 이 주장을 상식처럼 받아들인다. 정신과 관련된 여러 분야에서 양성의 어쩔 수 없는 차이로 생각한다. 아예 이분법적 분류를 통해 그 차이를 절대화하려는 시도도 많다. 인류학자 프랑수아즈 에리티에(Francoise Heritier, 1933~)는《여자, 남자 차이의 구축》에서 그동안 남성성과 여성성이라는 방식으로 관념과 언어 체계에서의 대립적 구분이 이어졌다고 했다.

　　　　　　　　　　다윈 진화론 이데올로기에 맞짱을!

처음에는 감성과 행동 영역에서 남성성과 여성성 사이의 이분법적 분류가 나타났다. "뜨거운/차가운, 무거운/가벼운, 견고한/무른, 적극적인/소극적인, 신속한/느린, 강한/연약한, 용기 있는/소심한, 진중한/경박한, 유동적인/부동적인" 등이 여기에 해당한다. 이어서 정신적인 부분도 나아가서, "추상적인/구체적인, 이론적인/경험적인, 이성적인/비이성적인, 선험적인/내재적인, 또는 문화/자연" 등의 대응 쌍이 만들어진다. 당연히 전자의 남성성이 능동적·발전적인 기질에 더해 뛰어난 이성 능력을 담고 있다. 이에 비해 후자의 여성성은 수동적이고 현실 유지에 치중하는 기질과 함께 감성적인 특성을 갖는다.

양성의 정신적 특성과 능력의 차이를 지능 테스트로 입증하려는 시도가 계속되었다. 비교적 최근에는 뇌과학이라는 도구를 통해 근거를 제시하는 연구가 유행했다. 연구 결과는 간단히 말해 남성의 뇌는 분석 능력, 여성의 뇌는 공감 능력이 더 발달했다는 식이다. 그 이유는 남성은 좌우뇌가 독립적으로 작용하는 반면 여성의 좌우뇌는 구분이 상대적으로 더 느슨하기 때문이라는 것이다.

하지만 IQ 테스트나 표준화된 수학 테스트 등 대표적인 지능 테스트는 일관된 조사 결과를 보이지 않아 성 차이를 확증하는 쪽으로 결론을 내리기 어렵다. 남성과 여성의 IQ 테스트 평균값은 비슷하거나 3~4점 격차에 머물러 의미 있는 성 차이라고 보기 어려운 경우가 많다.

실제로 한국의 각종 시험에서 나타나는 결과를 봐도 마찬가지다. 한국 사회에서 적어도 남성과 여성에게 비슷한 교육 기회를 제공한 이후에는, 진학이나 공무원 시험처럼 성적으로 순위를 매기는 경쟁에서 여성이 특별히 열등하다고 볼 수 있는 결과는 나오지 않고 있다. 지난 10~20년 사이에는 오히려 여성들이 성적 상위권에 더 많이 분포하는 현상이 나타나기도 했다. 더구나 집중적인 준비와 높은 성적이 요구되는 각종 '고시'에서 여성이 남성과 대등하거나, 심지어 더 많이 합격하는 현상이 나타난 지 이미 오래다.

역사적으로 수천 년 이상 남성 지배에 기초한 강력한 가부장제가 강요되었다. 현대 사회에 이르러 적지 않게 개선되기는 했지만, 여전히 가부장제의 어두운 그림자에서 자유롭지는 않다. 적어도 이러한 역사적 현실을 인정한다면 다른 문제의식으로 접근할 필요가 있다. 양성 사이에 현상적으로 나타났던 정신 능력에서의 차이가 성 선택이라는 진화의 자연스러운 결과가 아니라, 차별적인 사회적 환경과 교육이 상당 부분 개입되어 있음을 부인하기 어렵다.

다윈의 진화론에 남성 중심의 차별적 사고방식이 적지 않게 전제되어 있다는 비판이 자주 제기된다. 이에 대해 다윈이 《인간의 기원》 후반부에서 여성이 남성과 같은 수준에 도달하기 위해 "활력과 인내심을 기르고 이성과 상상력을 최고로 발휘할 수 있도록 교육받아야 한다."라고 언급한 점을 들어, 그가 교육을 통해 남성에 대한 여성의 종속을 소멸시켜야 한다고 조언한 일종의 변명을 접할 수 있다.

하지만 이조차도 궁색한 측면이 강하다. 위의 조언이 언급된 내용 전체를 보면 오히려 다윈의 진화론이 여성에 대해 갖는 차별적 편견이 여전하다는 점을 오히려 잘 보여 주기 때문이다. 바로 앞에서 양성 사이의 정신적 능력 차이는 "남자아이와 여자아이에게 같은 교육을 받게" 하는 방식으로는 없앨 수 없다고 한다. 그가 말한 교육을 통한 개선은 "몇 세대에 걸쳐 이러한 능력이 뛰어난 여성이 결혼해 다른 여성보다 많은 자식을 키우지 않는 한" 바뀔 수 없다. 다시 말해서 여성의 열등한 정신적 능력이 진화 때문에 생겨났듯이, 여성이 남성과 동등해지려면 다시 여러 세대에 걸친 진화가 축적되어야만 한다는 허무한 조언이다.

가부장제와 성 분업은 진화의 결과인가?

진화론은 가부장제, 즉 가장인 남성이 강력한 가장권을 가지고 가족 구성원을 통솔하는 형태를 진화에 따른 자연스러운 결과로 여긴다. 영국 화가 윌리엄 오펜(William Orpen, 1878~1931)의 〈블룸즈버리 가족〉은 가부장제 가족의 일상 분위기를 보여 준다.

그림에서는 한 가족이 거실에 앉아 일상의 한순간을 보내는 중이다. 한눈에 왼편의 안락의자에 딱딱한 자세로 앉아 있는 남성이 남편이자 아버지로서 가정의 중심을 차지하고 있음을 알 수 있다. 가장 앞자리에 앉아 있어서, 이 집의 대표가 누구인지를 알려 주는 듯하다. 입을 다물고 날카로운 눈빛으로 응시하는 표정에서 단호함과 엄격함이 느껴진다. 아내는 뒤편에 조연처럼 서 있다. 남편과 아이들이 요청하면 언제든지 주방에서 무언가를 가져다줄 태세로 보인다. 머리나

윌리엄 오펜, <블룸즈버리 가족>, 1907년

옷을 보면 아름다운 매력을 보이기 위해 한껏 꾸미고 있음을 알게 해
준다. 막내딸이 아버지 앞에서 재롱을 부린다. 탁자에 앉아 있는 나머
지 아이들은 무언가 경직된 분위기다. 아버지와 함께 있는 자리에서
아버지의 권위에 주눅이 들어서 생긴 현상처럼 보인다.

현대 사회에서 상대적으로 완화된 측면이 있지만, 여전히 가부
장제는 대부분 국가에서 가정의 표준 모델로 여겨지고 있다. 진화론
은 비록 대가족에서 핵가족으로의 형태 변화는 있었더라도 가부장제
가족의 기본 골격은 인류 초기부터 유지되었다고 한다. 다윈은《인간
의 기원》에서 초기 인류의 가족 형태를 다음과 같이 규정했다.

다윈 진화론 이데올로기에 맞짱을!

"원시 시대 남녀가 난혼 상태에서 생활했다는 것은 도저히 생각할 수 없는 일이다. 오늘날 사회적 습관이나 미개인 대부분이 일부다처임을 생각하면, 가장 가능성이 큰 것은, 원시인은 작은 집단을 이루고 살았으며 각 남자는 자신이 가질 수 있는 만큼의 아내를 거느리고, 그녀들을 빼앗기지 않기 위해 다른 모든 남자로부터 지키고 있었다는 것이다."

_찰스 로버트 다윈, 《인간의 기원》, 동서문화사

그가 보기에 인간은 이 세상에 처음 나타났을 때부터 한 명의 남성 중심의 가족 형태를 유지해 왔다. 문명사회든, 원시 사회든 비슷한 양상을 보인다. 한 남성이 한 명이나 여러 명의 여성을 거느리는 방식이다. 이에 비추어 볼 때 아득한 옛날로 시간을 거슬러 올라가도 한 남성이 충분한 권위를 갖고, 외부의 남성과 위협으로부터 가정을 지키는 가부장적 가족 형태일 가능성이 가장 크다는 것이다.

에드워드 윌슨이 《인간 본성에 대하여》에서 제시한 사회생물학 관점도 유사하다. 인류 역사에서 가족은 대부분 "인간은 성적 상태의 교체가 대부분 수컷 주도로 이루어지는 온건한 일부다처제" 형태다. 압도적으로 많은 사회에서 한 남성이 아내를 여럿 취하는 것을 허용했으며, 법과 관습을 통해 장려했다. 일부일처제도 일부다처제의 변형된 형태다. 혼인 외적인 관계에 대해 남성에게 관대한 사회적 조건과 관념을 유포해 사실상의 일부다처제를 용인하고 있기 때문이다. 인류 초기부터 "대체로 여성들은 남성들에 의해 한정된 자원으로, 가치 있는 소유물로 취급"되었다는 것이다.

영국의 동물학자 모리스는 한 명의 남성을 중심으로 한 가족 형태는 인간과 가까운 관계인 원숭이를 통해서도 확인할 수 있다고 한다. 《털 없는 원숭이》에서 밝힌 내용에 따르면, 몇 가지 요인이 영장류가 특정한 가족 관계를 갖도록 만들었다. 하나는 사냥이고, 다른 하나는 새끼를 돌보는 기간이 유난히 길다는 점이다.

수컷 원숭이는 천천히 자라는 새끼와 이를 돌보는 암컷을 먹여 살리기 위해 사냥에 전념했다. 암컷은 새끼가 어미에게 의존하는 기간이 너무 길고 항상 돌보아야 하기에 늘 보금자리에 머물렀다. "사회적 행동에 중대한 변화를 가져올 필요가 생겼다. 해결책은 한 쌍의 암수 관계를 발전시키는 것이었다. (…) 이제 암컷은 하나의 수컷에 속박되어, 수컷이 사냥하러 떠난 뒤에도 계속 정절을 지켜야 했다."

천천히 자라는 새끼를 기르고 훈련하는 어려운 일을 해결하기 위한 응집력 있는 가족 관계가 일부일처제 형태만을 의미하지는 않는다. 사냥하는 일이 격렬한 행위와 위험한 상황을 동반하기에 수컷이 희생되는 일이 많다. 무리의 생존을 위해서는 자연스럽게 살아남은 수컷이 여러 암컷과 짝을 짓는 경향이 나타난다. 일부다처 형태가 자연스럽게 만들어졌다는 논리다. 원숭이들의 생존 조건 때문에 한 마리의 수컷 중심 형태로 진화했다는 것이다.

하지만 인류와 영장류의 가족 관계가 초기부터 가부장제 형태를 지녔음을 입증하려는 위의 논거들은 적지 않은 결함을 갖고 있다. 자신이 접한 부분적인 관찰을 성급하게 일반화하거나 이미 문명에 접어들어 나타난 현상을 인류 초기의 보편적인 특징으로 규정하는 무리한 논리 전개를 보인다.

이른바 '문명'이 자리 잡은 이후 가부장제에 기초한 일부일처나 일부다처 가족 형태가 광범위하게 분포해 있음은 분명하다. 하지만 부계 사회에 비해 상당히 드물기는 하지만, 현재도 중국, 동남아시아, 인도, 아프리카, 유럽, 아마존강 유역, 북아메리카 일부 등 세계 여러 지역에서 모계 사회가 유지되고 있다. 특히 문명과 거리를 두고 살아가는 각지의 원주민 공동체에서 모계 관습이 꽤 빈번하게 발견된다는 점에서 모계 사회가 수렵과 채취에 의존하여 살아가던 초기 인류 단계에서는 더욱 흔한 모습이었다고 충분히 짐작할 수 있다.

길가메시의 활약을 담은 수메르 신화나 제우스 중심의 그리스 신화 등 고대 신화를 근거로 인류 초기부터 가부장제가 보편적이었다고 여기기도 한다. 하지만 기록으로 전해 내려오는 고대 신화는 이미 가부장제에 기초한 계급 분화와 권력이 형성되던 때에 만들어졌기에 초기 인류의 삶을 제대로 담지 못한다. 그런 점에서 유럽을 비롯해 각지에서 발견된, 문자화된 기록 이전의 구석기 시대 조각상이 대부분 여성이었다는 점에도 주의를 기울일 필요가 있다. 인류 초기의 신화에서 오히려 여성이 중심적 위치를 차지했고, 생명을 만들어 내는 여성의 역할이 사회적으로 특별한 존경 대상이었음을 알게 해 준다. 우리의 통념보다 훨씬 더 폭넓게 모계 요소가 퍼져 있었다고 봐야 한다.

그렇다고 해서 원시 공동체에서 모계 가족이 보편적인 형태였다는 주장은 아니다. 인류가 처음에 난혼에서 시작해 모계 사회를 거쳐 부계 사회로, 다시 말해 단계적으로 변화했다는 발상도 설득력이 떨어지기는 마찬가지다. 이를 뒷받침할 만한 실증적인 근거가 부족하다. 아마존강 유역을 비롯해 수렵과 채취에 의존하여 원시생활을 하는 원주민들 가운데에서도 부계 사회 관습을 가진 부족이 꽤 있다는 점을 보더라도 그러하다.

그동안의 여러 인류학적인 발견과 연구 성과를 종합할 때, 인류 초기부터 서로 다른 생존 환경에서 다양한 가족 형태가 공존했다고 보는 것이 합리적이다. 단일한 유전적 명령에 의해 어느 하나에서 다른 하나로 이행하는 순차적·기계적인 변화가 아니라, 일부다처·일처다부·일부일처·집단혼·난혼 등 다양한 형태가 세계 여러 지역에서 동시에 나타났다고 봐야 한다. 무엇보다도 남성이든 여성이든 한쪽 성이 다른 성을 지배하는 방식으로, 성 차이가 곧 권력의 근거가 되는 가족 관계를 보편적인 현상으로 볼 근거가 거의 없다. 설사 이러한 관계가 있었다고 해도 지극히 부분적인 현상이었을 가능성이 크다.

이는 다른 영장류에서도 비슷한 양상으로 나타난다. 원숭이가 한 마리의 수컷을 중심으로 한 일부일처나 일부다처 형태를 보인다는 주장은 부분적인 현상을 성급하게 일반화하는 편향으로 보인다. 마빈 해리스는 《작은 인간》에서 영장류의 다양한 가족 형태를 소개했다. 고릴라는 "수컷은 암컷 떼를 배타적으로 소유하면서 다른 수컷들이 그들과 교미하지 못하도록" 막는 일부일처 형태를 보인다. 오랑우탄은 "일 대 일로 짝을 짓는" 방식을 취한다. 하지만 침팬지는 매우 달라서, "침팬지 수컷들이 열이 올라 있는 암컷에게 서로 먼저 접근하기 위해 싸우는 일은 아주 드물다. 한 마리 암컷을 놓고 스무 마리나 되는 수컷이 자기 차례를 기다린다."라고 하듯이 난혼에 가까운 모습이 나타나기도 한다. 또한 보노보는 암컷이 가족과 공동체 관계의 균형을 조율하는 역할을 한다.

마빈 해리스는 인류에게서 나타나는 다양한 가족 형태가 다양한 생존 조건과 긴밀하게 연결되어 있다고 한다. 다음 분석은 충분히 경청할 만하다.

"땅은 많은데 노동력이 부족해 남자가 아내와 자녀를 더 많이 둠으로써 부유해질 수 있는 곳에서는 일부다처제가 우세하다. (…) 정반대에는 일처다부제가 극도의 자원 결핍에 상응하고 있다. 가령 티베트에서는 농경지가 너무 부족해 두세 형제가 한 명의 아내를 공유함으로써 경작지를 상속할 후손의 수를 제한한다. 일부일처제는 인구압과 토지 부족이 중간 정도 수준인 경우에 지배적이다."
_마빈 해리스, 《작은 인간》, 민음사

수렵과 채취으로 살아가던 원시 공동체만이 아니라 농경, 목축으로 일정하게 문명사회에 진입한 이후에도 토지 조건에 따라 다른 가족 형태가 나타났다. 자연 자원이 풍부해서 노동력 공급이 더 많은 부 축적에 유리한 지역에서는 일부다처, 반대로 열악한 환경에서 토지 분산을 막을 필요가 있는 곳에서는 일처다부가 발달하는 현상이 일어났다.

상대적으로 더 많은 지역에서 나타나는 가족 형태가 있을 수는

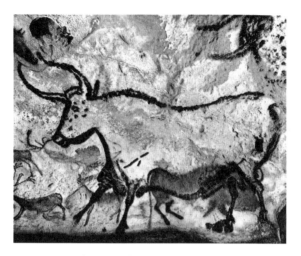

라스코 동굴벽화, <들소>, B.C. 17000

있다. 하지만 유전적 명령에 의해 하나의 가족 형태로 진화했다는 진화론적 주장은 설득력을 잃는다. 원시 공동체를 이루던 구석기인이든 문명사회로 접어든 고대인이든, 나아가 현대인에 이르기까지 짝짓기와 양육에서 단일한 방식만을 따랐다고 보기는 어렵다. 특정 집단이 의존하는 자연적·사회적 조건에 부응하면서 어느 한 형태만을 배타적으로 채택하는 것을 진화에 따른 본능이라고 볼 수 없다.

남성과 여성 사이의 성 분업에 대해서도 상식처럼 통하는 관념이 과연 타당한지 의심해 볼 여지가 충분히 있다. 다윈을 비롯해 진화론의 통념, 나아가 이를 사회에 적용한 사회생물학에서도 다수는 초기 인류부터 남성은 사냥, 여성은 채집과 가사라는 식으로 자연스럽게 성 분업이 이루어졌고, 현대인에게까지 이어져 왔다고 한다. 에드

다윈 진화론 이데올로기에 맞짱을!

워드 윌슨이 《인간 본성에 대하여》에서 주장한 다음 내용도 그 일환이다.

"해부학적 구조는 성 분업의 흔적을 담고 있다. 남자는 여자보다 평균 20~30퍼센트 체중이 더 나간다. 마찬가지로 남자는 스포츠에서 더 강하고 빠르게 움직인다. 남자의 신체 비례, 골격 형태, 근육 밀도는 고대 수렵·채집 시대 남자들의 전공 분야인 달리기와 던지기에 특히 적합하다. (…) 집단으로서의 여자는 덜 단호하고 신체적으로도 공격성이 덜하다."

_에드워드 윌슨, 《인간 본성에 대하여》, 사이언스북스

신체적 능력이 더 강한 남성들이 위험한 사냥을 담당하고, 이에 비해 연약한 여성들이 숲에서 과일을 따오는 식으로 분업이 이루어졌다는 것이다. 제도 교육에서 의심할 여지가 없는 정답으로 암기하는 내용이기도 하다. 신체 차이에서 비롯된 성 분업은 기질 차이를 동반한다. 수렵을 담당하던 남성들은 기질도 그에 적합하도록 형성되어서 강한 공격성을 지닌다. 또한 사냥 대상을 찾거나 쫓는 활동으로 인해 움막에 남아서 아이를 돌보던 여성과는 달리 방향감각이 발달한다. 초기 인류의 생존에서 비롯된 이러한 성 분업이 현대까지도 사회적 활동과 집안일로의 구분으로 이어졌다는 논리다.

구석기인들에 의해 그려진 라스코 동굴벽화 〈들소〉는 사냥과 그들의 삶의 연관성을 보여 준다. 비교적 작은 몸집의 순록이 늘어선 그림 위에 큰 들소를 겹쳐 그려 놓았다. 라스코 동굴에 그려진 2,000여

점의 구석기 벽화 가운데 약 절반이 동물 그림이다. 이 그림처럼 순록, 염소, 들소 등 사냥 대상이 되었던 동물이 꽤 많다. 들소는 사냥하기는 어렵지만 한 마리만 잡으면 공동체 전체가 며칠은 충분히 먹고도 남기에 최고의 열망이었으리라.

대신 들소 사냥은 위험을 감수해야 했다. 실제로 라스코 동굴벽화 가운데는 사냥하다가 들소의 날카로운 뿔에 받혀 죽어 가는 인간이 묘사된 그림도 있다. 이 〈들소〉 그림도 실제 겪은 사냥 경험을 담은 듯하다. 들소의 앞다리 위쪽에 뚜렷하게 그은 검은 직선이 보인다. 대신 중간이 끊겨 있는 점이 특이하다. 아마 사냥 도중에 나무 창이 부러져 들소를 잡는 데 실패한 아쉬움을 담은 게 아닌가 싶다. 소의 뿔을 매우 날카롭고 길게 묘사해 놓아서 사냥 과정에서 늘 겪어야 하는 위험을 나타낸 듯하다.

이렇듯 위험하고 강인한 체력이 요구되기에 사냥은 여성에게는 적합하지 않고, 신체적으로 강인한 남성의 고유한 활동으로 여겨 왔다. 하지만 구석기 동굴벽화에는 사냥이 남자의 배타적인 역할이었다고 여기게 할 근거가 뚜렷하지 않다. 몇 점의 예외를 빼놓고는 동물만 그렸고 사람은 묘사하지 않아서 어떻게 분업이 이루어졌는지를 알기 어렵다.

몇 가지 점에서 성 분업으로서의 수렵 활동에 대해 의문을 품을 수 있다. 무엇보다도 먼저 사냥을 초기 인류의 생존을 해결하는 가장 중요한 활동으로 여기고, 남성이 결정적인 역할을 했다는 식의 사고방식을 경계할 필요가 있다. 재레드 다이아몬드가 《제3의 침팬지》에

다윈 진화론 이데올로기에 맞짱을!

서 주장한 다음 내용이 이에 해당한다.

"'사냥하는 사람'이라는 신화는 우리에게 아주 친숙한 것이 되었기 때문에, 오랫동안 수렵이 상당히 중요했다는 신앙을 버리기가 매우 어렵다. 오늘날에는 대형 동물을 사냥하는 것이 궁극적인 남자다움의 표현으로 여겨지고 있다. 이런 생각에 사로잡혀 있기 때문에 남자 인류학자들은 인류 진화에 있어서 대형 동물 사냥의 역할을 과대평가하는 경향이 있다."

_재레드 다이아몬드,《제3의 침팬지》, 문학사상사

흔히 초기 인류를 떠올릴 때 날마다 사냥에 나서는 한 무리의 남성을 떠올리곤 한다. 해가 질 때쯤이면 사냥한 동물을 긴 막대에 묶어 메고 의기양양한 모습으로 돌아오는 장면을 머리에 그린다. 당연히 저녁 식사 시간에는 모닥불 주위에 둘러앉아 잘 익은 고기를 먹으리라 예상한다. 여성들이 숲에서 따 온 과일은 고기를 먹다가 입가심하거나, 남성들이 사냥에서 돌아오길 기다리며 먹는 간식 정도로 여긴다.

그가 보기에 이러한 생각은 현실과는 거리가 먼 허구적인 신화에 불과하다. 초기 인류는 대형 동물 사냥꾼으로서의 능력이 대단하지 않았다. 겨우 석기 시대에서 벗어난 단계의 원시생활을 하는 원주민들의 사례를 보면 분명해진다. 뉴기니 원주민들은 평생 단지 몇 마리의 캥거루만을 잡을 수 있었다. 다른 지역의 원주민들도 사정은 비슷했다. 구석기 시대 인류보다 더 나은 사냥 도구를 사용했음에도 불구하고 필요한 열량 대부분을 채집으로 획득한 식물성 음식물에 의존했다. 사냥이 성공하는 날이 종종 있기는 하지만, 토끼처럼 작은 동물이어서 우리가 예상하는 '사냥하는 남자'의 영웅담에는 한참 미치지 못한다. 이러한 영웅담은 남자들이 자신의 능력과 역할을 과대 포장하기 위해 만들어 낸 허구에 가깝다.

게다가 구석기인들은 작은 공동체로 사냥에 나서야 했기에 남자만의 일로 제한하기 어려웠다. 어린아이를 제외한 구성원 대부분의 협력 없이는 성공 가능성이 매우 희박했기 때문이다. 여성 역시 사냥에 유리한 방향으로 동물을 몰거나 추적하는 일에 어느 정도 참여했다고 보는 게 타당하다. 실제로 인류학자들의 관찰에 의하면 아프리카 피그미족의 경우 여성들이 사냥에서 몰이꾼 역할을 담당한다. 이누이트족 여성들은 잠든 바다표범에게 다가가 몽둥이로 때려잡는다. 호주 원주민 여성들은 연기를 피워 땅이나 나무의 구멍에 사는 작은 동물을 사냥한다.

나아가 초기 인류부터 원래 여성의 신체적 능력이 남성보다 현격히 떨어졌고, 이에 따라 둘 사이의 성 분업이 뚜렷했다고 보는 통념도 재고할 필요가 있다. 앞서 과거의 여성들이 연약한 인간이 아니었다고 한 에밀 뒤르켐의 《사회분업론》에서 관련 주장을 좀 더 살펴보자. 그는 이렇게 주장했다. "과거로 돌아갈수록 우리는 남녀 간 분업의 정도가 작았음을 알 수 있다. (…) 여자가 연약해진 것은 도덕 진보의 결과였다."

앞에서 구석기인의 유골은 크기와 굵기에서 현대인보다 남녀 간격차가 적었음을 살폈다. 해부학적으로 유사하다는 것은 신체 기능

다윈 진화론 이데올로기에 맞짱을!

에도 유사함을 의미한다. 이는 여성도 남성과 비슷한 생존 조건에서 유사한 활동을 담당했으리라는 점을 알게 해 준다. 과거로 갈수록 남녀 사이의 분업 정도가 크지 않았다. 현재도 아메리카, 뉴질랜드, 사모아 등의 원주민을 보면 여성이 남성과 활동에서 크게 구별되지 않는다. 초기 인류의 생활을, 남성은 사냥을 비롯한 외부 활동, 여성은 채집과 가사·육아 활동으로 엄격히 분리해 접근하는 시각은 설득력이 떨어진다.

여성의 연역한 신체가 "도덕 진보의 결과"라는 규정이 역사적 진실의 일부를 담고 있다. 가부장제 확립 이후 엄격히 구분된 성 분업을 인간으로서 당연히 지켜야 하는 도덕으로 강제했다. 서구와 비서구를 막론하고 여성의 육아와 가사 전담, 외부 활동의 극단적 제한이 광범위하게 나타났다. 수천 년 동안 외부의 능동적 활동을 제약받았으니 수없이 여러 세대를 거치면서 점차 신체가 약화되었다는 주장이다. 남성과 여성의 신체적 차이 확대가 나타난 원인을 전적으로 설명해 주지는 못한다 해도, 부분적인 원인으로는 충분히 고려해 봄 직하다.

유희로서의 성은 집단 생존의 전략인가?

최근에는 다른 동물과 구분되는 인간의 성행위 특징을 진화론을 통해 설명하는 시도가 여러 방면으로 이루어졌다. 인간에게 성은 단순히 번식을 위한 행위를 넘어 문화의 한 부분을 차지한다. 오스트리아 화가 에곤 실레(Egon Schiele, 1890~1918)는 성을 작품 활동의 가장 중요

에곤 실레, <포옹> 1917년

한 주제로 삼았다. <포옹>에서 나타나듯이 기존 화가와 달리, 성행위 장면을 보다 솔직하고 노골적으로 담으려 시도했기에 늘 논란을 불러일으켰다.

캔버스 위에 에로티시즘을 실현한 대표적인 화가답게, 남자와 여자가 성을 즐기는 순간을 화폭 가득 담았다. 두 사람의 얼굴과 가슴은 바짝 밀착해 있다. 남자는 여인의 귀를 애무하며 사랑의 밀어를 속삭이는 듯하다. 목을 끌어안고 남자의 얼굴을 쓰다듬는 두 손에서는 묘한 긴장이 느껴진다. 심하게 구겨진 침대 시트는 이미 한바탕 진한 애무가 있었음을 알게 해 준다. 이 그림을 보면서 번식을 위한 행위를 떠올리는 사람은 거의 없으리라. 한눈에 유희로서의 성을 탐닉하는 연인의 뜨거운 순간으로 다가온다.

동물의 경우 성적 흥분은 대부분 일시적이고 주기적인 충동에

다윈 진화론 이데올로기에 맞짱을!

근거한다. 흔히 발정기라고 부르는 시기에 집중적으로 성적인 충동을 느낀다. 번식을 목적으로 한 성행위에서 나타나는 전형적인 특징이다. 하지만 인간은 정해진 시기에 구애받지 않고 성적 흥분을 지속시키거나 증가시킬 수 있다. 성과 관련해 인간과 동물의 차이가 왜 생겼을까? 발정기와 상관없이 이루어지는 인간의 성적 흥분이나 행위가 어떻게 한 개체를 넘어서 다른 개체로, 한 세대를 넘어서 다음 세대로 이어지게 되었을까?

인간이 처음부터 번식과는 무관하게 성을 누리는 종으로 만들어졌을 리는 없다. 인간의 기원을 거슬러 올라가면 동물이었고, 상당 기간 동물과 인간의 과도적 상태가 있었을 테니 말이다. 어떤 개체의 경험이 다른 개체로 확대되고, 다음 세대로 이어지도록 하는 어떤 전반적인 필요가 있어야 한다. 이를 교육 때문이라고 하기는 어렵다. 자라나는 청소년들이 누군가에게 성은 일상적인 것이라는 교육을 받았기 때문에 느끼는 것이 아니라, 스스로 자연스럽게 충동으로 느끼게 되니 말이다.

이에 대해 에드워드 윌슨은 《인간 본성에 대하여》에서 다윈주의적 해석을 시도했다.

"진화 과정에서 발정기를 월경 주기 전체에 균등하게 분산시킴으로써 발정기를 제거했다. 성적 감응이 거의 연속성을 띠게 된 이유는 무엇일까? 가장 합리적인 설명은 그 형질이 결속을 촉진한다는 것이다. 그 생리적인 적응이 원시인 씨족 구성원들을 더 긴밀하게 결속시킴으로써 다윈주의적

이익을 제공했다. 유달리 빈번하게 행해지는 남녀의 성행위는 남녀의 결합을 확고하게 하는 주된 장치 역할을 했다. 또한 남자끼리의 공격성을 약화시켰다." _에드워드 윌슨, 《인간 본성에 대하여》, 사이언스북스

월슨에 의하면 애무를 하는 동물도 있기는 하다. 하지만 대체로 기계적으로 그리고 최소한의 전희만으로 성행위를 한다. 동물도 쾌락을 느끼기는 하지만 교미하게 만드는 장치에 불과하다. 그나마 발정기에 나타나는 현상이며 목적은 번식을 위한 교미에 있다. 인간과 가장 가까운 영장류만 해도 오직 배란기에만 성적으로 활발해진다. 하지만 특이하게도 인간에게는 별도의 발정기가 없다.

원숭이는 암컷이 발정기가 되면 성기 주변이 붉게 부풀어 오르기에 수컷에게 금방 확인이 된다. 하지만 인간은 외적으로 배란기 특징이 드러나지 않기에 확실한 임신 가능성을 알 길이 없다. 생리 주기

다큐멘터리 《보노보의 사랑》 포스터, 2011년

　　　　　　　다윈 진화론 이데올로기에 맞짱을!

중에서 임신이 가능한 시기는 극히 짧아서 번식 목적의 진화라고 보기는 어렵다. 한 달 동안 섹스를 매일 해도 임신 확률이 30%가 채 되지 않는다. 정자와 난자의 수정과는 무관한 섹스의 가능성이 최대한 높아지는 방향이다.

시기에 구애받지 않는 성행위로의 진화 원인을 구성원의 결속 촉진에서 찾는다. 성행위로 자연스럽게 형성되는 남성과 여성의 상호 유대감이 공동체 내의 끈끈한 결합을 강화하기 때문이다. 발정기라는 시기로 한정되지 않기에 공동체 전체적으로 기회가 확대되는 효과가 생기고, 이에 따라 남성들 사이의 경쟁도 완화되는 경향이 생겨 결속 강화에 도움을 준다.

발정기 없이 성을 즐기는 경향이 인간의 두드러진 점임은 분명하다. 하지만 '인간만'의 고유한 특징은 아니다. 동물은 오직 본능적인 성행위만 할 수 있고, 성을 유희와 문화로 누리는 존재는 인간밖에 없다는 주장은 지독한 편견이다. 여러 방면에서 동물 행동 연구가 진척되면서 동물의 세계에서도 유희로서의 성을 보여 주는 실증적인 사례들이 소개되었다. 영장류 세계의 히피족으로 불리는 보노보에서 번식을 넘어서는 유희적인 성을 발견한다. 보노보는 인간처럼 매우 다양한 종류의 성행위를 한다. 내셔널지오그래픽의 다큐멘터리 〈보노보의 사랑〉 포스터에서 볼 수 있듯이 사람처럼 마주 보는 체위를 포함한 여러 체위로 성행위를 즐긴다.

성행위에서 남녀노소를 가리지 않고, 동성 간 성행위도 드물지 않다. 혀를 나누는 키스를 할 줄 알고, 구강성교까지 한다. 애무나 자위행위는 기본이다. 인간처럼 번식이 아닌, 쾌락 목적의 성행위를 한다. 더 놀라운 것은 다양한 성행위를 사회적 갈등을 해소하는 용도로도 이용한다는 점이다. 두 마리의 보노보가 먹이다툼 상황에 놓였을 때, 싸우기보다는 먼저 성행위를 선택한다. 그 후에 평화롭게 먹이를 나눠 먹는다.

'유희'란 이를 즐기려는 의식적인 작용이 전제되어야 하는데, 보노보는 본능적인 쾌락에 불과한 게 아니냐고 할지 모르겠다. 하지만 보노보만이 아니라 여러 종의 원숭이가 우두머리 수컷에게 자신의 교미 사실을 숨긴다. 자기를 인식하는 자의식을 가지고 있을 뿐만 아니라, 다른 개체가 자신을 어떻게 볼지에 대한 자각이 있음을 보여 준다. 만약 본능적·습관적인 쾌락 이외에 아무것도 없다면 무언가를 숨긴다는 행위가 성립할 수 없다. 그런 점에서 동물도 어느 정도 자의식에 기초해 본능을 넘어선 문화적인 성행위를 한다고 볼 수 있다.

발정기 제거를 인간 성행위의 가장 전형적인 특징으로 규정하는 것도 논의의 폭을 좁혀 놓는다는 점에서 문제가 있다. 유달리 빈번하게 행해지는 인간의 성행위가 긴밀한 관계를 강화하는 점은 분명해 보인다. 물론 보노보의 사례에서 볼 수 있듯이 인간만의 고유한 특징은 아니다. 하지만 다윈주의적 해석을 적용할 수 있는 범위 내로 특징을 제한한 면이 다분하다. 발정기 제거를 통로로 구성원 결속이라는 집단적인 생존 목적으로 사실상 한정해 환원시키는 것은 인간의 성을 지나치게 기계적인 작용으로 좁힌다. 하나로 환원하기에는 인간의 성이 분류하기가 불가능할 정도로 폭이 넓다.

발정기 제한 없이 '즐긴다'라는 점만으로는 인간 성행위의 특징을 설명하는 게 참으로 부족하다. 인간 이외의 어느 동물에서도 찾기 어려운 성적인 특징은 성적 취향의 다양성이다. 이를 제외하고는 인간의 성에 접근할 때 논의의 폭이 좁아질 수밖에 없다. 성적 취향은 성과 관련된 여러 기호 경향을 말한다. 이성애, 동성애, 양성애, 무성애 등의 성적 지향만이 아니라 각 범위 내에서도 성적으로 이끌리는 이상형의 차이, 특정 신체 부위나 물건 사용 등에서 성적 쾌감을 얻는 성적 페티시즘, 성적인 흥분을 더 느끼게 하는 분위기에 대한 선호, 성적인 만족을 증가시키는 체위 등 몇 가지로 분류하기 어려울 정도로 다양한 기호 경향이 있다. 셀 수 없이 무궁무진한 갈래를 가진다. 그것은 유형화하기 어려운 개별적인 선호이기도 하다. 나아가 각 요소가 섞이면서 무한한 조합이 생성된다.

그러한 의미에서 인간의 성적 취향은 100명이면 백 가지가 있다고 해도 그리 과언은 아니다. 같은 성적 취향을 가진 사람을 찾기 어렵다. 게다가 성적 취향은 유동적이어서 한 사람 내에서도 살아가면서 여러 차례 변화하기도 한다. 발정기의 제거와 유희로서의 성이 구성원 결속과 연결되어 있다면, 성적 취향의 다양성에는 정신적 상상력의 작용이 추가된다. 상상력을 통해 성적인 흥분을 더 지속시킬 수 있고 증가시킬 수도 있다. 그러한 의미에서 변화 동인을 찾을 때, 본능적인 충동과 집단적인 생존을 넘어서는 감정과 정신의 창조적인 작용을 함께 고려해야 한다.

사랑은 짝짓기 행동의 진화인가?

프랑스의 대표적인 인상주의 화가 오귀스트 르누아르(Auguste Renoir, 1841~1919)는 배 위의 레스토랑에서 여가와 사교를 즐기는 파리지앵들의 모습을 종종 묘사했다. 〈선상의 오찬〉은 이 가운데 가장 대표적인 작품이다. 십여 명의 청춘 남녀가 흥겨운 시간을 보내는 장면이다. 탁자 위에 먹을거리와 와인이 가득하지만, 이들의 주된 관심은 다른 방향을 향한다. 삼삼오오 모여 다양한 주제로 대화를 나누면서 서로의 매력을 뽐내기에 여념이 없어 보인다.

남성들은 여성들의 마음을 끌 수 있는 나름의 장점을 여러 방식으로 드러낸다. 몇몇 남성은 제대로 차려입은 신사 복장과 모자로 은

오귀스트 르누아르, <선상의 오찬>, 1881년

다윈 진화론 이데올로기에 맞짱을!

근히 여유 있는 재력을 보여 주는 듯하다. 혹은 우람한 팔뚝과 넓은 가슴을 한껏 강조하며 강한 신체적 능력을 과시하기도 한다. 여성들은 대체로 화려한 장식으로 꾸민 다양한 모양의 모자와 아름다운 드레스로 치장하고 있다. 매력적인 자태로 난간에 기대 유혹의 눈길을 보내는 모습도 보인다.

남성이나 여성이 서로의 마음을 사로잡기 위해 어떤 매력을 드러내고, 어떻게 선택하는 경향이 있는가는 진화심리학의 주요 관심사 중 하나다. 진화심리학 분야의 대표적 학회인 '인간 행동과 진화심리학 학회' 의장을 역임한 데이비드 버스(David Buss, 1953~)가 《욕망의 진화》에서 주장한 내용이 잘 알려져 있다. 그는 "성 전략은 짝짓기 문제를 풀기 위한 진화적 해결책"이라고 한다. 각자는 의식적인 선택이라고 여기겠지만, 실제로 짝짓기 관련 행위는 진화에 의해 형성되었다는 것이다. 먼저 성 전략에서 '여자가 원하는 것'을 다음과 같이 설명했다.

"자원을 제공해 주는 수컷에 대한 암컷의 선호는 아마도 동물계에서 가장 오래되고 널리 퍼져 있는 배우자 선택 기준의 하나일 것이다. (…) 가장 일관된 변화 가운데 하나가 자원을 획득하는 능력이다. 현대 서구 사회에서 일반적으로 수입은 나이에 비례하여 증가한다. (…) 대다수 암컷은 부딪혀도 꿈쩍도 하지 않거나 아주 조금만 움직이는 수컷과 짝짓기를 한다."

_데이비드 버스, 《욕망의 진화》, 사이언스북스

그에 의하면 진화를 통해 형성된 짝짓기 전략에서, 여성들이 배우자 기준으로 선호하는 가장 중요한 특성은 "자원을 제공해 주는 수컷"의 능력이다. 우리가 흔히 경제적 능력이라고 말하는 기준을 갖추었을 때 마음이 움직이는 경향이 있다. 그는 이것이 여성 각자의 개인적 취향이 아니라, 동물에서 인간에 이르기까지 진화적 요인에 의해 만들어진 것이라고 한다.

그러면서 이를 뒷받침하는 다양한 사례를 제시한다. 예를 들어 물때까치 수컷은 번식기 직전에 먹이와 유용한 물건을 잔뜩 모아 나뭇가지에 늘어놓는다. 암컷은 가장 물건을 많이 모은 수컷을 골라 짝짓기를 한다. 뻐꾸기의 일종인 로드러너는 쥐와 같은 먹이를 짝짓기 선물로 준비한다. 자원을 과시하지 못하는 수컷은 암컷의 유혹에 실패한다.

여성이 약간 나이가 더 많은 남성을 선호하는 경향도 자원 획득과 연관이 있다. 다양한 지역을 조사한 결과 자기보다 약 3~4세 나이가 많은 남성을 배우자로 선택하는 경우가 많았다. 그런데 나이는 경제적 능력과 연결된 기준 역할을 한다. 예를 들어 30세인 미국 남성은 20세인 남성보다 1만 4,000달러를 더 번다. 현대 서구 사회만이 아니라, 전통 사회에서도 나이 든 남성은 더 높은 사회적 지위를 누린다는 점에서 일반적인 경향이라는 것이다.

또한 몸집이 크고 힘이 센 수컷을 선호하는 것도 특징적이다. 둥지를 만들고 새끼를 지킬 책임을 잘 수행할 조건을 갖춘 수컷에게 끌린다. 어떤 동물은 힘을 시험할 요량으로 가만히 앉아 있는 수컷에게

다윈 진화론 이데올로기에 맞짱을!

힘껏 부딪혀 보기도 한다. 만약 너무 많이 물러서거나 둥지에서 내빼면, 암컷은 즉시 다른 짝을 찾아 떠나 버린다. 마찬가지로 사람도 자신과 자식을 충분히 보호할 만한 신체적 능력을 지닌 남자를 선호하는 모습을 보인다고 한다.

이 모든 선호 경향이 생존과 번식의 동기에 의해 자연스럽게 마음이 끌리도록 진화된 성 전략이다. 짝짓기를 위한 전략이 여성의 선택으로만 제한되지 않는다. 버스는 성 전략에서 배우자로 원하는 여성을 선택하기 위해 '남성이 원하는 것'도 제시한다.

"미에 대한 기준은 임의적이지 않다. 미에 대한 기준은 젊음과 건강, 그러므로 번식 가치를 알려 주는 단서들을 충실히 반영한다. 아름다움은 살갗 한 꺼풀의 깊이에 불과한 것이 아니다. 신체 깊숙이 있는 번식 능력을 반영한다. (…) 번식 능력을 가시적으로 보여 주는 신호를 지닌 여성에 대한 선호는 오늘날에도 남성들의 마음에서 계속 작동하고 있다."

_데이비드 버스,《욕망의 진화》, 사이언스북스

여성이 경제적 능력과 강한 신체적 조건을 가진 남성에게 끌린다면, 남성은 아름다운 여성에게 끌린다. 사실은 특별할 게 없을 만큼, 우리의 통념에 깊숙하게 자리 잡은 생각이다. 역사적으로도 아름다운 여성을 차지하기 위한 남성들의 숱한 이야기를 들어왔다. 또한 주변에서도 아름다운 얼굴과 몸을 지닌 여성에게 매력을 느끼는 남성들의 이야기를 숱하게 접했다.

그만큼 반론도 적지 않았다. 아름다움의 기준이 문화나 개인마다 다르기에 보편적인 성 전략으로 논하기 어렵다는 반론이 대표적이다. 미에 대한 기준은 부모와 대중매체 등 여러 사회적 요인에 의해 세뇌당해 생겨났을 뿐이라는 지적이 제기되었다. 그러나 버스는 "미에 대한 기준은 임의적이지 않다."라고 했다. 여러 지역과 인종의 남성 참여자들에게 다양한 인종으로 구성된 여성들의 사진을 보여 주며 매력 정도를 평가했더니 뚜렷하게 공통된 결론에 도달한 실험 결과를 근거로 든다.

그는 여자의 아름다움은 단지 미적인 취향의 문제가 아니라 번식 능력의 표시라고 했다. 아름다움은 뚜렷한 이목구비, 균형 잡힌 몸매, 매끈한 피부 등을 공통된 특징으로 한다. 그런데 이는 건강한 자식의 잉태 · 출산 · 육아를 담당할 만한 여자임을 보여 주는 단서다. 물론 현대 의료기술의 발달로 나이 많은 여자도 얼마든지 출산을 할 수 있게 되었다. 하지만 그는 오랜 세월에 걸친 진화의 결과 형성된 성 전략이 오늘날에도 남성들의 마음을 움직이고 있다고 주장한다.

버스도 다윈 이론에 근거한 짝짓기 전략 설명이 완고한 저항에 맞닥뜨리고 있는 점을 잘 안다. 그런데 이는 진화심리학 주장을 잘못 이해한 오해라고 했다. 그의 주장이 "로봇처럼 우리는 생물학적 명령이 지시하는 대로 따를 수밖에 없는 운명"은 아니라고 했다. 사실 인간 행동은 "생물학적으로 결정되는 것과 환경적으로 결정되는 것" 두 가지가 상호 작용하여 만들어 낸다는 것이다.

그런데 환경의 영향이라든가 상호작용이라는 표현으로 문제가 해결되는 것은 아니다. 표현을 통한 약간의 서비스에 머물고, 실질적인 설명은 생물학적 결정으로 향하기 때문이다. 진화심리학자들이 서론이나 결론 부분에 슬쩍 끼워 넣는, 환경적인 요인을 부정하지는 않는다는 규정이 사실상 말로 비위를 맞추는 '립서비스'에 가깝다.

배우자 선택에 대한 여성과 남성의 기준 자체도 논리나 근거가 빈약하다. 먼저 진화를 통해 여성이 남성의 경제적 능력을 선호하는 경향을 갖게 되었다는 주장이 문제다. 생물학자나 진화심리학자들은 동물의 짝짓기 사례에서 근거를 찾았다. 위에서 버스가 물때까치와 로드러너의 사례를 제시했듯이, 수컷이 먹이를 비롯한 유용한 자원을 과시함으로써 암컷의 선택을 받는 경우가 꽤 빈번하게 발견된다는 것이다.

하지만 생존 조건을 둘러싼 동물과 인간의 차이를 충분히 고려하지 못한 오류를 보인다. 진화는 수십만 년이라는 긴 기간을 통해 이루어졌다. 진화심리학자들은 구석기인의 겪었던 수렵과 채집에 의존하는 생존 상황에서 인간 진화의 열쇠를 찾는다. 경제적 능력의 선호가 중요한 기준이 되기 위해서는 구성원 내의 축적된 자원의 차이가 의미를 발견할 수 있을 만큼 벌어져 있어야 한다.

조류의 생존 조건은 집단적인 협력보다는 개체의 능력에 의존하는 면이 강하다. 사냥 능력에 따라 더 많은 자원의 과시가 가능하다. 하지만 인류는 처음 출현부터 약 1만 년 전까지 최소한 수십만 년 동안 개인 능력으로는 생존이 불가능했다. 날카로운 이빨과 발톱, 빠른 발이나 날개가 없기에 개인 활동으로는 먹이를 구하지 못하거나 맹수의 공격에 목숨을 잃는 수밖에 없었다.

인간은 씨족 공동체 전체의 협력이 필수적인 생존 조건 아래 살았다. 그래서 구석기 수렵·채취 사회는 공동생산과 공동분배를 특징으로 하는 공동체였다. 구성원 사이의 부의 격차가 거의 없는 상태로 수십만 년을 살아오며 진화했다. 타인과 비교할 때 동원할 수 있는 자원의 뚜렷한 차이를 가진 개인이 거의 없었다. 그러므로 동물에서 나타나는, 암컷이 자원 제공 능력이 있는 수컷을 선택하는 경향을 인간에게 곧바로 적용해 진화의 산물로 규정하는 논리는 타당성이 거의 없다.

경제적 능력을 살피는 것은 농경과 목축으로 사적 소유와 계급의 분화가 생긴 이후, 즉 현격한 재산의 격차가 벌어진 이후에 생긴 현상이다. 그러한 점에서 환경적인 요인이 실질적인 역할을 했다고 봐야 한다. 시대에 따라 여성의 배우자 선택에서 경제적 능력을 중시하는 '정도'의 차이만 봐도 그러하다. 한국만 해도 자본주의 이전 사회에서는 '짚신도 짝이 있다.'라는 속담을 누구나 현실을 반영하는 말로 알고 있었다. 불과 20~30년 전만 해도 비슷한 생각이 이어졌다. 하지만 최근에는 가난하면 연애·결혼·출산을 포기해야 하는 '삼포세대'라는 말이 유행한다. 급격한 자본주의 발전과 빈부격차의 확대가 만들어 낸 현상으로 봐야 타당하다.

다음으로 아름다움을 남성이 여성을 선택할 때 기준으로 삼는 경향이 진화 결과라는 주장도 문제다. 일단 번식을 위한 여성의 건강한 신체와 아름다움을 연결하는 논리에 허점이 많다. 여성의 젊은 나

　　　　　　　　다윈 진화론 이데올로기에 맞짱을!

이나 골반의 크기 등이라면 분명 번식과의 연관성이 깊다. 하지만 큰 눈이나 오뚝한 코, 갸름한 얼굴과 가는 입술을 가진 여성이 더 강한 번식력을 가진다는 근거는 어디에도 없다.

여성의 매력 정도 측정에서 지역과 인종 사이의 상당한 공통점이 있다는 실험 결과나 미의 기준이 임의적이지 않다는 결론을 굳이 부인할 필요는 없을 듯하다. 피부색의 차이나 아름답게 여기는 몸매의 정도 차이는 있겠지만, 상대적으로 뚜렷한 이목구비를 가진 여성을 선호하는 경향이 어느 정도 공통적이라 할 만하다. 하지만 이를 생물학적인 요인과 연결하는 것은 상당히 무리한 시도다.

인간은 무엇에서 아름다움을 느끼는가? 예를 들어 음악에서는 인상적인 선율과 제대로 어우러진 화음을 접했을 때 끌린다. 미술에서는 대비가 제대로 조화를 이룬 색이나 인상적인 형태에서 아름다움을 느낀다. 그렇다고 해서 예외 없이 적용되는 보편적인 미적 감각, 절대적인 아름다움의 기준이 있다는 말은 아니다. 시대와 함께 변한다. 과거에는 완벽한 화음에서 아름다움을 찾았다면, 현대에 와서는 불협화음이 효과적으로 섞일 때 더 큰 매력으로 다가오기도 한다. 미술에서 과거에 사실적 묘사를 중시했다면 현대로 오면서 추상화에서 또 다른 매력을 발견하기도 한다. 하지만 전반적으로 색과 형태가 조화를 이룬 상태에서 아름다움을 느끼는 것은 과거나 현재나 큰 차이가 없다.

여성이든 남성이든 얼굴과 몸매에서 발견하는 매력 역시 그 연장선에 있다. 인간의 감각은 뚜렷한 형태, 부드러운 움직임, 각 부분 사이에 일정한 비례를 가진 전체적인 균형 등에 이끌리는 경향이 있다. 개인마다 일정한 차이는 있지만, 비교적 공감의 폭이 넓은 미적 감각이라 할 만하다. 이를 생물학적 요인, 혹은 여기에 환경적 요인을 섞어서 분석하는 것은 설득력이 떨어진다. 오히려 환경적인 요인에 인간의 정신 능력이 발달하면서 생기는 고도한 미적 감각이 상호작용하며 만들어진 결과로 보는 게 더 합당하지 않을까?

고대에서 근대에 이르는 철학이 지나치게 인간의 정신을 절대화하고, 감각을 비롯한 육체적인 요소를 배척하는 경향이 있었다. 육체적인 요소의 능동적인 역할, 혹은 동물로서의 인간에 대한 새로운 조명이 필요했고, 여기에 진화론이 매우 긍정적인 역할을 한 것은 분명하다. 또한 사랑에서 육체적 욕망이 차지하는 정당한 역할을 찾아 주는 데도 중요한 역할을 했다.

하지만 정신과 육체의 균형을 바로잡는 것을 넘어, 역편향으로 나아가고 있는 게 아닌가 하는 우려가 생긴다. 진화론을 매개로 거의 모든 것을 육체적인 요소가 결정한다는 식의 환원주의적 편향 말이다. 기존의 관념 철학이 정신을 숭배해 인간을 기형적 존재로 이해했다면, 진화심리학의 짝짓기 전략 기준은 반대로 육체를 절대화함으로써 인간을 물구나무선 또 다른 기형으로 만드는 중이다.

다윈 진화론 이데올로기에 맞짱을!

05

사회도 자연처럼
진화의 산물인가?

생물진화론은 사회진화론의 맹아를 담고 있었다

생물학적 진화론을 사회에 적용하는 이론을 '사회진화론'이라고 한다. 자연의 진화 원리인 생존 경쟁을 인간 사회에 적용하고, 적자생존에 의해 사회가 일정한 방향으로 진보한다고 보았다. 생존 경쟁은 자연스럽게 강자를 더 강하게 만들고, 약자에 대한 문화적 영향력이 커지게 한다고 주장한다. 지배와 피지배, 계급 분화, 제도의 고도화 등 사회에서 나타나는 주요 변화를 진화의 원리로 설명한다.

20세기 초반과 중반에는 사회진화론이 식민주의와 인종주의를 합리화하는 이론적 근거로 사용되면서 악명을 떨쳤다. 이에 따라 현재 다윈 진화론을 인간의 행동과 사회에 적용하려는 사람들은 애써

이집트 벽화, <누비아인을 공격하는 람세스 2세>, B.C. 1290~1223

다윈 진화론 이데올로기에 맞짱을!

사회진화론과의 관련성을 부인한다. 하지만 기본 문제의식이나 주요 근거, 진화 원리가 사회에 적용되는 방식 등 사회진화론은 여러 측면에서 깊게 연관되어 있다. 다윈은 《인간의 기원》에서 자연 선택이 어떻게 사회를 진보시키는지에 대해 다음과 같이 설명했다.

"도덕적 능력에는 변이가 있으며, 유전하는 것으로 보아도 될 이유가 많이 있다. 원시인이나 유인원과 비슷한 조상에게 매우 중요했다면 틀림없이 자연 선택에 의해 진보하고 개량되었을 것이다. (…) 이 성질이 많은 부족이 잘 번식해서 다른 부족을 이기지만, 오랜 세월이 흐르는 동안 더 고도의 능력을 갖춘 다른 부족에게 정복된다. 그리하여 사회적·도덕적인 능력이 높아져서 온 세계에 퍼진다." _찰스 로버트 다윈, 《인간의 기원》, 동서문화사

현대 인류가 가지고 있는 도덕적 능력은 원래부터 있던 본성이 아니다. 자연의 진화가 그러하듯이 자연 선택의 결과로 강화되었다. 용기의 성향이 있을 때 자기 위험을 무릅쓰고 다른 부족 구성원에게 위험을 알려 준다. 공감, 성실함 등을 지닌다면 어려움에 빠진 구성원에게 연민을 느끼고 열심히 돕는 행위를 한다. 복종도 중요한 덕목이다. 공동체의 보존과 이익 증대를 위해 필요한 규칙을 충실히 따르기 때문이다.

도덕적 능력을 갖춘 "구성원을 더 많이 가지고 있다면, 그 부족이 다른 부족을 정복하고 가장 번영하게 될 것"이라고 한다. 다윈이 보기에 "늘 전쟁이 끊이지 않는 미개인 사회"에서 도덕적 능력이 제

공하는 구성원 사이의 신뢰가 생존에 결정적인 역할을 한다. 자연스럽게 처음에는 개인과 일부가 가졌던 성향이 점차 부족 전체로 확대된다. 그리고 일정한 수준의 능력이 있어도 더 고도한 수준을 갖춘 부족에게 정복되면서, 한 부족을 넘어 인류 전체적으로 확대되는 경향이 생긴다는 것이다.

이집트의 벽화 〈누비아인을 공격하는 람세스 2세〉는 이집트가 주변 부족을 정복하는 장면을 담고 있다. 누비아(Nubia)는 이집트 남부의 나일강 유역과 현재의 수단 북부에 걸쳐 있는 지역이다. 원래 선사 시대부터 이집트와는 분명하게 구별되는 문화권이었다. 이 벽화가 그려지기 이전에는 독립적인 왕국이었지만, 람세스 왕조에 정복당한 이후 오랜 기간 이집트의 소수민족으로 살아야 했다.

람세스가 선두에서 2마리 말이 끄는 전차를 몰며 화살을 쏘는 중이다. 그의 뒤를 이집트 기병대 무리가 돌진한다. 왼편으로는 누비아 병사들이 변변한 무기도 없이 맞서다가 혼란에 빠져 도망가기에 바쁘다. 복장도 동물 가죽으로 필요한 부분만 약간 가린 정도다. 람세스의 업적을 기리기 위해 그린 벽화여서 그런 면도 있겠지만, 이집트가 잘 훈련된 부대라면 누비아인들은 오합지졸처럼 묘사되어 있다.

정복 전쟁의 결과는 참혹하다. 다윈도 이를 잘 알고 있었다. "인접한 부족 가운데 한쪽의 수가 다른 쪽보다 많아지고 힘이 강해졌을 때는 경쟁은 곧 전쟁, 학살, 식인, 노예사냥, 그리고 흡수를 통해 결말이 날 것이다." 전쟁 과정에서 수많은 병사와 민간인이 생명을 잃고, 패배한 부족이나 국가의 구성원은 노예 신세로 전락한다.

다윈 진화론 이데올로기에 맞짱을!

이집트 부조, <누비아인 포로>, B.C. 1332~1323

이집트의 부조 〈누비아인 포로〉는 이집트의 거듭된 공격으로 수많은 누비아인이 노예로 살아가던 현실을 잘 보여 준다. 전쟁 포로로 잡힌 후에 노예 처지가 된 상태다. 머리에 특유의 두건을 쓴 이집트 병사들이 몽둥이를 휘두르며 노예들을 통제하고 있다. 한 이집트인은 파피루스에 무언가를 적고 있는데, 노예의 수와 각각의 특징을 기록하는 중이다. 앞에서 노예들을 지켜보는 사람들의 머리가 보여, 노예시장에서 팔리기 직전인 듯하다. 노예들은 풀려날 기약도 없이 평생 열악한 수준의 삶과 일상적인 폭력을 견뎌야 했다.

노예를 부리는 인간의 행동도 진화에 의해 만들어진 것인가? 일단 다윈은 노예 제도에 뚜렷한 반감을 갖고 있었다. 미국에서 노예제 폐지를 둘러싸고 남북전쟁이 벌어진 1861년에 다윈은 〈그레이에게 보내는 편지〉에서 "노예 제도라는 그 가공할 재앙이 지구상에서 폐지되는 것을 얼마나 보고 싶은지 모릅니다."라며 노예제에 대한 혐오를 숨기지 않았다.

그런데 노예 제도 반대가 곧바로 노예를 부리는 행위가 진화와 무관하다는 의미는 아니다. 다윈은 노예 제도를 자연 선택에 따른 인간의 본능이라고 명시적으로 밝히지는 않았지만, 적어도 동물 진화의 일부로는 규정했다. 그는 《종의 기원》에서 '노예를 만드는 본능'을 자연에서 진화된 특수한 본능으로 주장했다. "이 주목할 만한 본능이 최초로 발견된 것은 개미의 일종인 포르미카 루페센스였다."

이 개미는 전적으로 노예 덕분으로 살아간다. 매우 열심히 그리고 용감하게 노예 사냥은 하지만 다른 일은 하지 않는다. 먹이를 구하는 일, 집은 짓는 일, 알을 키우는 일 등은 전적으로 노예에 의존한다. 다윈은 이 개미의 노예를 만드는 "본능이 어떠한 단계를 거쳐 발생했는가에 대해 나는 감히 추측할 생각이 없다."라고 한다. 하지만 본능인 이상 자연 선택의 결과라는 점은 분명히 밝힌 셈이다. 이를 고려할 때 노예 제도에 대한 다윈의 혐오와 무관하게, 인간에게서 고대 사회에 광범위하게 나타난 노예를 만드는 행위도 자연 선택의 하나로 여기지 않았을까 하는 합리적인 추론은 얼마든지 가능하다.

다윈의 논리에 의하면 누비아와 이집트의 운명은 유전적으로 형성된 구성원 사이의 신뢰 수준 차이에서 비롯된다. 이집트 병사들 사이에 규율이 잡혀 있는 것은 동료에게 품고 있는 강한 신뢰 때문이다. 반대로 오합지졸에 불과한 누비아인은 서로를 믿는 정도가 상대적으

다윈 진화론 이데올로기에 맞짱을!

로 더 약하기 때문에 전투 상황이 불리해지면 바로 흩어져 도주한다. 물론 전쟁에서 최전선에 서서 동료를 위해 목숨을 바칠 용의가 있는 용감한 사람이 없는 것은 아니다. 하지만 그는 목숨을 잃을 가능성이 더 크다. 이는 개인으로서는 불리할 수 있지만, 집단의 보전에는 유리하다.

다윈이 이를 도덕적 능력이라고 하는 데는 특별한 논리가 있다. 원시 시대부터 "동료의 칭찬과 비난에 영향을 받았을 것"이라고 했다. 모든 구성원의 행복을 위해 좋다고 생각되는 행동이 칭찬을 받고, 반대 행동은 비난을 받는다. 다윈은 "타인이 자신에게 해 주기를 바라는 일을 오히려 타인을 위해 하는 것은 도덕의 기초"라고 했다. 이러한 경향은 선사 시대부터 오랜 기간 축적되고 유전으로 이어진 집단적인 성향 차이에 해당한다. 비록 누비아인이 왕국을 이룰 정도로 주변 부족에 비해 강한 결속력을 가졌지만, 이집트에 비할 바는 되지 못한 것이다.

그런데 람세스의 누비아인 공격을 보면서 도덕적 능력 차이를 떠올리는 게 얼마나 설득력이 있을까? 오히려 둘 사이의 현격한 무기의 차이, 즉 물리적 조건의 차이가 더 눈에 들어오지 않을까? 람세스 전차의 바퀴와 구조물이 한눈에 금속으로 만들어져 있음을 알 수 있다. 당시 람세스 2세의 군대는 2,000여 대의 전차를 보유했다고 한다. 이집트의 청동기는 주위의 다른 지역에 비해 상당히 앞선 편이다. 수메르와 이집트는 기원전 3500~1500년 사이가 대략 청동기에 해당한다. 유럽이나 한반도에서는 대략 기원전 1800~1500년경에 시작되었으니 상당히 이른 시기다. 게다가 람세스 2세의 재위 기간인 기원전 13세기는 이미 이집트에 철기가 자리 잡았을 시기다. 그림처럼 가는 전차 바퀴를 만들 수 있었던 이유이기도 하다.

물론 다윈이 물리적 수준의 차이를 완전히 무시한 것은 아니다. 인종의 절멸이 일어나는 요인을 설명하면서 단서를 달았다.

"절멸은 주로 부족과 부족, 인종과 인종 사이의 경쟁에 의해 일어난다. (…) 국가끼리 경쟁하게 되었을 때는 문명화 정도가 나라의 성공에 가장 중요하다. 몇 세기 전 유럽은 동방에서 온 야만인의 침입을 두려워했다. 지금은 그런 공포는 어리석은 일이 되었다." _찰스 로버트 다윈,《종의 기원》, 동서문화사

경쟁에 의해 정복과 절멸이 생겨나는데, 국가 사이의 경쟁에서는 문명의 정도 차이가 가장 크게 영향을 준다. 다윈은 그 이전 시대에는 "물리적 환경이 좋지 않은 것은 인종의 절멸에 아주 약간의 영향밖에 미치지 않는 것 같다."라고 했다. 물리적 조건은 문명의 정도에 포함된다. 그런데 주장을 잘 보면 이집트나 누비아 같은 고대 국가는 그가 말하는 새로운 상황의 국가 간 경쟁에 딱 들어맞지 않는다.

그가 살던 19세기보다 몇 세기 전까지는 문명의 정도가 형편없이 낙후된 주변 야만인의 침입을 두려워했다니 말이다. 훨씬 낙후된 무기를 가진 동방의 야만인에게 정복당할 위험에 자주 놓여 있었기 때문이다. 무기를 비롯한 기술력의 차이가 가장 중요하게 영향을 미친 것은 16세기 이후의 국가 경쟁에 해당된다.

　　　　　　　　　　　다윈 진화론 이데올로기에 맞짱을!

다윈이 말한 동방 야만인은 거의 틀림없이 13~14세기에 역사상 가장 큰 제국을 만든 몽골 제국일 것이다. 기동전에서 가장 중요한 무기인 활의 성능은 몽골이 유럽보다 훨씬 우수했다. 또한 유럽의 위협에 앞서 몽골은 이미 호라즘 왕조와 중국을 정복함으로써, 이들로부터 무기를 비롯해 다양한 과학과 문명의 성과물을 흡수한 상태였다.

다윈의 무리한 논리에는 일차적으로 역사와 관련한 인문학 · 사회학적 지식의 박약이 작용한다. 20세기 중반까지도 서구인들은 문명이 출현한 이래 과학기술 면에서는 서구가 늘 우월하다는 확고한 신념을 갖고 있었다. 다윈도 당연히 이러한 사고방식에서 벗어나지 못했다. 하지만 영국의 과학사학자 조셉 니덤(Joseph Needham, 1900~1995)이 《중국의 과학과 문명》에서 밝혔듯이 이러한 자부심은 조잡한 편견에 속한다. 그는 20세기 최대의 저술 작업으로 평가받을 정도로 방대한 실증적 사례를 통해, 고대 이후 13~14세기까지 과학기술 분야에서 중국이 서양에 크게 앞서 있었음을 분명하게 보여 주었다.

"근대 과학은 17세기의 유럽에서 탄생했는데, 이 세기 동안에 가장 좋은 발견의 방법들이 이룩되었다. 그러나 그 당시 및 그 이후의 발명과 발견들은 대부분 수 세기 전에 중국에서 이루어진 과학 · 기술 및 의학의 발전에 힘입은 것이다."

_조셉 니덤, 《중국의 과학과 문명》, 을유문화사

그는 여러 과학 · 기술 분야를 다루고 있는데, 전쟁 무기에서도 대부분 중국이 서양에 비해 훨씬 앞선다고 밝혔다. 니덤이 서양과 중국의 문헌 조사로 밝힌 몇 가지 무기만 비교해 보자. 화약은 서양의 경우 12세기 말에 처음으로 알려졌다. 하지만 중국에서는 적어도 3세기에는 질산칼륨을 사용해 초보적인 화약을 만들었고, 본격적으로 무기로 사용된 것은 850년경이다. 그리고 1040년경에 역사상 최초로 화약의 제조법을 공표했다.

중국에서 석궁의 가장 오래된 문헌적 증거는 기원적 5세기경에 쓰인 《손자》다. 서양에서는 기원후 1세기에 알렉산드리아의 헤론이 저술한 《전쟁 무기》에서 석궁을 언급하고 있다. 나아가 중국은 석궁의 위력을 높이려 11~12세기경에 12개의 화살을 눈 깜빡할 사이에 발사하는 연사식 석궁을 개발했다. 이를 이용해 100명의 병사가 15초 동안 2,000개의 화살을 발사할 수 있었다.

독가스를 통한 화학전의 경우 중국에서는 기원전 4세기로 거슬러 올라간다. 도시를 포위한 적진에 풀무로 독가스를 뿜어 넣은 일이 기록되어 있다. 소가죽으로 만든 풀무를 화로에 연결해 말린 겨자 알갱이나 그 밖의 맹독을 가진 식물을 그을렸다. 이 무서운 병기가 유럽에 전해진 것은 16세기 중반이다. 독일군이 겨자를 이용해 독가스를 살포한 것은 이보다 훨씬 오랜 세월이 지난 20세기 초반의 1차 세계 대전이었다.

다윈의 무리한 논리의 원인은 역사적 지식의 부족에 머물지 않는다. 자신이 수십 년에 걸쳐 경험하고 연구해 정당하게 밝힌 자연의 진화 원리를, 충분한 지식과 통찰을 갖추지 못한 자연 이외의 분야로까지 확대 적용할 수 있다는 섣부른 확신도 또 다른 원인으로 보인다.

다윈 진화론 이데올로기에 맞짱을!

자연 선택을 무리하게 사회 변화에 적용하는 과정에서 나타나는 문제인 듯하다.

스펜서가 사회진화론의 원형을 마련하다

다윈이 《인간의 기원》에서 진화론을 자연의 일부인 인간 정신의 기원을 설명하는 데 그치지 않고, 사회 변화 영역까지 확대하는 데는 영국의 사회학자 허버트 스펜서(Herbert Spencer, 1820년~1903)의 영향을 무시하기 어렵다. 스펜서는 사회진화론의 창시자로 불린다. 다윈의 《종의 기원》보다 몇 년 전에 진화론의 문제의식을 제시하고, 그 핵심 원리로 '적자생존' 개념을 제시했다. 나아가 동일한 원리를 인간 사회와 연관된 다양한 분야에 적용하여 사회진화론의 원형을 마련했다. 《진보의 법칙과 원인》에서 그의 핵심 문제의식을 만날 수 있다.

"유기체의 발전이 단순성에서 복잡성으로의 변화에 있음은 논란의 여지가 없는 정설이다. 유기체적인 진보의 법칙이 모든 진보의 법칙이다. 연속된 분화를 통해 간단한 것에서 복잡한 것으로 가는 진화는 지구의 발전에서 생명의 발전, 혹은 사회 · 정부 · 공업 · 상업 · 언어 · 문학 · 과학 · 예술의 발전에 이르기까지 모두 동일하게 적용된다."

_허버트 스펜서, 《진보의 법칙과 원인》, 지식을만드는지식

자연의 생물은 단순성에서 복잡성으로 변화하는 경향이 있다.

배아에서 성체로 변하는 과정만 봐도 그러하다. 여러 차례의 분화를 거치면서 신체 조직이나 장기의 복잡한 구성이 만들어진다. 개체가 성체로 변하는 과정만이 아니라 진화 과정도 마찬가지다. 단순한 종에서 복잡한 구조를 갖는 종으로 변이가 일어났다. 이를 진보의 법칙으로 규정한다.

스펜서에 의하면 단순성에서 복잡성으로의 진보 법칙은 사회, 정부, 공업, 상업, 언어, 문학, 과학, 예술 등 사회의 여러 분야에도 그대로 적용된다. 원시에서 문명으로, 그리고 고대 문명에서 현대 문명에 이르기까지 단순한 것들이 복잡한 것으로 변화하는 진보 경향을 보인다. 인간 공동체의 규모와 형태, 내부 구성원 사이의 관계 등에서 뚜렷하게 나타난다.

"단순함에서 복잡함으로 나가는 변화는 전반적인 문명의 진화에서도, 또는 모든 부족이나 국가의 진화에서도 마찬가지로 나타난다. (⋯) 사회 진화의 초기 과정에서 지배층과 피지배층 사이의 초기 분화가 나타난다. 어떤 곳에서 부족장이라는 자리는 개별 가족이 행하던 채집 상태로부터 유목 부족으로 발달하는 단계에서 나타난 것 같다."

_허버트 스펜서, 《진보의 법칙과 원인》, 지식을만드는지식

영화 《10,000 BC》의 포스터를 보면 그의 주장을 대략적으로 접할 수 있다. 제목 그대로 기원전 1만 년을 배경으로 한다. 수렵과 채취 중심으로 구석기 생활을 하는 작은 공동체의 주인공이 일찍 초기 문

영화 《10,000 BC》 포스터, 2008년

명을 이룬 거대 부족과 싸우는 이야기다. 역사적인 사실과는 적지 않은 거리가 있지만, 원시 공동체에서 문명으로의 과도기에서 나타나는 충돌이다.

포스터 위쪽에서 주인공이 동물 뼈로 만든 창을 들고, 거대한 몸집과 날카로운 이빨을 가진 구석기 맹수인 동굴사자와 싸우고 있다. 주인공이 속한 공동체는 규모가 작을 뿐만 아니라 구성원들이 대부분 단순하고 유사한 활동을 한다. 아래쪽에는 문명을 이룬 부족이 주변 공동체의 구성원들을 포로로 잡아 피라미드 모양의 신전을 건설하는 광경이 보인다. 거대 부족인 만큼 복잡한 사회체제를 갖추고, 지배층, 병사, 평민, 노예 등 다양한 계급과 역할의 분화 양상이 나타난다.

스펜서가 보기에 영화의 주인공이 속한 공동체는 사회 진화에서 원시적이고 하등한 단계다. 개인들이 단순히 모인 군집의 성격을 갖는다. 구성원 내의 분화도 거의 없어서 서로 같은 역할과 기능을 한다. 모든 가족이 자급자족 방식을 취하기 때문에 전반적으로 유사한 생활 형태를 보여 준다. 굳이 분화를 찾자면 남성과 여성 사이의 역할 차이 정도다. 남성은 사냥과 외부 집단과의 싸움을 담당한다. 여성은 채취와 집안일을 맡는다.

부족이 발달할수록 지배층과 피지배층으로의 대비가 분명해진다. 지배 세력은 다스리는 직분만 맡는데, 점차 최고 권력을 한 가족이 승계한다. 분화는 통치 계급에서만 나타나는 현상이 아니다. 사회 체제가 복잡해지면서 일반 구성원 내의 역할 분화가 더욱 진전된다. 직업에 따라 구별되는 일종의 서열 관계가 나타난다. 근대 이후 서양에서 확대된 노동계급 내 세분화의 초기 형태라 할 만하다. 스펜서는 이처럼 복잡성 증가의 법칙에 따라 야만에서 문명으로 무한하게 진보한다고 생각했다.

진화에 따른 복잡성의 증가를 '진보'라고 규정한 데서 이미 드러나듯이, 이는 열등한 단계에서 우월한 단계로의 변화를 의미한다. 그런데 이러한 시각을 인종 사이의 분화와 차이에도 적용한다. "문명인의 사지 발달이 미개인보다 일반적인 태반포유류로부터 더욱 멀리 진화했다." 유럽인들은 비서구인에 비해 다리가 상대적으로 복잡하게 변화되었고, 길이나 부피 면에서 두드러진 다리를 가지고 있다. 안면골 대비 두개골 비율이 높은 것도 마찬가지다. 겉으로 드러나는 차이만이 아니라, 유럽인이 더욱 복잡하고 정교한 신경 기능을 가졌으리라는 추론에까지 도달한다.

몇 가지 신체적 특징의 차이를 근거로 유럽인과 나머지를 우월과 열등으로 구별하는 스펜서의 논리에는 인종 차별 요소가 다분하다. 이러한 점 때문에 스펜서의 의도와는 무관하게, 스펜서의 논리는 나중에 유대인 학살이라는 나치의 극단적인 인종 차별의 근거로 이용되었다. 인간의 지적·도덕적 능력이 환경의 영향과 관계없이 유전적으로 결정된다며 우수한 독일 인종의 순수성을 보호하려 한 우생학의 계기를 제공한 면도 있다.

또한 이후 제국주의의 식민지 지배를 옹호하는 세력에게 이론적 정당성을 부여하는 논리로 활용되기도 했다. 스펜서가 제국주의적인 침략과 식민지 지배를 명시적으로 옹호한 것은 아니다. 적어도 표면적인 주장은 자유로운 경쟁에 의한 적자생존이었으니 말이다. 하지만 공동체와 국가를 야만과 문명으로 나누고, 또한 문명과 문명이나 인종과 인종 사이에도 우월한 열등의 잣대를 들이미는 논리에는, 이미 그러한 방향으로 이용될 충분한 근거가 포함되어 있다고 봐야 한다.

마르크스주의에 다윈의 진화론이 스며들다

사회진화론과는 다른 방향에서 진화론과 사회 이론이 만나기도 했다. 스펜서와는 다른 문제의식에서 다윈의 진화론에 주목한 칼 마르크스(Karl Marx, 1818~1883)와 프리드리히 엥겔스(Friedrich Engels, 1820~1895)의 사회주의 이론에도 일정하게 스며들었다. 두 사람이 공동으로 집필한 《공산당 선언》의 1888년 영어판 서문은 진화론이 이들의 작업에 어떻게 영향을 주었는지를 잘 알게 해 준다.

"모든 역사적 시기에서 지배적인 경제적 생산양식 및 교환양식과 그로부터 필연적으로 생겨나는 사회구조가 기초를 이루어, 이 기초 위에서 정치사 및 지성사가 건조되고, 이 기초에서만 역사가 설명될 수 있다. 인류의 전 역사는 계급투쟁의 역사였다. (…) 다윈의 이론이 자연과학에서 정초했던 것과 동일한 진보를 역사과학에서 정초할 사명을 부여받은 이 사상에 우리 두 사람은 1845년이 되기 몇 년 전부터 점차 접근하고 있었다."

_칼 마르크스, 《공산당선언-맑스 · 엥겔스 저작 선집1》, 박종철출판사

글에 개념어가 많아서 난해해 보이지만, 말하고자 하는 바는 상당히 분명하다. 고대에서 근대 초기까지 역사 기술은 정치사를 중심으로 이루어졌다. 혹은 일부이기는 하지만 시대별로 주요 사상을 나열하는 경우도 있었다. 하지만 마르크스와 엥겔스에 의하면 역사의 가장 중요한 동력은 경제적인 요소다.

생산양식은 생산수단과 생산관계의 총화 개념이다. 생산수단은 생산에 필요한 원재료, 토지, 노동, 노동도구 등을 의미한다. 생산관계는 생산수단의 소유 여부로 구분되는 사회관계인데, 역사적으로 노예주와 노예, 봉건지주와 농노, 자본가와 노동자 등이 여기에 해당한다. 생산수단의 소유 여부를 기준으로 그 시대의 주요 계급이 구분된다. 생산양식이 한 사회의 체제를 구성하는 핵심 요소다. 이러한 경

제적 토대 위에, 여기에 조응하는 방식으로 법적 · 정치적 상부구조가 자리 잡는다.

생산력은 본질적으로 끊임없이 발전하려는 경향이 있다. 그런데 생산관계는 기존의 낡은 형식에 머무르려는 경향이 있다. 생산수단을 소유한 지배계급이 그 체제에서 누리는 자신의 배타적인 이익을 그대로 누리려 하기 때문이다. 이 모순 구조에서 과거의 지배적인 사회체제를 무너뜨릴 균열이 생겨난다. 생산수단을 갖지 못해 자기 몸뚱이 하나로 살아가는 피지배계급은 생산관계를 바꾸는 것만이 착취와 억압에서 벗어나는 길이다. 이를 위해서는 기존 경제적 토대를 수호하려는 법적 · 정치적 구조를 깨뜨려야 한다. 이러한 계급 투쟁에 의해 사회는 낡은 체제에서 새로운 체제로의 변화가 일어났다는 것이다.

메소포타미아 문명의 시초에 해당하는 수메르의 〈우르의 깃발〉에 사회가 어떻게 구성되고 움직이는지에 대한 마르크스의 문제의식을 이해할 단서가 담겨 있다. 기원전 3000년을 전후해서 생긴 도시국가 우르의 무덤에서 발견된, 조개껍데기와 청금석을 상감해 만든 화판이다. 맨 위는 왕과 귀족 중심의 지배계급이 연회를 겸한 모임을 하는 장면이다. 뒤에서는 분위기를 돋우기 위해 악기 연주와 노래를 하는 중이다. 이들 통치 세력에 의해 국가를 지탱하는 법과 제도가 만들어진다. 현상적으로는 법적 · 정치적 상부구조가 독립적으로 사회를 움직이는 힘처럼 보이기 십상이다.

하지만 사회 구성과 변화의 실질적인 힘은 아래 칸에 묘사된 경제 활동에서 온다. 중간을 보면 소를 이용한 농경이나 양과 말의 목

수메르, <우르의 깃발>, B.C. 3000

축이 상당히 일반화되어 있는 단계임을 알 수 있다. 아래로는 농산물, 공예품 등을 비롯해 생산된 물품을 운반하는 장면이 담겨 있다. 대규모 농경과 목축으로 경제적인 부의 축적이 가능해졌고, 이러한 물질적 기반 위에서 고대 국가가 성립할 수 있었다. 평민과 노예는 당장은 하층민으로서 착취와 억압에 신음하지만, 어느 순간 자신들을 짓누르는 상부구조에 저항함으로써 사회를 변화시키는 가장 중요한 동력이 된다.

그런데 마르크스와 엥겔스는 왜 이를 다윈의 진화론과 연결시키는가? '역사과학'이라는 표현이 하나의 단서가 된다. 기존의 역사 이해는 지배 세력의 의도를 중심으로 한 주관적 시각, 우연적인 사건의 연속으로 보는 시각, 혹은 현실과 무관한 초월적인 존재의 뜻이 실현

다윈 진화론 이데올로기에 맞짱을!

되는 과정으로 보는 시각 등이 지배했다. 마르크스가 보기에 다윈은 자연의 변화 원리를 체계적으로 파악함으로써 극복의 방향을 제시했다. 이를 사회에 적용함으로써 역사의 변화를 과학적으로 규명할 수 있다는 것이다.

내용적으로도 진화론과 연결된다고 보았다. 자연에서 진화의 동력이라 할, 생존을 위한 경쟁에서는 먹이를 구하는 일이 가장 중요한 영역이다. 사회에서도 여기에 제일 밀접하게 연결되어 있는 경제적인 영역이 역사 변화의 핵심 고리 역할을 한다는 점에서 진화론 문제의식이 스며들어 있다. 개체나 집단 사이의 생존 경쟁은 계급 사이의 투쟁과 연결된다. 마르크스는 〈러셀에게 보낸 편지〉(1861.01.16)에서 "다윈의 책은 매우 중요하다. 그 책은 역사에서 계급 투쟁에 대해서 자연과학을 통해 그 기초를 제공했다."라고 했다.

생산력 발전을 이끄는 노동 도구의 진보에도 생물학적 변이의 원리가 적용된다. 마르크스는 《자본론》 제1권에서 공장제 수공업의 시대에 "노동도구를 각 부분 노동자들의 전문적인 특수기능에 적합하게 만듦으로써 그것을 단순화하고 개량하며 다양하게 한다."라고 말했다. 도구가 특정한 목적에 맞도록 단순화됨으로써 기계의 출현을 위한 물질적 조건을 마련한다는 것이다. 단순한 동작으로 움직이는 기계가 발달하기 위해서는, 기계에 사용되는 도구들이 단순화되어야 하기 때문이다.

마르크스는 도구의 단순화가 우연적 현상이 아니라 필연적인 변화 과정임을 다윈의 《종의 기원》을 근거로 설명했다. 다윈에 의하면 동식물의 자연적 기관은 "동일한 기관이 여러 가지 일을 하지 않으면, 안 되는 한" 변하기 쉬운 상태가 된다. "그 기관이 하나의 특수한 목적에만 봉사해야 되는 경우에 비해" 자연 도태될 가능성이 더 커지기 때문이다. 그러므로 생존 경쟁 과정에서 하나의 기관이 하나의 일을 하는 방향으로 진화가 일어난다.

실제로 다윈은 《종의 기원》에서 이와 관련해 "하등동물에서는 같은 기관이 동시에 매우 다른 기능을 수행하는 수많은 사례"가 있다고 한다. 예를 들어 잠자리의 애벌레나 미꾸라지의 어떤 종류에서는 소화기관이 호흡 · 소화 · 배설을 동시에 맡는다. 히드라는 몸의 안팎을 뒤집을 수가 있는데, 그럴 때는 원래의 바깥쪽 표면으로 소화하고 위로 호흡한다. 이렇게 한 기관이 여러 일을 하면 상대적으로 각각의 기능이 효과적으로 이루어지기 어렵다. 그러므로 "이전에 두 가지 기능을 맡아보던 하나의 기관 전체 또는 일부가 자연 선택에 의해 한 가지 기능만 갖도록 특수화"하는 방향으로 진화가 일어난다.

마르크스에 의하면 도구의 변화에서도 같은 원리가 작동한다. 하나의 도구가 여러 일을 하는 데 사용되기 위해서는 아무래도 복잡한 모양을 갖기 마련이다. 대신 여러 용도로 사용되기 위한 모양을 갖추었기 때문에 한 가지 일에서는 효율성이 떨어진다. 반대로 각각의 일에 적합한 단순한 모양을 갖춘 도구가 마련되면 같은 시간에 더 많은 일을 처리할 수 있다. 한 노동 과정의 서로 다른 작업이 각각 분리되고, 부분 작업이 부분 노동자의 손에 맞는 특색 있는 형태를 취하게 된다. 즉 분업이 진전되고 노동생산성이 향상된다.

유물론과 변증법 철학을 통해 역사의 발전을 해석하는 데도 다윈의 연구는 적지 않은 도움을 주었다. 엥겔스는 《공상에서 과학으로》에서 다윈이 이론 정립에 어떻게 도움을 주었는지를 다음과 같이 설명했다.

"자연은 변증법의 시금석이다. (…) 이 점에서는 우선 다윈을 생각하지 않을 수 없다. 그는 오늘의 전 생물계가, 즉 식물과 동물 그리고 인간도 수백만 년에 걸쳐 계속된 발전 과정이 산물임을 증명함으로써 형이상학적 자연관에 가장 강력한 타격을 주었다." _프리드리히 엥겔스, 《공상에서 과학으로》, 새날

엥겔스에 의하면 자연처럼 인류 사회도 거듭되는 발생과 소멸을 통해 점진적 변화를 겪어 왔다. 자연의 변화가 우연적인 사건이 아니듯 사회의 변화도 과학적인 규명이 필요하다. 인류 역사는 무의미한 폭력 행위의 조잡한 혼돈으로는 나타나지 않는다. 그렇기에 "발전 과정의 순차적인 단계들을 추구하며 외견상의 모든 우연성을 통해 이 과정의 내적 합법칙성을 증명하는 것이 사유의 과제"라고 했다. 순차적인 단계를 원시공산제에서 노예제, 봉건제, 자본주의를 거쳐 공산주의에 이르는, 사회체제의 변증법적인 발전 과정으로 제시했다.

역사를 우연히 일어난 무차별적인 사건의 연속으로 보거나, 인간 외부의 초월적인 힘의 작용으로 보는 시각에서 벗어난다는 점에서 다윈이나 마르크스의 문제의식은 적극적인 역할을 한다. 자연에서 나타나는 변화든 사회의 변화든 우연이나 어쩔 수 없을 혼돈에 맡

길 때 우리는 무력한 존재로 살아갈 수밖에 없다. 혹은 운명론에 빠져 벌어지는 고통을 무조건 감수하며 살아가게 된다. 그러한 점에서 다윈의 진화론을 인간 사회와 역사에 대한 과학적 규명을 위한 이론적 무기로 사용한 것은 충분한 의미가 있다.

그런데 마르크스와 엥겔스의 경우에서도 문제는 다윈 진화론 적용의 과도함이다. 먼저 먹이와 번식을 둘러싼 생존 경쟁이 자연에서 차지하는 결정적인 영향을, 인간 사회에서 정치·문화에 대한 경제 영역의 결정력으로 무리하게 연결하는 과도함이 문제다. 정치, 법률, 문화, 이념 등의 특징이 경제적 토대에 의해 결정된다는, 이른바 '경제적 결정론' 경향이다. 이를 두고 마르크스의 본래 생각과는 다른 점이 있다고 변명하는 사람들이 있기는 하다. 하지만 경제적 '결정'이라는 표현과는 무관하게, 상부구조의 성격과 변화가 물질적인 생활양식으로부터 규정 받음을 강조한 것은 분명하다.

인간 삶에서 경제적인 요인이 중요하다는 점 자체를 부인할 사람은 거의 없다. 그런데 그 영향이 거의 전적이거나 일방적이라고 보는 데서 과도함이 생긴다. 경제가 영향을 주는 정도는 당시에 형성된 조건과 상황에 따라 상이하게 나타난다. 어떤 경우에는 전적이라는 말이 적합한 정도일 때도 있지만, 미미한 수준에 머물기도 한다. 경우에 따라서는 정치가 경제에 영향을 주기도 한다는 점에서 상호작용이라고 보는 게 적절하기도 하다.

예를 들어 자본주의의 주기적인 공황, 특히 1929년의 대공황 이후 정치 영역이 경제 영역에 적극적으로 개입함으로써 파괴력을 획기적으로 완화해 왔다. 정치적인 결정을 통해 마련한 제도가 경제 행위를 제약하거나 촉진하는 경우가 많다. 조금 더 극적으로는 정치혁명을 통해 상당히 다른 특성을 갖는 경제체제를 만들기도 한다.

비록 상대적인 차원이긴 하지만 경제에 대한 정치·문화 영역의 독립성과 자율성을 인정할 때만 현대 사회의 다양성을 이해할 수 있다. 기본적인 경제체제에서는 자본주의이지만 지역에 따라 상이한 정치제도와 문화적 특징을 보이기 때문이다. 미국·일본의 자본주의와 서유럽의 자본주의, 북유럽 복지국가의 자본주의 등 적지 않은 차이를 보인다. 나아가서는 1989년 국가사회주의 체제 몰락 이후 중국이나 베트남 등에서 사회주의적인 정치와 자본주의적인 경제가 묘한 동거를 하는 경우도 있다.

다음으로 자연의 생명체가 계통적으로 진화하듯이 사회체제도 "발전 과정의 순차적인 단계들을 추구"한다는 주장도 경직된 발상이라는 점에서 문제다. 노예제, 봉건제, 자본주의의 단계를 순차적으로 거친다는 주장이 현실과 맞지 않는 경우가 적지 않다. 고대 그리스나 로마처럼 대토지 소유에 기초한 노예제 체제를 고대 중국이나 한반도의 체제와 같은 범주로 묶기 어렵다. 비록 일부 노예가 있기는 했지만 주요한 생산을 노예 노동에 의존하는 서구 노예제 체제와는 매우 다르다.

봉건제도 마찬가지다. 소규모 장원을 전제로 봉건 영주 중심의 체제는 당장 우리의 경험에도 적용하기 어렵다. 전국적으로 단일한 지배를 기초로 한다는 점에서 오히려 전제군주 체제에 가깝다. 아프리카나 아메리카 대륙의 경우는 더하다. 서구에서 문명이 생긴 이래 근대에 해당하는 시기에 이르기까지 소규모 공동체 사회를 유지했기에 노예제와 봉건제 체제로 이해할 수 없다. 그런 점에서 자연계에서 전 세계에 걸쳐 나타난 계통적 진화를 사회의 단계적인 역사 발전 과정으로 연결시키기에는 큰 무리가 따른다.

문명의 공격성과 권력화는 진화의 산물인가?

고대에서 현대까지 중요한 역사서들을 보면 하나같이 전쟁을 중심으로 내용이 구성되어 있다. 인류의 역사는 곧 전쟁의 역사라고 해도 과언이 아닐 정도다. 생존 경쟁을 통해 사회의 진화를 설명하는 견해도 씨족·부족과 같은 생활공동체를 넘어 고대 국가와 제국으로 확대해 나가는 역사적 과정을 설명하기 위해 인간이 본래 진화를 통해 획득한 공격성을 근거로 드는 경우가 많다. 마빈 해리스는 《작은 인간》에서 타당한 전제가 아니라고 비판했다.

"전쟁에 대해 설명하면서 선천적인 공격성을 들먹이는 이론은 내가 보기에 성차별을 선천적인 유전자로 설명하는 것만큼이나 설득력이 없다. (…) 현존하는 밴드 및 촌락 사회의 예를 가지고 판단해 보건대, 선사시대 인류의 대부분은 리바이어던 왕이나 사신은커녕 막강한 추장조차 없이도 아주 잘 살았다."
_마빈 해리스, 《작은 인간》, 민음사

영화《아포칼립토》포스터, 2007년

　문명 이전의 사회를 묘사하는 영화들도 대체로 인간의 공격성에 주목하곤 했다. 상당한 인기를 끌었던 영화《아포칼립토》도 그중의 하나다. 사냥하며 살아가던 소규모 원시 부족이 문명화된 외부 집단의 침입으로 포로 신세가 되어 줄지어 끌려간다. 포스터는 주인공인 원시 부족장의 아들이 태양신의 제물로 잡혀가는 장면을 담고 있다. 영화는 처음부터 마지막 장면에 이르기까지 잔인함과 폭력성으로 가득하다.

　사회진화론 시각도 인간의 타고난 공격성에 주목하곤 한다. 기본적인 공격성은 원시 인류가 동물을 대상으로 한 일상적인 사냥에서 획득된다. 나아가서는 음식 공급의 원천이 되는 사냥감, 숲, 흙 등을 둘러싸고 인접한 다른 집단과의 충돌 등의 생존 경쟁 과정에서 습득한 공격성이 문명 발달에 큰 역할을 했다고 여긴다. 주변 씨족이나 부족을 공격해 집단을 키우고, 내부의 권력이 확대·강화되면서 점차 초기 고대 국가의 규모와 힘이 만들어졌다고 본다.

스펜서도 《진보의 법칙과 원인》에서 "점점 부족이 발달할수록, 지배층과 피지배층의 대비는 분명해진다."라고 했다. 권력과 종교가 일체화되면서 "제단 둘레에서 추는 춤으로 신격화된 군주의 행적을 찬양했고, 신전이나 궁전 벽의 그림과 글씨로 자세히 설명"하는 현상이 공통적으로 나타난다.

하지만 마빈 해리스에 의하면 공격성이나 권력화는 원시 시대부터 인류가 자연스럽게 갖게 된 기본적인 성향이 아니다. 선사 시대 인류의 대부분은 리바이어던 왕처럼 배타적인 권한을 갖고 구성원들을 지배하는 권력자가 없었다. 현대에 남아 있는 원시 부족을 봐도 그러하다. 한 마을에 100명도 채 되지 않는 상황에서 모든 사람은 서로 친밀하게 알고 지낸다. 호혜적인 교환의 유대가 사람들을 결속시킨다. 심지어 우리가 원시 부족이라고 하면 거의 자동으로 떠오르는 막강한 추장조차 없이 살았다.

보통은 추장이라는 말에서 구성원의 목숨이나 재물을 마음대로 휘두를 수 있는 '생사여탈권'을 쥔 권력자를 떠올린다. 하지만 이는 지극히 권위주의적인 체제에 길든 근대와 현대의 문명인이 권력에 대한 자신의 편견을 원시 부족 추장에게 덧씌운 사고방식에 불과하다. 구조주의 인류학의 창시자 클로드 레비스트로스(Claude Lévi-Strauss,

1908~2009)가 《슬픈 열대》에서 라틴아메리카 원시 부족인 남비콰라족 족장에 대해 설명한 내용이 이를 잘 보여 준다.

"권력에 대한 열렬한 경쟁이 없었다. 내가 알고 있던 족장들은 족장의 높은 위치를 과시하여 이야기하기보다는 그들이 지고 있는 무거운 부담과 여러 가지 책임에 대해 불평을 털어놓았다. (…) 족장이란 특권적 권위에 대한 필요성의 결과라기보다는 오히려 집단 그 자체를 형성하려는 집단의 욕구로부터 발생되는 것이다." _클로드 레비스트로스, 《슬픈 열대》, 한길사

원시 부족의 족장은 우리가 생각하는 그런 의미의 권력자가 아니었다. 구성원들이 추장이 되기 위해 서로를 딛고 올라서려는 모습도 없었다. 심지어 새롭게 족장을 세워야 하는 상황이 생겼을 때, 지명된 사람이 족장이 되기 싫다며 직책을 완강하게 거부하는 일도 종종 있었다. 권한보다는 의무와 책임이 훨씬 더 컸기 때문이다.

족장이라고 해서 더 많은 부를 누리는 것도 아니었다. "부는 그의 손을 통했지만, 결코 자신의 소유로 요구할 수 없었다." 대부분 공동으로 생산하고 분배하는 방식이기 때문에 거의 균등하게 나눠 가졌다. 또한 일방적인 강제로서의 권력도 아니다. 구성원들의 자발적인 동의만이 족장의 지위에 정당성을 부여했다. 권력자라기보다는 공동체를 위한 봉사자로서의 성격이 더 강하다. 집단을 유지하기 위한 방편일 뿐이다.

진화를 통해 획득한 공격성의 확대가 집단과 집단, 혹은 국가와

국가 사이의 전쟁으로 연결된다는 생각은 언뜻 그럴듯해 보인다. 인간이 불안정한 존재인 이상 타인과 갈등이 생기고, 심할 때는 타인에게 공격적인 태도를 보이기도 한다는 점을 부인할 방법이 없기 때문이다. 게다가 인간은 집단을 이루어 살기에 개인의 공격성이 자연스럽게 집단의 공격성으로, 나아가서는 전쟁으로 이어지는 게 상식적이라는 생각을 하게 된다.

그런데 개인 사이의 공격성과 전쟁은 전혀 성격이 다르다. 이를 단지 규모의 차이로 여기고 연결하는 것은 논리적인 비약에 가깝다. 자연발생적인 개인의 공격성과 달리 전쟁은 고도로 조직화된 폭력이다. 특히 개인 사이의 갈등과 달리 전쟁은 지배 세력의 이익에 직결된 약탈적 성격이 강하다. 개인 사이의 감정과 무관하게 잔인한 살상 행위를 저지르는 경우가 빈번하게 일어난다는 점에서도 확연히 다르다. 한 국가의 개인들이 다른 국가의 개인들과 특별히 적대적인 감정이 없는 경우에도 국가 내 지배 세력의 이해에 따라 서로 죽여야 한다. 그러므로 전쟁은 개인 사이의 갈등이나 공격성과는 전혀 다른 차원에서 접근하고 분석해야 할 집단적 정치 행위다.

공격성을 통해 인간 행동이나 사회 변화를 설명하는 사회진화론이나 사회생물학 내의 견해가 다윈의 직접적인 주장이라고 보기는 어렵다. 다윈은 《인간의 기원》에서 "인간이 문명 속에서 전진함에 따라, 작은 부족들이 모여 큰 공동체를 이룸에 따라, 각 개인은 사회적 본능과 동정심을 모든 국민에게 확장해야 할 것"이라고 한다. 부족에서 국가로 인류 공동체의 규모가 커질수록, 개인 사이의 협력을 통해 공동의 이익을 증가시키는 사회적 본능, 나아가서는 경쟁력이 약한 개인에 대한 동정심으로 갈등을 줄이는 노력이 중요하다는 권고다.

생존 경쟁이 만들어 내는 진화가 곧바로 서로에 대한 공격성의 증가, 혹은 다른 집단의 구성원이나 인종에 대한 지배의 정당화는 아니라는 자기 변론에 가깝다. 우리 역시 다윈의 의도를 의심할 필요는 없다. 또한 사회진화론이나 사회생물학에서 나타나는 문제가 모두 다윈의 책임이라고 볼 수도 없다. 하지만 그의 '의도'와는 무관하게, 자연 진화의 원리를 인간 사회에 무리하게 적용함으로써 사회진화론 시각이 성장할 논리와 토대를 제공했음은 분명하다. 그가 거론한 '도덕'이나 '동정심'이라는 표현이 무리한 적용에서 생기는 이론상의 결함이나 현실적인 문제까지 덮어 줄 수는 없다.

06

경제학을 진화론이
발전시켰는가?

근대 경제학 주장에서 영향을 받은 다윈

윌리엄 호가스(William Hogarth, 1697~1764)의 동판화 〈진의 골목〉은 당시 영국 현실을 풍자적으로 묘사한다. 나태함과 절망으로 가득한 거리 모습이 암울하다. 가난 때문에 끼니조차 제대로 해결할 수 없는 사람들이 술에 빠져 생활의 파탄에 이르는 비극을 그린다. 실업자 신세로 내몰린 도시 빈민들이 가난에 찌들고, 병들어 죽어 가고 있다. 거리는 삶의 희망을 잃고 독한 술에서 빠져나오지 못하는 사람들이 나뒹굴고, 격한 싸움으로 혼란스럽다.

윌리엄 호가스, 〈진의 골목〉, 1751년

다윈 진화론 이데올로기에 맞짱을!

왼편에는 술을 구할 돈을 마련하기 위해 주전자, 솥, 옷, 톱 등 집에서 사용하는 일상 용품을 건넨다. 먹을 음식이 없어서 뼈다귀를 잡고 핥으며 개와 다투는 남자도 있다. 심지어 계단에서는 술에 취한 어머니가 사고로 아이를 떨어뜨린다. 계단 밑의 남자는 굶주림에 이미 해골처럼 야위었음에도 마지막 순간까지 술잔을 잡고 있다. 집 안에는 가난을 비관하며 자살로 삶을 마감한 시신이 걸려 있다. 한 여인은 어린아이를 홀로 남겨둔 채 죽어 관에 넣어지는 중이다. 오른편 거리는 술에 취한 사람들이 몽둥이와 의자를 휘두르며 서로 엉켜 싸움을 벌이는 바람에 난장판이 되었다.

우리의 통념으로는 18세기 중후반 영국은 산업혁명이 시작되어 런던을 비롯한 주요 대도시마다 생산적인 활기가 가득했을 것 같다. 하지만 현실은 상당히 달랐다. 농촌에서 삶의 터전을 잃은 농민들이 도시로 몰려들었다. 하지만 기다리는 것은 이미 빈민가에 들어선 수많은 실업자와 매일의 끼니를 걱정해야 하는 빈곤이었다.

다행스럽게 공장에서 일거리를 잡아도 희망을 찾기는 어려웠다. 노동 착취라는 말이 저절로 떠오를 정도의 저임금을 감수해야만 했다. 어른들의 임금만으로는 최소한의 가족 생계조차 지탱하기 어려워, 10대 초중반부터 아동 노동에 시달렸다. 작업장 환경도 열악해서 산업재해가 끊이지 않았다. 빈민가의 극도로 비위생적인 조건 아래서 심각한 질병에 시달리는 사람이 흔했다. 이로 인해 청년기의 초입에도 들어서지 못하고 생을 마감하는 아이도 많았다. 18세기 후반으로 가면서 상황은 더 심각해졌다. 잉글랜드와 아일랜드에서는 전쟁과 작황 부진으로 기아에 허덕이는 사람들이 거리에 넘쳤고, 식량 폭동이 이어졌다.

근대 경제학자 토머스 맬서스(Thomas Malthus, 1766~1834)의 유명한 《인구론》은 이러한 상황에서 발표되었다. 그리고 그의 이론은 다윈의 진화론 문제의식에 적지 않은 영향을 주었다. 인간 사회에서 벌어지는 경쟁에 기초한 맬서스 논리와의 연관성에 주목한다. 다윈은 자서전 《나의 삶은 서서히 진해화왔다》에서 맬서스가 준 영감을 언급했다.

"우연히 맬서스의 《인구론》을 읽었다. 나는 동식물의 습성을 장기간에 걸쳐서 관찰해 왔고, 모든 곳에서 일어나는 생존 투쟁의 중대함을 알고 있었다. 나는 금방 그러한 조건 아래에서 유리한 변이는 보존되고, 불리한 변이는 멸망하는 경향이 있을 것으로 생각했다."

_찰스 로버트 다윈, 《나의 삶은 서서히 진화해왔다》, 갈라파고스

맬서스의 어떤 주장이 다윈의 자연선택설 고안에 영향을 주었을까? 먼저 인구와 식량의 증가율 차이 관련한 《인구론》의 다음 내용이 자극을 줬다. "모든 생물은 그들이 얻을 수 있는 영양분 이상으로 끊임없이 증가시키려는 경향이 있다. (…) 그러나 식량이 없으면 생존할 수 없게 만든 자연의 섭리는 인류의 식량 획득을 어렵게 함으로써 인류가 생존 가능한 한도 이상으로 증가하지 않도록 억제한다."

인구와 식량에 대한 맬서스의 주장은 나중에 다윈이 주장하게

되는 진화론과 아주 유사하다. 인간 사회의 경제학에 대해 논의하면서 핵심 주장의 근거를 자연의 생물에서 끌어온다. 맬서스에 의하면 모든 생물은 자기 증식의 강렬한 본능에 따라 움직이기에 자연적으로 이를 막지 못한다. 그 결과 특별한 "제한이 없을 경우"에는 그 생물의 서식 공간이 완전 포화 상태에 이르거나, 더는 먹이를 구할 수 없는 한계에 도달할 때까지 번식해 개체를 증가시키는 경향이 있다.

이는 동물에게만 해당하는 경향이 아니다. 인간이 발달한 의식을 지녔다고 해도 자연의 동물과 마찬가지로 생명체의 본능에서 벗어날 수 없다. 인간도 생존을 위해 필요한 자원의 한계 이상으로 인구를 늘린다. 그래서 "아무런 통제도 없다면 인구는 기하급수적으로 증가하고, 생존자원은 산술급수적으로 증가한다."라는 유명한 주장을 내놓았다. 인구 증가를 억제하지 않으면 세계 인구는 25년마다 2배로 늘어나기에, 기하급수적 증가라고 했다.

그러나 식량은 공간의 제한을 받기에 그런 식으로 증가하지 않는다. 인구의 증가 정도에 미치지 못하기에 식량 문제가 발생한다. 식량 확보를 둘러싸고 인간 사이에 투쟁이 불가피해진다. 한정된 생존 자원을 놓고 개체 사이에 극심한 생존 경쟁을 벌일 수밖에 없는 조건에 처한다는 맬서스의 논의에서 다윈은 자신이 자연에서 얻은 '자연선택설' 문제의식과 상당 부분 일치하는 느낌을 받았던 듯하다. 그래서 "그러한 조건 아래에서 유리한 변이는 보존되고, 불리한 변이는 멸망하는 경향이 있을 것"이라는 생각이 금방 들었다고 했으리라.

두 사람 사이의 유사성은 생존 경쟁을 초래하게 되는 조건만이 아니라 이를 해결하는 방향과 방법에서도 발견할 수 있다. 맬서스에 의하면 인구 증가에 영향을 미치는 가장 중요한 요인은 빈곤계층이다. 인구 대다수를 차지하고 출산율도 높은 편이다. 그러므로 가난한 사람들의 인구 증가 유인 요소를 방치해서는 안 된다. 특히 빈곤계층의 경제적 상태를 개선하려는 정부의 노력은 큰 문제를 발생시킨다. 자연의 자연스러운 경쟁 원리에 맡기지 않고 불리한 변이가 도태되는 것을 인위적으로 막으려는 잘못된 시도이기 때문이다.

아일랜드 대기근 상황을 묘사한 〈구빈원 앞의 굶주린 사람들〉은 당시의 참상을 그대로 보여 준다. 19세기 중반에서 후반에 걸쳐 아일랜드에는 몇 차례 참혹한 기근이 덮쳤다. 1840년대에는 정부의 수탈

작가 미상, <구빈원 앞의 굶주린 사람들>, 1879년

다윈 진화론 이데올로기에 맞짱을!

로 감자 이외에 먹을 게 없던 상황에서 감자에 유행병이 돌면서 대기 근이 찾아왔다. 100만여 명의 아사자와 기근을 피해 고향을 떠난 사람들을 포함해 아일랜드 인구의 약 25%가 사라졌다. 1879년에도 심각한 기근으로 많은 사람이 목숨을 잃었다.

영국 정부는 18세기부터 빈민구제법을 만들어 대응해 왔다. 처음에는 노동 능력이 없는 빈민과 있는 빈민 모두를 대상으로 했다. 하지만 재정 지출이 늘어나자 점차 노동 능력이 없는 빈민구호를 줄였다. 노약자나 질병자 등에 대한 의료부조와 도제 교육 등 한정된 지원으로 대폭 축소했다. 노동 능력이 있는 빈민은 작업장에서 일하는 조건으로 최소한의 지원을 했다.

빈민구제를 위해 도시를 중심으로 곳곳에 구빈원을 설치했다. 이름과 달리 사실상 감옥에 가까웠다. 이곳에 들어간 도시 빈민들은 머리를 밀고 죄수처럼 제복을 입기도 했다. 작은 방에 여러 명을 수용한 탓에 뒤엉켜 살았다. 위생도 형편없어서 유행병이 돌면 가장 취약한 곳이 되었다. 최소한의 인간적인 생활조차 보장되지 않았지만, 그나마 여기에 들어간 사람들의 사정은 나은 편이었다. 특히 기근이라도 닥치면 도시의 골목은 굶주림과 질병으로 죽음을 기다리는 사람으로 넘쳐났다.

그림 〈구빈원 앞의 굶주린 사람들〉은 대기근이 닥친 상황에서 감옥 같은 구빈원이라도 들어가려고 아우성치는 빈민들의 모습을 담았다. 하나같이 거지나 다름없는 초라한 행색이다. 여기저기에 어린 아이들의 모습이 보인다. 앞에는 기아에 허덕이다가 죽기 직전의 아이가 엄마 품에 기대어 누워 있다. 하지만 정부에서 구빈원의 수용 조건을 엄격하게 정해 놓았기에 대부분은 들어갈 방법이 없었다. 그래도 실오라기 하나라도 잡는 심정으로 몰려가 구빈원 앞이 북적이는 장면이 흔했다. 아이만은 죽음을 면하게 해 달라고 사정하는 부모의 절박한 목소리가 들리는 듯하다.

맬서스는 언 발에 오줌 누기에 불과한 구빈법과 구빈원 정책조차 위험한 시도라며 반대했다. 앞서 언급한 인구와 식량의 증가율 차이를 고려할 때, 궁핍을 구제하기 위한 여러 법률과 제도가 오히려 문제를 더 심각하게 만든다는 이유였다.

"구빈법은 빈민의 생활에 악영향을 끼친다. 첫째, 식량자원이 충분히 증가하지 않은 상태에서 인구를 증가시키는 결과를 초래한다. (…) 둘째, 사회적인 가치에 기여한다고 보기 어려운 구빈원에서 소비되는 양만큼, 더 근면하고 사회에 보탬이 되는 사람에게 돌아가야 할 식량이 줄어든다. 그로 인해 사람들은 점점 더 의존적인 상황으로 내몰린다."

_토머스 맬서스, 《인구론》, 동서문화사

그가 보기에 분배를 통한 불평등 개선 정책은 상황을 더 심각하게 만든다. 구빈법과 구빈원이 특정한 개인의 불행을 조금 줄였을 수는 있다. 하지만 결과적으로 훨씬 더 넓은 범위로 위험을 퍼뜨린다. 먼저 식량 증가가 뒷받침되지 않은 상태에서 과잉 인구를 유지하게 만들어 해악이 더 심해진다. 빈곤계층이 가뜩이나 생존자원 이상으로

다윈 진화론 이데올로기에 맞짱을!

출산하려는 경향을 가져서 문제인데, 분배정책은 더 많은 출산을 자극한다. 만약 빈곤 상태로 방치한다면 아이를 더 가질 엄두를 갖지 않을 텐데, 생활비를 보조해 줌으로써 더 낳을 수 있는 여지를 확대한다.

다음으로 한정된 자원을 경쟁력이 떨어지는 빈민들의 구제에 사용함으로써 전체 구성원을 위해 더 생산적으로 능력을 발휘할 사람들에게 자원이 덜 돌아가는 결과를 초래한다. 나아가 사람들에게 생존 경쟁을 위한 노력과 능력을 증가시키기보다는 의존적인 성향을 늘리는 점에서도 해악이다.

인류라는 종이 지구에 나타나고 확대되면서 식량자원의 한계를 넘어서는 인구 증가는 자연적으로 억제되어 왔다. 기아나 전쟁, 전염병 등이 대표적인 사례다. 비천한 하층계급이 유행병의 주된 희생자였음은 역사를 통해 쉽게 확인된다. 자연적인 인구 조절은 "피할 수 없는 자연의 법칙으로서 이에 복종"해야 한다. 인구 증가를 식량 생산 속도에 맞추는 것이 자연법칙상 불가피하다. 그런데 빈민을 구제하기 위한 인위적 제도는 생존 경쟁이라는 자연의 법칙을 거스르는 오류를 범한다.

많은 사람이 가난한 처지에 빠져 고통받는 현실이 부자의 탐욕이나 사회구조적 모순 때문이 아니라 인구와 식량이라는 자연적 원인, 일종의 자연법칙의 어쩔 수 없는 작용으로 정당화된다. 다윈이 생존 경쟁을 통한 자연 선택을 정립할 때 맬서스의 이론에서 상당한 영감을 받은 것은 우연이 아니다. 제한된 양의 식량을 두고 투쟁해야 한다는 장벽 때문에 여러 생물 종 사이에 견제가 이루어지는 자연계의 진화 논리와 맞닿아 있기 때문이다.

다윈이 구상하던 생존 경쟁에 의한 자연 선택 논리대로라면 인간에게 가장 치열한 경쟁은 같은 종인 인간 내에서 벌어진다. 그러므로 좀 더 향상된 경쟁 능력을 갖춘 개인이 이익을 누리고, 반대로 능력을 갖추지 못한 개인은 '도태'에서 벗어날 수 없다는 논리가 자연스럽게 연결된다. 적자생존과 자연 도태가 자연의 법칙인 이상, 경쟁에 따른 비정한 결과를 누구도 부정할 수 없게 된다.

다윈이 맬서스의 생존자원을 둘러싼 경쟁 논리에 적지 않은 영향을 받기는 했지만, 해법에서는 다른 생각을 가졌다. 《인간의 기원》을 마무리하면서 맬서스의 산아 제한 권고에는 동의하지 않음을 밝혔다. "인구의 자연적인 높은 증가율은 노골적으로 많은 악으로 이어질 것이 분명하지만, 그렇다고 그것을 인위적인 수단으로 억제하려 해서는 안 된다."

맬서스의 인구이론은 이후 현대까지의 역사를 통해 오류가 입증되었다. 생각보다는 식량 증가와 인구 증가의 격차가 벌어지지 않았다. 특히 산업 국가에서는 과학기술 발달을 농업 분야에 적용하면서 식량 생산 증가율이 상당히 높은 수준이 이르렀다. 또한 대부분의 산업 국가에서 인위적인 산아 제한이 없는 상태에서도 인구 성장률이 줄어드는 추세를 보인다는 점에서도 그의 예측과 다른 방향으로 향했다.

그런데도 인구 증가가 초래하는 극심한 생존 경쟁이라는 논리는 현재의 생물학자에게도 영향을 주고 있다. 대신 인구와 식량의 관계에서 생기는 문제가 아닌, 다른 영역으로 변형해 적용한다. 영국의 동물학자 데즈먼드 모리스는 《털 없는 원숭이》에서 인구 문제를 인간 사회의 공격 행위와 연결했다. "생물학적으로 이 진퇴양난의 궁지를 해결할 수 있는 건전한 해결책은 인구를 대폭 줄이는 방법뿐이다. 인구가 오늘날처럼 무서운 속도로 계속 늘어나면 통제할 수 없는 공격 행위가 극적으로 늘어나리라는 것은 이미 알려진 사실이다."

모리스는 인간 사회에서 서로 다른 집단이나 국가를 지배하기 위한 공격 행위가 증가하는 이유를 인구 증가에서 찾았다. 정신 능력의 진화에 따라 파괴적인 무기까지 만들어 서로 공격에 나섰다. 날로 확대되는 공격 행위가 인류를 파멸시키는 원인이 되어 급속한 멸종으로 이어질지도 모를 일이다. 파괴적인 경쟁을 완화하기 위해서는 인구 억제가 불가피하다는 것이다.

사실 자기와 종족을 보존하려는 자연의 원리를 경제적인 경쟁 논리와 연결하는 근대 경제학의 시도는 맬서스보다 더 거슬러 올라간다. 근대 경제학의 아버지로 불리는 애덤 스미스(Adam Smith, 1723~1790)가 《도덕감정론》에서 주장한 내용만 봐도 그러하다. "자기 보존과 종족 번식이야말로 자연이 모든 동물을 창조할 때 불어넣은 가장 큰 목적이라고 할 것이다. 인간은 이와 같은 목적을 추구하려는 욕망을 부여받았다."

그에 의하면 인간의 판단과 행위는 자연의 원리에 이끌린다. 자연은 "인간에게 끊임없이 자연이 의도하는 목적을 추구하고자 하는 욕망을" 불어넣는다. 특히 자기와 종족의 보존을 위한 경쟁이라는 자연의 목적을 추구하는 욕망은 강렬하게 작용한다. 여기에서 인간 본성의 이기적이고 본원적인 열정이 생긴다. 자연에 의해 인간은 "우리 자신의 극히 작은 이해의 득실이 특별한 관계가 없는 타인이 가지고 있는 최대의 관심사보다도 훨씬 더 중요한 것"으로 여기도록 만들어졌다. 그래서 경제학과 윤리학도 옳고 그름이 아니라, 이기적 본성에 근거한 경쟁을 중심으로 한 '사실'의 문제를 중심으로 수립되어야 한다는 것이다.

《종의 기원》보다 100년 앞서 출판된 《도덕감정론》에서 다윈이 직접 영향을 받았는지는 분명하지 않다. 하지만 자연의 경쟁 원리를 경제학을 비롯해 인간 행위에 연결하는 시도는 유럽의 지적인 풍토에서 널리 퍼져 있었다. 적어도 다윈이 이러한 근대 경제학자들의 이기적인 생존 본능과 경쟁에서 적지 않은 영향을 받았음은 분명해 보인다.

자연 선택과 생존 경쟁 원리를 경제에 적용하다

맬서스 인구론의 경제적 · 실천적 결론은 인구 증가에 의한 재앙을 피하기 위해 대중의 임금 및 생활 수준이 생존을 위한 최저 수준이나, 혹은 그 이하로 떨어져 절대적 빈곤에 시달리더라도 분배나 복지를 통해 보완하려 시도해서는 안 된다는 것이다. 오직 시장 경쟁에 맡기고, 그로 인해 나타나는 빈부격차나 빈곤에 정부가 간섭해서는 안 된다. 경쟁에서 승리한 부자들은 막대한 부를 축적하고, 경쟁력이 부족

한 사람들의 빈곤은 지극히 정상적인 자연의 법칙이다. 경쟁에 의한 성장과 자연적 도태는 진화의 동력이지 비정상적인 상태가 아니다.

다윈도 《인간의 기원》에서 비슷한 논리를 펼쳤다. 그에 의하면 문명이 발달한 모든 나라에서 사람들은 재산을 축적하고 자손에게 남긴다. 반대로 경쟁력 부족으로 재산을 모으지 못한 사람은 다음 세대도 가난하게 출발한다. 그 결과 심화하는 빈부격차로 인해 같은 나라에 살면서도 아이들이 경쟁에서 평등한 기회를 갖지 못하는데, 이를 나쁘게 볼 이유가 없다. 자연에서의 진화가 그러하듯이, 경쟁에서 승리한 사람들의 막대한 부의 축적이 인간 사회의 진보를 이끌기 때문이다.

"재산의 축적이 없으면 기술 진보도 없으며, 문명화된 인종이 영토를 서서히 확장해 간 것은 기술의 힘 덕분이었다. 이제 문명인은 세계로 나아가 문명이 낮은 인종의 토지를 빼앗고 있다. 또 어느 정도 부가 축적되어도 그것이 자연 선택을 방해하지는 않는다." _찰스 로버트 다윈, 《인간의 기원》, 동서문화사

　재산의 축적이 기술과 산업 발전의 토대가 되었음은 분명하다. 특히 다윈이 살아가던 19세기 유럽의 산업은 더욱 그러했다. 영국 화가 윌리엄 벨 스콧(William Bell Scott, 1811~1890)의 〈철과 석탄〉은 당시 급속하게 성장하던 영국 철강 산업의 현장을 생생하게 보여 준다. 여러 개의 대형 용광로에서 작업에 필요한 철을 생산하는 중이다. 수많은 노동자가 철을 단련하기 위해 망치를 휘두른다. 왼편에 걸린 철제 도르래의 크기를 볼 때 상당히 규모가 있는 공장이다. 뒤로 항구와 함선이 보여 이 공장에서 대량 생산된 철이 곧 각지로 팔려나갈 예정임을 알 수 있다.

　이전의 소규모 수공업은 막대한 부의 축적이 뒷받침되지 않아도 운영에 큰 어려움이 없었다. 수공업 장인이 자신의 기술과 약간의 재산으로 작업장을 만들고 생산 활동을 했다. 하지만 철강 산업과 같은 근대의 대규모 공장은 막대한 자본이 있어야 했다. 대량 생산을 위해 공장 설립에 필요한 부지는 물론이고 재료 구매의 규모도 커졌다. 무엇보다도 전통적인 수공업과 달리 기계적인 방식으로 움직이는 생산 설비를 마련해야 했기 때문이다.

　다윈의 말처럼 문명화된 인종의 영토 확장도 관련이 깊다. 19세

기에서 20세기에 이르는 유럽의 영토 확장은 산업에 기반을 둔 식민지 지배 전략이었다. 산업 이윤의 극대화를 위한 방편으로서의 성격이 강했다. 기계제 대공업을 바탕으로 한 자본주의 발달은 식민지 지배를 통해 자원을 대규모로 약탈하고, 대량 생산된 제품을 강제로 판매할 시장의 확보가 필수적으로 요구되었다.

나아가 다윈은 어느 정도의 부 축적이 자연 선택을 방해하는 게 아니라고 했다. 부 축적이 다른 사람들의 기회를 사라지게 하는 것이 아니다. 왜냐하면 다른 사람의 "자손들은 경쟁이 치열한 상업이나 다른 직업에 종사하게 되므로, 심신이 모두 뛰어난 개인이 가장 성공하게 될 것"이기 때문이다. 오히려 다른 분야의 발전을 촉진한다. 직접적인 부의 축적 이외의 "고도로 지적인 일은 모두 이러한 사람들에 의해" 이루어진다. 그리하여 물질적인 발전은 물론이고 여러 분야의 고도한 발전으로 이어진다.

결국 다윈은 기술이 발달한 유럽 산업 국가에 의한 식민지 확대를 진화에 따른 자연스러운 현상으로 이해했다. 심지어 세계 다른 지역의 영토를 빼앗은 제국주의적 지배가 자연 선택 틀 안에서 이해될 가능성을 제공한다. 다윈이 유럽 국가의 다른 지역에 대한 제국주의 침략을 정당화했다는 비판에, 이후의 다윈주의자들이 잘못된 이해 때문이라고 반박하는 경우가 많았다. 하지만 방금 살펴보았듯이 다윈의 논리 안에 산업 이윤 극대화를 위한 식민지 지배를 옹호하는 논리, 혹은 그렇게 해석할 가능성이 충분히 있음을 부인하기 어렵다.

또한 19세기 유럽에서 일어난 이러한 부의 축적이 자연 선택을 방해하지 않는다는 논리도 허술하고 나아가 위험하기도 하다. 그가 말하는 '고도로 지적인 일'은 사회 전체 구성원에 비교할 때 매우 제한 적이다. 결국 생존 경쟁에 의한 자연 선택이란 극히 소수의 능력 있는 사람이 경쟁의 성과를 차지하고 나머지는 배제되는 방식, 그러한 점에서 앞서 맬서스 이론에서 다윈이 발견한 "유리한 변이는 보존되고, 불리한 변이는 멸망하는 경향"의 의미가 된다. 결국 이 논리대로라면 진화에서 '유리한 변이'는 다수 개체의 생존 경험이 짧게는 수백 년 길게는 수만 년 축적된 변이가 아니라, 사실상 극소수의 돌연변이로 제한되는 허술한 논리에 갇힌다.

또한 이는 위험한 논리이기도 하다. 능력이 부족한 사람들, 그 결과 빈곤한 상태에 있는 사람들에 대한 다윈의 태도가 특히 그러하다.

"인류의 복지 향상은 가장 복잡한 문제다. 자신의 자손을 비참한 빈곤 상태에 빠지지 않게 할 수 없는 사람들은 결혼하지 말아야 한다. 왜냐하면 빈곤은 큰 죄악일 뿐만 아니라 무모한 결혼으로 이끌어 빈곤을 더욱 증가시 키는 경향이 있기 때문이다." _찰스 로버트 다윈, 《인간의 기원》, 동서문화사

그에 의하면 빈곤은 큰 죄악이다. 부족한 경쟁 능력이라는 '불리한 변이' 특성에 '죄악'이라는 가치판단까지 개입시키고 있다는 점에서 일차적으로 위험하다. 그것도 여러 죄악 중에서도 '큰 죄악'이다. 다음으로 가난한 사람들은 결혼하지 말아야 한다는 해결 방향도 위험하다. 가난한 사람이 자손을 남기면 한 가족 내에서 한정된 자원을

이용해야 하는 사람이 증가하기에 빈곤은 더 심각해진다. 또한 빈곤 계층이 인구 대다수를 차지하고 출산율도 높은 편이기 때문에 상황을 악화시킨다는 맬서스의 생각이 깔려 있음을 어렵지 않게 연결할 수 있다.

사회적으로 빈곤과 빈부격차를 줄이는 것이 아니라, 결혼과 출산의 억제로 가난한 사람의 수를 줄이는 방향이라는 점에서 사실상 맬서스의 인구 대책 논리와 별 차이가 없다. 맬서스의 산아 제한 권고와 관련해 앞에서 다윈이 "인위적인 수단으로 억제하려 해서는 안 된다."라고 주장한 내용이 얼마나 제한적인 의미밖에 지니지 못하는지를 알 수 있다. 결국 다윈이 반대하는 '인위적인 수단'이란 법이나 제도에 의한 강제적인 수단의 의미로 좁혀진다. 죄악으로 규정하고 결혼하지 말아야 한다고 주장한 이상 어떤 작용은 분명히 염두에 두었으리라. 사회적인 분위기나 도덕률에 의한 억제로 이해하는 것이 합리적이다.

나아가 다윈의 진화론이 이후 현대 사회에서 맬서스 이론의 영향력 확대에 크게 기여한 측면도 무시할 수 없다. 애덤 스미스나 맬서스를 비롯한 근대 고전 경제학에 비판적인 관점을 가진, 미국 경제학자 헨리 조지(Henry George, 1839~1897)가 《진보와 빈곤》에서 주장한 다음 내용은 귀 기울일 만하다.

"맬서스 이론의 성공 원인은 강자 이익을 위협하거나 적대시하지 않으며, 오히려 재산의 힘을 휘두르며 사상을 지배하는 계층을 위로하고 안심

시키는 데 있다. (…) 최근 맬서스 이론은 인류의 기원과 종의 발생에 관한 생각이 급속히 변하면서 새로운 지지를 얻었다. (…) 생물의 발달 문제까지 유사한 관념이 확장됨에 따라 맬서스 이론은 더 높고 확고해졌다."

_헨리 조지, 《진보와 빈곤》, 비봉출판사

맬서스의 인구론이 부를 독점하고 있는 소수의 특권을 변호하는 논리를 담고 있기에 사회의 지배 세력이 권장하는 이론으로 자리 잡았다고 한다. 빈곤은 사회 발전 과정에서 불가피한 현상, 그것도 사회·정치제도나 특정 세력이 아닌 자연적인 원인에 의한 현상이라고 변호해 주니 말이다. 궁핍하고 비참한 상태에서 고통을 당하는 가난한 사람들에 대해 어떠한 양심의 거리낌도 없이 부를 축적해도 되는 이유를 경제학과 철학 등을 통해 체계적으로 마련해 주니 더할 나위 없이 반가운 일이다.

그런데 여기에 막강한 원군까지 가세하게 되었으니 바로 다윈의 진화론이라는 것이다. 맬서스 경제학 이론을 자연의 법칙이라는 단단한 기반 위에 세워 주었기 때문이다. 빈부격차는 유리한 변이의 결과 강자가 되고, 불리한 변이의 결과 도태된다는 자연의 원리가 실현된 결과다. 지구상의 모든 것이 중력의 법칙에서 벗어날 수 없듯이, 빈부격차에 대한 반발이나 저항은 터무니없는 짓이 된다. 다윈의 진화론이 맬서스 경제학 이론의 권위를 높였다는 주장은 헨리 조지의 경제이론에 대한 찬반과 무관하게 상당한 진실을 담고 있다.

다윈이 근대 이후의 경제학에 스며들다

다윈의 진화론은 일정하게 근대 경제학의 영향을 받았고, 또한 스스로 진화의 원리를 사회와 경제에 적용하는 시도를 했다. 나아가 이후 현대 경제학의 문제의식 형성에도 적지 않게 스며들었다. 미국 경제학자로 제도경제학의 선구자로 통하는 소스타인 베블런(Thorstein Veblen, 1857~1929)이 20세기가 열리기 직전인 1899년에 낸《유한계급론》에도 진화론의 그림자가 짙게 배어 있다.

"인간의 사회생활은 다른 종과 마찬가지로 생존 경쟁이고, 선택과 적응의 과정이다. 사회구조 진화도 제도의 선택과 적응 과정이었다. 제도나 인간의 기질에 관한 지금까지의 진화와 현재 진행 중인 진화 역시, 대체로 가장 적합한 사고 습관의 자연 선택인 동시에 사회의 발전과 제도의 변천에 따라 서서히 변화하는 환경에 대한 개인의 강제적 적응이었다."

_소스타인 베블런,《유한계급론》, 문예출판사

그에 의하면 인간은 공동생활 환경의 조건에서 선택과 적응을 하면서 기질이나 사고 습관이 진화했다. 이 과정에서 제도가 중요한 역할을 했다. 장기에 걸친 가혹한 경쟁적 환경에서 선택과 적응의 결과가 특정한 제도의 형식을 띠었다. 일단 제도가 자리 잡으면 기존 관습이 도태되고 새로운 관습이 생기는 조건 변화에 따라 인간의 기질도 변했다. 그렇다고 해서 이전에 획득한 습관이 사라지는 것은 아니었다. 다른 종의 진화가 그러하듯이 결정적으로 버려지지는 않고 새로운 요소가 결합해 변하는 방식으로 진화했다.

변화하는 제도가 이번에는 새로운 환경에 적합한 적성과 기질을 갖춘 인간을 선택한다는 점에서 자연 선택의 원리가 지속적으로 작동했다. 또한 특정 시점에서 유효한 제도를 포함하고, 이에 적응하는 사람이 많은 사회가 다른 사회보다 지배적인 위치를 점한다는 점에서 사회 발전의 동력이 되었다. 이는 사회의 다른 분야와 마찬가지로 경제에도 적용되었다. 경제 제도도 "사회가 주위의 물질적 환경에서의 작용을 받으면서 생활을 영위해 가는 관습적 순서"이기에 다른 제도처럼 진화 과정을 겪는다.

우리에게 그의 이름을 딴 '베블런 효과'로 잘 알려진 부의 축적 동기도 진화의 사물이다. 기능적으로는 같거나 별 차이가 없는 상품에 대해 소비자가 높은 가격을 기꺼이 지불하는 행태를 말한다. 가격이 오르는데도 일부 계층의 과시욕이나 허영심 등으로 인해 수요가 줄어들지 않는 현상이다. 낮은 가격으로 판매하면 오히려 상품의 매력이 상실되는 경우도 생긴다. 베블런은 이를 '과시적 소비'라고 표현했다.

책 제목이기도 한 '유한계급'이 여기에 속한다. 유한계급은 여가를 즐기는 계급이라는 말이며, 과시적 소비를 하는 계급이라는 뜻이다. 그런데 유한계급은 현대 산업사회에서 생겨난 고유한 현상이 아니다. 오랜 진화의 결과로 제도의 변화와 함께 형태와 특징을 달리해 왔다. 이에 따라 유한계급의 기질도 시대마다 차이를 갖는다.

다윈 진화론 이데올로기에 맞짱을!

"처음에는 단순히 능력의 증거로 평가된 부의 소유가 사람들의 찬양을 받게 되고 그 자체로 명예로운 것으로 인정된다. (…) 귀중한 물품을 과시적으로 소비하는 것은 유한 신사가 평판을 얻는 수단이다. 그러나 부가 증대함에 따라 타인의 도움 없이 혼자서 노력하는 것만으로는 부를 충분히 과시할 수 없다. 그래서 호화로운 선물을 하거나 돈이 드는 향연이나 오락에 초대하는 형태로 친구나 경쟁상대의 도움을 빌리게 된다."

_소스타인 베블런, 《유한계급론》, 문예출판사

베블런은 유한계급이 인류 역사의 초기인 원시 시대에는 뚜렷하지 않았다고 했다. 초기 인류는 체격이나 신체적 특징, 기질 차이가 그다지 크지 않았다. 하지만 오랜 기간 사냥이 계속되면서, 특히 커다란 먹잇감을 사냥하면서 완력·기민함·공격성이 갈수록 중요해졌다. 이에 적응하면서 남성의 신체적 능력이 여성에 비해 강해졌다. 남녀의 역할 분화도 더 촉진되었다. 사냥꾼과 전사로서 남성의 활동은 포획에 의한 획득이지, 씨앗을 뿌리고 가꾸는 노동이 아니게 되었다.

나아가 사냥에 참여하는 남성 내에서도 점차 차이가 확대되었다. 생존자원을 놓고 벌어지는 다른 집단과의 갈등과 충돌이 잦아질수록 차이는 더 벌어졌다. 처음에는 공동체 내에서 특성의 차이로 여겨지던 것이 점차 능력의 차이로 인식되었다. 우월한 힘의 발휘가 가치 있고 명예로우며 고귀한 영웅적 행위, 즉 '존경스러운' 행위로 인정받게 되었다.

하지만 이들을 유한계급이라고 하기에는 무리였다. 일의 분화는 있었지만 아직은 사회적으로 일하지 않고 여가를 누리는 상태가 아니었다. 우월한 힘이 존경스러운 대상으로 여겨졌으나 제도적인 분화로 나타나지는 않았다. 그가 원시 시대에 이어 나타난 '야만 시대'로 규정하는, 신석기와 청동기 시대를 거치면서 유한계급 제도로 진화한다.

부의 축적과 계급 분화가 진척되고, 사유재산제가 자리 잡으면서 이제는 우월한 신체적 힘과 공격적 기질이 아니라, 재산 축적이 능력의 증거로 인정되었다. 베블런이 언급했듯이 "부의 소유가 사람들의 찬양을 받게 되고 그 자체로 명예로운 것으로 인정"되었다. 상류계급은 생산 활동에서 면제되거나 제외되었고, 전사나 성직자처럼 명예가 수반되는 직업을 차지했다. 노동의 면제야말로 상위 계급에 속함을 보여 주는 경제적 표상이었다.

초기에는 '천박한 일'의 면제가 확보되면 만족하고 자존심을 가질 수 있었으나, 갈수록 부 자체가 능력과 명예가 된다. 이를 위해서는 막대한 부의 소유를 증명할 수 있는 증거가 필요하다. 이로 인해 "귀중한 물품을 과시적으로 소비하는 것은 유한 신사가 평판을 얻는 수단"이라는 점이 분명해진다. 그런데 경제 발전에 따라 사회 전체적으로 부가 증대하면 과시적 소비로 차별화하는 사람도 늘어나면서 더 확실한 과시 경향이 나타난다. 특별함의 증거를 더 확실하게 드러내기 위해 점차 "돈이 드는 향연이나 오락에 초대하는 형태로 친구나 경쟁 상대의 도움"을 받는 방식으로 나아간다는 것이다.

피츠제럴드의 소설 《위대한 개츠비》는 베블런이 말하는, 친구나 경쟁 상대를 화려한 향연에 초대하는 유한계급의 과시적 소비를 극

영화 <위대한 개츠비> 포스터, 2013년

적으로 보여 준다. 특히 이를 영화로 만든 《위대한 개츠비》는 큰 인기를 끌었고, 과시적 소비의 엄청난 규모와 화려함을 영상으로 확인하는 기회가 되었다.

막대한 재산가로 성공한 개츠비는 대저택에서 매주 호화 파티를 벌였다. 토요일마다 수백 명의 사람이 요란한 파티를 즐기기 위해 개츠비의 집으로 몰려왔다. 유명한 연예인과 스포츠 스타도 참석해 파티를 즐겼다. 많은 사람이 파티 참석을 갈망했는데, 독특하게도 개츠비는 자신을 모르는 사람도 호화 저택에 찾아와 연회에 참여하도록 허용했다. 경제 성장으로 유례없는 번영을 누리던 20세기 초반의 미국 사회에서 막대한 재산을 모든 주인공이 자신의 부를 증명할 수단이 과시적 소비로서의 호화 파티였다.

　베블런이 보기에 과시적 소비가 우월한 능력이 증거라면, 반대편에는 열등함이 있다. "좀 더 훌륭한 재화를 소비하는 것은 부의 증거이기 때문에 명예로운 일이 된다. 반면에 양적으로나 질적으로 기준에 미달하는 소비는 열등함과 결함의 징표가 된다." 흔히 상류층으로 불리는 유한계급은 이와 같은 방식으로 끊임없이 다른 집단과 차별적 비교를 함으로써 선망과 존경을 유지한다.

　생존이나 육체적인 안락은 일정 정도 이상의 부를 축적한 사람에게 추가적인 축적의 동기를 부여하지 않지만, 차별적인 비교에 바탕을 둔 명성을 얻으려는 동기는 최종 목표에 도달할 가능성이 없기에 끝없이 힘을 발휘한다. 상당한 부를 축적한 유한계급 내에서조차 최고의 인정과 평판을 받기 위한 욕구가 계속 작용하기에 부의 축적 동기는 무한정 지속된다.

　과시적 소비를 통한 차별적 명성의 획득 욕구는 점차 상류층에만 해당하지 않게 된다. 현대 사회에서 살아가는 구성원들의 경쟁 논리에 깊숙하게 파고든다. "사회를 구성하는 어떠한 계급도, 심지어 절대빈곤에 시달리는 빈민조차도 모든 관습적인 과시적 소비의 유혹을 떨쳐 버리지 못한다." 현대 사회에서 대중도 웬만한 교육과 소비를 누리면서 갈수록 사회계급을 구분하는 경계선이 모호해진다. 그 결과 과거에 상류층이 갖고 있던 과시적 소비 욕구와 이를 뒷받침하는 기준이 사회 구조의 최하층까지 거침없이 확장된다. 이제는 대중 스스로 과시적 소비를 자신이 추구해야 할 이상적인 생활양식으로 받아들인다.

중세나 근대 사회에도 특권층 내에서 비싸고 사치스러운 재화에 대한 선호는 있었다. 하지만 당시에 소수 왕족이나 귀족의 사치는 대중적으로 선망은커녕 비난과 조롱의 대상이 되곤 했다. 자본주의 사회, 특히 20세기를 거치면서 전혀 다른 반응을 낳았다. 단순히 고가의 재화라는 성격을 넘어, 브랜드 자체가 대중적 욕망의 대상이 되는 새로운 현상이 생겨났다는 점에서 과시적 소비 경쟁은 자본주의 사회의 고유한 특징이다.

그런데 앞서 살펴보았듯이 베블런은 현대에 와서 생겨난 듯한 이 현상이 사실은 다른 종과 마찬가지로 오랜 생존 경쟁에 따른 '선택과 적응의 과정'으로 만들어졌다고 했다. 원시 인류가 사냥하면서 생긴 신체적 능력의 차이와 이를 '존경'으로 보는 평판이 진화하면서 오늘의 무한정한 부의 축적과 과시적 소비를 통한 차별화에 이르렀다는 것이다. 다윈의 진화론이 자본주의 경제학과 결합하면서 현실의 구조적이고 극단적인 빈부격차가 진화의 법칙에 따른 자연스럽고 불가피한 결과라는 옹호 논리를 제공한다.

베블런은 과시적 소비가 선택과 적응에 따른 자연스러운 결과임을 밝히면서도, 이것이 초래하는 부정적인 측면 자체는 부정할 수 없었던 듯하다. "유한계급제도는 하류계급의 생존 수단까지 박탈하여 소비력과 가용 에너지를 축소함으로써 보수화시킬 뿐 아니라 새로운 사고 습관을 배우고 거기에 적용하려는 노력마저 불가능하게 만든다."라고 했다.

과시적 소비의 심화는 부의 축적 동기에 해당하기 때문에 일반적으로 부의 축적을 둘러싼 양극화 심화를 동반하면서 나타난다. 그러므로 과시적 소비가 극심할수록 재정적 상황이 열악한 빈곤층은 더욱 심한 궁핍과 박탈감에 시달린다. 게다가 이미 과시적 소비가 사회 전체적인 경쟁으로 자리 잡은 상황에서 중산층과 빈곤층조차 이러한 경쟁의 대열에 따라가는 과정에서 경제적 능력을 초과하는 지출을 감행한다. 그 결과 생활필수품이나 체면 유지에 필수적인 지출이 부족해지면서 생활 수준이 전반적으로 낮아진다. 혹은 일상생활을 위한 필수적 지출을 줄일 수 없는 경우에 빚이 늘어나는 상황을 맞이한다.

대중의 의식을 보수화시키는 경향도 생겨난다. 과시적 소비 때문에 늘어나는 지출을 감당하기 위해서는 전 인생을 더 많은 노동에 쏟아부어야 한다. 자연스럽게 더 많은 부의 축적이 인생 목표가 된다. 상류층의 전형적인 사고방식과 인간성에 중산층과 빈곤층도 동화되어 버린다. 오로지 자신을 차별화하여 남의 부러움을 사려는 목적 달성에만 노력을 쏟기 때문에 갈수록 편협하고 이기적인 인간이 되어 간다.

소비에만 집착하는 사람은 더 비싸고 멋지며 성능이 좋은 제품을 만들어 낸 기업의 능력에 감탄한다. 그 과정에서 노동자가 어떤 취급을 받는지는 까맣게 잊어버린다. 또한 노동자는 노동자대로 소비에만 몰두하면서 자신이 착취당하거나 소외되어 있다는 사실 자체를 잊는다. 노동자는 소외 의식을 멀리하거나 아니면 아예 지워 버리기까지 한다.

이제 오직 더 근면한 노동, 더 많은 소비만이 많은 사람들의 유일

다윈 진화론 이데올로기에 맞짱을!

한 인생 목표가 된다. 승진과 연봉 인상만이 삶의 가장 중요한 가치관
으로 자리 잡는다. 소비를 통한 만족만이 중요한 가치가 되어 버린 사
회에서 사회 문제에 대한 비판의식이 설 자리는 점점 더 없어진다. 사
회적으로 심화되는 빈부격차를 줄이는 일이나, 정치적 개혁을 향한
관심은 뒷전으로 밀리고 자신과 가족의 더 많은 소비를 향한 욕구가
지배한다. 삶의 가치관과 정치의식이 급격하게 보수화되는 경향이
자라난다.

현대경제학은 다윈과 어떤 관계를 맺어야 하는가?

미국의 대중 음악가 커티스 메이필드(Curtis Mayfield, 1942~1999)의 음반
인 〈미국만 한 곳은 없다〉 재킷을 장식하는 이미지는 1929년 세계 대

커티스 메이필드 음반 〈미국만 한 곳은 없다〉 재킷, 1975년

공황을 상징하는 사진이다. 메이필드는 흑인 음악에서 영향력이 컸으며, 특히 1960년대 흑인 민권 운동에서 중요한 음악가다. 대공황 시기 잡지 《라이프》에 실린 미국 거리 모습이 담긴 유명한 흑백 사진에 색을 입혀 앨범 표지이미지로 이용했다.

'전미제조업자협회'의 대형 옥외광고판 앞에서 생활물자 배급을 기다리며 하층민들이 길게 줄을 선 모습이다. 세계에서 가장 번화한 미국 대도시의 빈민구호소 앞에는 이 모습처럼 굶주림에서 벗어나기 위해 모인 실업자와 가족들로 항상 가득했다. 자본주의 경제의 장밋빛 전망을 선전하는 광고와 현실 사이의 괴리가 극명하게 대비된다. 원래의 광고에는 '미국만 한 곳은 없다'라는 문구 이외에도, '세계 최고의 생활 수준'이라며 미국의 발전을 찬양하는 문구도 함께 있었다.

1929년 미국에서 시작된 대공황은 세계 자본주의 전체를 거대한 충격과 공포로 몰아넣었다. 불과 3년 만에 미국 GDP는 1929년 수준에서 60% 줄어들었고, 노동자의 4분의 1이 실직했다. 유럽에도 파급되어 독일과 영국을 비롯한 산업 국가에서 수백만 명의 노동자가 일자리를 잃었다. 세계 공업 생산은 20년이나 후퇴해서 주요 산업 국가의 공업 생산액은 공황 이전의 60% 수준으로 떨어졌다. 공황은 자본주의 각국 경제의 불황으로부터의 자동 회복력을 빼앗아 감으로써 1930년대 전체에 걸쳐 불황을 만성화시켰다.

당연히 대공황으로 인한 고통은 노동자와 농민 등 가난한 사람들에게 집중되었다. 실업자들은 점차 집에서 돈이 될 만한 것은 모두 내다 팔아 하루하루를 연명해야 했다. 이조차 바닥이 나면서 거리에는 헐벗고 굶주린 사람들이 쓰레기통을 뒤지며 돌아다녔다. 미국이나 유럽의 빈민가 어린이들은 영양실조로 죽어 가는 일이 비일비재했다.

　대공황은 '보이지 않는 손', 즉 시장이 수요와 공급을 조절해 경제를 장기적으로 균형 상태에 이르게 해 줄 것이라는 애덤 스미스 이래 근대 고전 경제학의 신념에 근본적인 의문을 던지게 했다. 20세기 현대 자본주의 경제학은 대공황의 발생 원인과 해법을 놓고 여러 갈래로 나뉜다. 그런데 진단과 방향에는 상당한 차이가 있지만, 주장의 이론적 근거 중 중요한 부분으로 다윈의 진화론을 사용하는 경향을 보인다.

　먼저 존 메이너드 케인스(John Maynard Keynes, 1883~1946)가 자본주의 위기의 해결사로 나섰다. 그가 쓴 대공황의 원인을 분석한《고용, 이자 및 화폐의 일반이론》의 논리에 다윈의 문제의식이 긴밀하게 연결된다.

　"장래를 좌우하는 인간의 결의는, 개인적이든 정치적·경제적이든 간에, 엄밀한 수학적 기대치에 의존할 수 없다. 일이 제대로 돌아가게 만드는 것은 인간이 타고난 활동에 대한 충동이며, 우리의 합리적인 자아는 가능한 경우에는 계산하지만 많은 경우 기분이나 감정 또는 요행에 맡기면서 여러 선택의 대상으로부터 최선의 것을 선택한다."

　　　　　　　_존 메이너드 케인스,《고용, 이자 및 화폐의 일반이론》, 비봉출판사

기존 고전 경제학의 결함을 지적한 내용이다. 근대 이후 경제학의 주요 관심사 중 하나는 '사용되고 있는 일정량의 자원이 어떻게 여러 가지 용도에 배분되느냐' 하는 문제였다. 사실 이 관심사도 진화론과 연관성이 깊다. 다윈이 보기에 자연의 동물은 한정된 생존자원이라는 조건에서 도태와 멸종의 위험이 도사린 치열한 경쟁을 거쳐 진화했다. 근대 경제학은 인간 사회도 마찬가지라고 보았고, 이를 자원의 희소성이라는 개념으로 규정했다. 이 자원이 어떻게 배분되는가를 밝히고자 했다.

애덤 스미스를 비롯해 고전 경제학자들은 대체로 시장에서의 자유로운 경쟁에 의해 수요와 공급이 자연적으로 조절된다고 보았다. 자유로운 경쟁 조건에서 수요보다 공급이 늘어나면 상품 가격이 내려가고, 반대의 경우에는 가격이 올라가는 방식으로 희소한 자원의 배분이 저절로 이루어진다는 것이다. 우리에게 '보이지 않는 손'으로 잘 알려진 논리다.

그런데 이 모든 논리는 공급자든 수요자든 합리적으로 판단하고 선택한다는 전제 아래 성립한다. 수요자는 공급이 수요를 초과하고 있음을 인식하고 구매를 보류함으로써 가격을 낮추도록 작용한다. 공급자도 마찬가지다. 시장 가격으로 적정 이윤이 보장되는 선을 고려하며 생산량을 조절하여 결정한다. 시장에 관련된 각자가 상황을 계산해 결정하는 합리적 주체라는 가정 아래에서 가능한 이론이다.

케인스는 한정된 자원을 놓고 벌어지는 생존 경쟁이라는 점에서 다윈의 생각을 경제학에 적용하는 데는 이견이 없다. 그런데 여기에

다윈 진화론 이데올로기에 맞짱을!

서 다윈을 향해 한발 더 나아간다. 그가 보기에 인간은 그렇게 합리적인 존재가 아니다. 경제는 물론이고 모든 활동에서 수학적인 기대치에 의존해 행동하지 않는다. 분명히 이익을 추구하며 선택하지만, 많은 경우에 계산보다는 기분이나 감정과 같은 충동적인 요소가 지배한다.

다윈의 진화론에서 생존 경쟁에서의 선택과 적응은 합리적 계산에 의한 것이 아니다. 동물이든 인간이든 생존 상황에서 보존을 위한 본능에 따라 선택과 행동이 이루어진다. 케인스는 다윈의 생각을 경제 현상에 더 적극적으로 적용한 것이다. 그러면 충동에 따른 선택이 어떤 결과를 만들어 내는가? 합리적 선택과 달리 충동적 결정은 필연적으로 불안정성을 띨 수밖에 없다. 주관적인 낙관에 기대하기에 안정적인 조율이 만들어지기 어렵다.

대공황은 바로 충동에 따른 선택이 만들어 낸 불안정성이 초래한 결과라는 것이다. 만약 시장에 관련된 공급자와 수요자가 합리적 선택을 한다면 공급과 수요의 극심한 불균형이 생겨날 일이 없고, 공황도 발생하지 않는다. 극히 자의적일 수밖에 없는 관성 때문에 유효 수요를 훨씬 초과하는 공급 과잉 상태가 초래됨으로써 공황으로 폭발한다.

그러므로 케인스는 충동적인 선택이 초래한 불안정성으로서의 대공황을 해결하기 위해서는, 시장에 모든 것을 맡기는 자유방임주의가 아니라 시장에 대한 사회의 적극적인 개입이 필요하다고 보았다. 공급에 비해 수요가 부족한 과잉 생산이 공황의 원인이라고 분석하고 정부가 나서서 고용을 창출하고 과감한 복지정책을 도입해 유효수요를 창출하면 공황을 극복할 수 있다. 광범위한 투자의 사회화가 유력한 수단이었다. 도로, 항만, 공항, 철도, 학교, 병원, 공원 등의 사회기반시설을 중심으로 한 정부의 투자는 곧 국민의 소득이 되어 소비자의 유효수요를 증가시켜 민간 투자를 유발할 것이라고 제안했다.

케인스가 생물학적 진화론을 경제학에 적용하며 대공황의 원인을 진단함으로써 사회의 시장 개입 필요성을 끌어냈다면, 흥미롭게도 생물학에서 출발해 대공황의 해결 방향에 대한 비슷한 결론에 도달한 학자도 있다. 케인스보다 4년 앞서 비슷한 문제의식을 제시한 미국의 생리학자 월터 브래드 포드 캐넌(Walter Bradford Cannon, 1871~1945)이다.

그는 대공황이 한창 진행 중이던 1932년 출간한 《사람 몸의 지혜》에서 진화의 결과 생명체의 몸이 갖게 된 안정성을 사회에서 어떻게 적용할지를 모색했다. 몸은 순환하는 흐름에 따라, 생명 유지에 꼭 필요한 물질이 끊임없이 운반되도록 보증하는 안정적인 기능을 갖추고 있다. 하지만 사회조직은 스스로 안정성을 갖춘 몸과 다르다.

"사회조직은 외부 작용이나 자신의 활동 결과로 생긴 악영향을 몸처럼 피해갈 수 없다. (…) 생산과 분배를 신중히 계획하고 조절함으로써 재앙으로 인한 고통을 줄이고, 큰 경제변동에 따른 필수품 부족으로 생기는 근심을 덜 수 있을 거란 희망은 무리한 것이 아니다."

_월터 브래드 포드 캐넌, 《사람 몸의 지혜》, 동서문화사

사회조직은 안정성을 유지하는 몸의 조절작용이 자체에 마련되어 있지 않기에 대공황과 같은 재앙이 발생한다. 재화가 과잉 생산되어, 흐름 속으로 이동하지 않는 현상이 생기기도 한다. 혹은 장래의 안전을 걱정한 이들이 화폐를 사장시켜 화폐 흐름이 멈추거나, 신용이 움츠러들어 교역 과정이 얼어붙을 수도 있다.

그가 보기에 진화론에서 얻어야 하는 지혜는 오히려 진화로 만들어진 자연의 조화와 사회조직을 동일하게 여기지 않는 데서 찾아야 한다. 동물이나 인간의 몸처럼 스스로 조절하지 못하는 사회조직의 안정성 결여에 주목해야 한다. 몸의 안정성과 같은 상태를 사회조직에 마련하기 위해서는 사회적·인위적인 조절 작용이 필요하다. 시장을 자연으로 착각해 모든 것을 맡기는 방식이 아니라, 생산과 분배를 신중히 계획하고 조절함으로써 재앙으로 인한 고통을 줄여야 한다고 제안한다.

케인스가 캐넌에게서 영향을 받았는지는 알 수 없다. 하지만 경제학과 생물학이라는 서로 다른 출발점에서 접근해 비슷한 문제의식으로 도달하는 흥미로운 만남을 발견했다. 케인스는 한정된 자원을 놓고 벌어지는 생존 경쟁이라는 같은 진화론 문제의식에서 경제학 이론을 펼치면서도, 선택과 적응의 원리를 합리성이 아닌 충동에서 찾음으로써 기존 자유주의 경제학과 다른 방향에 도달한 가능성을 보여 준 점에 주목할 필요가 있다. 다윈의 진화론과 경제학이 만나는 다른 방식의 가능성이다.

경제학이 진화론을 수용하는 방식에서 케인스는 매우 예외적인 경우다. 근대에서 현대에 이르기까지 대부분 자유주의 경제학의 방식으로 결합이 이루어졌다. 자유주의 시장경제를 옹호하는 미국의 경제학자이자 밀턴 프리드먼(Milton Friedman, 1912~2006)이 대표적이다. 20세기 후반부터 현재까지 맹위를 떨치는 신자유주의 경제학의 대표적인 인물이다. 그의 가장 유명한 책인 《선택할 자유》에서 다음과 같이 주장했다.

"한 사회의 가치관·문화·관례는 모두가 동일한 방식을 통해 발전한다. 자발적인 교환과 즉각적인 협조 그리고 시행착오를 거친 복잡한 구조의 점진적인 진화, 또 수용과 배척이라는 과정을 통해서 가치 문화 및 사회적인 관례가 발전하는 것이다. (…) 사회적인 진화란 생물학적인 진화와 기본적으로는 마찬가지다."

_밀턴 프리드먼, 《선택할 자유》, 자유기업원

그에 의하면 생물의 진화와 사회의 진화는 기본적으로 같은 방식으로 이루어진다. 자연에서 자원을 둘러싼 생존 경쟁이 진화의 동력이듯, 사회도 '자발적인 교환'처럼 자유로운 경쟁에 일임할 때 발전한다. 자발적인 경쟁과 협조이기에 이 과정에서 뜻하지 않은 시행착오가 나타나기는 하지만 전체적으로는 사회 스스로 균형을 잡으며 나아간다. 자발적인 교환에 의해 경제 관련 조직이나 구조도 그 자체의 고유한 생성·발전·쇠퇴의 과정을 밟는다.

자유로운 경쟁이 사회의 '다양성'은 물론이고, 동시에 '통일성'이라는 안정된 상태도 만들어 낸다. 자유로운 경쟁에서 가장 중요한 선

다윈 진화론 이데올로기에 맞짱을!

택과 행위는 구성원의 흥미와 관심을 끄는 동기인 이기심이다. 서로 이익을 추구하는 경향이 자연의 진화 과정처럼 스스로 조절 작용을 한다는 것이다.

20세기 초반에 세계를 뒤흔든 대공황도 시장의 결함으로 초래된 것이 아니다. 오히려 자유로운 경쟁이라는 자연의 원리에서 벗어나서 생긴 문제다. "공황은 민간기업의 실패 때문이 아니고, 정부의 책임 분야에서 정부가 범한 잘못 때문에 야기된 것이었다. (⋯) 통화관리에서의 정부의 실패는 단순히 역사적 사건에 그치는 것이 아니고 오늘날에도 여전히 살아 있는 문제다."

공황이나 인플레이션 등 심각한 경제 교란은 케인스가 주장하는 유효수요 부족이나 투자 부족 때문이 아니다. 공황은 통화량의 급격한 팽창이나 수축과 같은 통화 교란 때문에 발생한다. 그런데 1929년의 대공황 시기에 정부는 통화 교란이 생기지 않도록 할 책임이 있음에도 불구하고 오히려 적극적인 시장 개입을 통해 이를 부채질하는 잘못을 범했다. 그 결과 불황 정도로 넘어갈 수 있었던 문제가 대공황으로까지 치달았다는 비판이다.

그러므로 정부의 역할은 투자 확대와 같은 시장 개입이 아니다. 단지 화폐 공급량과 관련된 중앙은행의 역할 정도에 머물러야 한다. 정부 활동은 시장기구의 경쟁 메커니즘을 유지하거나 시장기구가 제공하기 어려운 서비스를 공급하는 정도에 머물러야 한다. 그 외의 모든 부분은 자본주의적 시장기구의 자유경쟁 원리에 결정을 맡겨야 한다는 것이다.

경제사 연구로 유명하고, 1993년 노벨경제학상을 받은 미국 경제학자 더글러스 노스(Douglass North, 1920~2015)도 진화론과 연관성이 깊다. 특히 '신제도학파 경제학' 분야에서 선구자 중 한 사람으로서 경제 성장에서 효율적인 제도의 중요성을 역설하는데, 이러한 논리를 전개하는 과정에서 진화론 문제의식과 깊숙하게 연결된다. 그의 방법론을 '진화론적 제도주의'라고도 부른다.

"합리적으로 행동하는 사람들은 살아남고 그렇지 않은 사람들은 실패한다는 것을 경쟁의 힘이 보증한다. (…) 많은 경제학자는 동물의 유전적인 존속과 진화론적 발달의 기본특징과 인간의 이와 유사한 행동 패턴 사이의 대응을 탐구하는 접근이 적절하고, 인간 행동에 관해 많은 부분을 설명하고 있음을 발견했다." _더글러스 노스, 《제도, 제도변화, 경제적 성과》, 한국경제연구원

그가 보기에 사회와 관련한 이론은 인간 행동의 개념에 기초한다. '진화론적 경쟁상황'에서 합리적으로 행동하는 사람이 선택과 적응에서 유리한 위치에 선다. 반대로 행동하는 사람은 도태될 처지에 놓인다. 여기에서 '진화론적 경쟁상황'이란 "희소성과 경쟁이라고 하는 신고전파 경제학의 기본 가설을 채택한 상황"을 말한다. 자원의 희소한 조건에서 경쟁에 적합하도록 행동할 때 합리적인 선택의 가능성이 높아진다.

인간의 행동 패턴과 진화론적 발달의 관계에 주목한다. 특정한 사회에서의 행동은 문화의 특성과 밀접하게 연결된다. 그런데 한 사

회의 문화적 특성은 고정적이지 않다. 일정한 시기 안에서는 고정된 듯 보이지만 장기적으로는 변화한다. 문화적 특성의 변화에는 우연한 사건, 학습, 그리고 자연도태 등이 영향을 준다. 물론 문화는 태어날 때 유전자에 물질적으로 직접 포함된 것은 아니다. 하지만 태어나는 순간부터 그렇게 행동하지 않으면 안 될 정도의 구속력을 지닌다는 점에서 '유전적인 존속'에 가깝다. 앞 세대에서 획득된 문화적 형질이 다음 세대로 전달된다는 점에서 진화론과 맥락을 같이한다.

변화가 생기더라도 자연 생물체의 진화가 그러하듯이, 과거의 특성이 사라지고 완전히 새로운 특성으로 대체되는 것이 아니다. 행동 패턴과 연관된 문화적 특성은 제도화된 형태로 나타나는데, 제도 변화는 '경로의존' 경향을 보인다. "경로의존은 역사가 중요함을 의미한다." 경로의존은 과거에 만들어진 제도나 구조의 관행에 익숙해져 의존하기 시작하면 나중에 변화 요소가 생기더라도 일정하게 유지되는 경향을 말한다. 그러므로 제도의 점진적인 생성과 발전을 더듬어 봐야 오늘날의 선택과 행동을 이해할 수 있다.

경로의존적인 기술 변화와 제도 변화는 사회적·경제적 발전의 기본 열쇠다. 제도 변화는 사회에 따라 일정한 차이는 있지만, 단순성에서 복잡성으로의 변화 경향을 보인다는 점에서는 공통적이다.

"한 사회에서 제도의 중심역할은 인간의 상호작용에 안정적인 구조를 설정함으로써 불확실성을 줄이는 것이다. (…) 우리는 단순한 사회에서 더 복잡한 사회로 이동해 왔으며, 이 움직임은 복잡한 사회의 특징인 특화나 노

동 분업의 증대와 확실히 관련되어 있다. 사회의 복잡성 증대는 제약 공식화
의 수익률을 높이고, 기술변화는 측정 비용을 낮추고, 정확하고 표준화된 척
도 개발을 촉진했다." _더글러스 노스, 《제도, 제도변화, 경제적 성과》, 한국경제연구원

    그는 제도가 상호작용의 안정적인 구조로 불확실성을 줄인다고
했다. 독일의 화가 한스 발루셰크(Hans Baluschek, 1870~1935)의 〈겨울 아
침〉에 묘사된 이미지는 제도의 역할을 이해하는 데 도움을 준다.
    그림에는 철로가 복잡하게 뻗어 있는 기차역 주변 광경이 담겼

한스 발루셰크, <겨울 아침>, 1934년

다윈 진화론 이데올로기에 맞짱을!

다. 철길 위로 여러 대의 기차가 겹치듯 지나간다. 지축을 울리며 고요를 깨는 시커먼 기차들이 괴물처럼 보인다. 워낙 거대한 기차들이 가까운 거리에서 스치듯 지나치기에 약간의 오차가 생겨도 대형 사고로 연결된다는 점에서 아찔해 보이기도 한다. 멀리 기차 운행을 통제하는 관리소 건물이 보인다. 만약 여러 철로를 정교하게 조절하고 기차 사이의 간격을 유지하는 일상적인 통제가 없다면 기차 사이의 충돌과 철로 이탈 등 대혼란이 벌어진다.

뒤로는 굴뚝에서 연기를 내뿜는 대공장들이 즐비하게 들어서 있다. 굴뚝에서 연기를 내뿜는 것으로 봐서 한창 생산 작업을 하는 중인 듯하다. 경제도 다양한 주체가 서로 다른 이해관계를 갖고 셀 수 없이 많은 제품을 매개로 시장에서 만난다. 또한 서로 충돌할 수 있는 여러 요소가 복잡하게 얽혀 있다. 철도 관리와 마찬가지로 경제도 복잡한 상호작용을 조율하는 구조를 갖출 때 안정적인 유지와 발전을 이룰 수 있다. 경제 발전에서 제도가 중요한 이유다.

그런데 사회 변화는 단순성에서 복잡성으로 이동해 왔다. 자연에서 생물의 진화 방향과도 일치한다. 단세포에서 다세포로, 다양한 기능을 갖는 신체 기능으로, 정신적 능력의 확대로 복잡성이 증가하는 방향이었다. 제도도 복잡한 구조와 여러 요소 사이의 유기적인 연결을 강화하는 방향으로 진화한다. 수익률 증가, 기술변화, 척도 개발 등에서 효율성을 실현하는 방향이다.

이 역시 철도의 역사적인 변화를 통해 쉽게 이해할 수 있다. 처음에는 기차역이 대부분 2개의 철로만을 가진 단순한 구조였다. 하지만 나라 전체로 철로가 뻗어 나가는 방식으로, 지하철 등장으로 지상과 지하가 교차하는 방식으로, 나아가 여러 노선이 생기면서 더욱 중층적인 구조를 갖는 방식으로 철도망이 복잡해짐에 따라 주요 역에는 여러 개의 선로가 만들어지고 철도 관리와 기차 운행 관리가 복잡해진다. 이를 효과적으로 자동화된 관리·통제시스템이 제도적으로 정착한다.

노스는 경제 제도의 발전이 한 사회에서의 경제 성장을 가늠하는 주요 잣대라고 했다. 안정적이고 효율적인 제도가 더 많은 이익을 창출하기 때문이다. "제도는 정치적·사회적·경제적, 그리고 어떤 것이든 인간의 교환에서의 인센티브를 구조화한다." 장기에 걸친 경제의 성과 차이는 근본적으로 제도가 발전하는 양식에 영향을 받는다. 이를 정확히 이해하기 위해 경제사 연구는 원시 수렵·채취 집단에서 진화하기 시작해 오늘날에 이르는 진화 과정에 주목해야 한다는 것이다.

제도의 단순성에서 복잡성으로 진화한다는 노스의 발상은 다분히 사회진화론자인 허버트 스펜서의 영향을 받았음을 짐작할 수 있다. 그가 《진보의 법칙과 원인》에서 진화를 사회에 적용하면서 가장 강조한 내용이기도 하다.

"사회가 심화된 복잡성을 향해 발전한다는 사실은 분명하다. 산업 조직의 성장을 예로 들어 보자. (…) 최초로 나타난 기능의 특수화가 시작되면, 이런 경향은 더욱 분명해진다. 자기의 일을 계속하면서 더욱 숙련된다.

다윈 진화론 이데올로기에 맞짱을!

(⋯) 부족 안의 다양한 사람이 가진 몇몇 특기는 점점 결정적으로 된다. 이러한 거래가 자주 반복되면 특화는 점점 두드러지게 된다."

_허버트 스펜서, 《진보의 법칙과 원인》, 지식을만드는지식

스펜서에 의하면 산업 조직에서 단순성에서 복잡성으로의 변화는 노동 기능의 분화에서 시작된다. 어떤 부족에서 한 사람이 예전에는 각자가 스스로 만들던 특정한 도구를 만드는 데 남다른 재주를 보이면 장인으로 분화하는 경향이 나타난다. 기능의 특수화가 시작되면, 이 장인은 자기 일을 계속하면서 더욱 숙련된다.

이 장인은 교환하기로 동의한 다른 물건으로 대가를 받는다. 자기가 그러하듯이 여러 물건 중에서 특화해 가장 잘 만들 수 있는 타인의 것을 교환 대상으로 삼는다. 생활에는 여러 가지가 필요하므로 여러 종류의 물건과 교환한다. 이에 따라 사회적으로 점차 여러 분야에서 노동의 분화가 확대된다. 거래가 지속되면서 특화는 안정적인 구조를 갖추게 된다는 것이다.

나아가 한 공동체의 기능 분화에 머물지 않는다. 처음에는 자급자족하는 방식으로 모든 것이 공동체 내에서 단순하게 이루어졌다. 도로와 다른 교통수단이 확충되면 여러 지역이 자기 조건에 적합한 다양한 산업을 떠맡고, 서로에 대한 의존성이 증가한다. 각 성원이 단순한 기능을 가졌던 미개한 부족은 점차 분화의 범위를 확대하며 국가 전체로, 국가 사이의 상호작용으로 더 복잡한 구조로 나아간다. 노스는 훨씬 더 풍부하고 구체적으로 제도가 단순성에서 복잡성으로

진화하는 역사를 추적했다. 하지만 기본적인 문제의식은 스펜서와 상당히 유사하다.

경제학의 다윈 진화론 수용은 시대와 학자에 따라 일정한 차이를 보이며 이루어졌다. 하지만 희소한 생존자원을 놓고 벌이는 경쟁, 그리고 이에 따라 나타나는 성장과 도태라는 결과를 중심으로 한다. 다윈이 구상하던 생존 경쟁에 의한 자연 선택 논리대로라면 인간에게 가장 치열한 경쟁은 같은 종인 인간 내에서 벌어진다. 다윈이 인간 내부 생존 경쟁의 결과와 관련해 직접 체계적인 논의를 펼치지는 않았다. 하지만 지난 100년 이상 지배 세력과 부유층을 비롯한 사회적 강자는 다윈의 주장을 인간과 사회에 적용하는 일에 대대적으로 나섰다.

인간관계와 사회를 움직이는 핵심 원리가 경쟁에 있다는 점을 자연의 법칙으로부터 이끌어 왔다. 그러므로 보다 향상된 경쟁 능력을 갖춘 개인이 이익을 전적으로 누리고, 반대로 능력을 갖추지 못한 개인은 '도태'에서 벗어날 수 없다는 논리를 유포시켰다. 적자생존과 자연도태가 자연의 법칙인 이상, 경쟁에 따른 비정한 결과를 누구도 부정할 수 없다는 식이다.

경쟁에 따른 사회적 불평등은 그 불평등의 정도가 얼마나 벌어지든 자연의 불가피한 원리로 뒷받침된다는 사고방식이 상식으로 자리 잡았다. 누군가 이러한 현실을 비판하거나 저항한다면 자연의 법칙을 어기는 철없는 헛소리로 치부되었다. 다윈의 진화론이나 맬서스의 인구론은 특히 시장 경쟁 만능주의라 할 수 있는 자유주의 경제학자들에게 든든하고 확고한 기둥 역할을 했다.

동물이나 인간이 자연 선택에 의한 진화의 산물이라는 과학적인 결론을 부정할 수는 없다. 하지만 진화를 생존 경쟁이라는 협소한 원리로 제한해 이해하고 이를 법칙으로 일반화하려는 시도는 위험하다. 진화는 단선적이거나 일직선으로 상승하는 방향으로만 나타나는 것이 아니다. 진화의 길은 종과 개체의 다양성만큼이나 다양하다.

진화는 경쟁만이 아니라 협력을 통해서도 나타난다. 인간의 뇌가 구성원 사이의 집단적·사회적 협력을 고도화하는 과정에서 점차 복잡한 기능을 수행하도록 진화했다는 점을 떠올릴 필요가 있다. 또한 집단 내부에서 경쟁보다는 협력에 의존해 번성을 꾀하는 경우도 얼마든지 발견된다. 더구나 인류의 역사는 짧게는 수십만 년, 길게는 백만 년 이상으로 거슬러 올라간다.

인류는 그 기간의 대부분을 우리가 흔히 '구석기'라고 부르는 시대의 생활 방식으로 살았다. 경쟁이 아니라 공동의 수렵·채취와 공동의 분배로 살아가면서 종의 유지와 번성을 이루었다. 경쟁이 전면에 등장한 것은 농경과 함께 구성원 내부에 사적인 소유와 신분제가 생겨나고, 지배와 피지배가 형성되기 시작하면서부터다. 인류 전체의 역사로 보면 지극히 최근의 일, 채 1만 년도 되지 않는 기간의 일에 불과하다.

집단 내부에서는 협력이 중심이고, 양심·도덕 등이 작용하지만 집단과 집단 사이에는 경쟁과 싸움이 일상적으로 일어나지 않았느냐는 주장이 제기될 수 있다. 하지만 이조차도 별로 설득력이 없다. 동굴벽화는 구석기인들의 생활 방식과 사고방식을 확인할 수 있는 유용한 자료다. 사냥 대상인 다양한 동물, 또한 들소나 순록을 사냥하는 그림은 대부분의 구석기 동굴벽화의 단골 주제다.

하지만 그 많은 동굴벽화 가운데 인간 집단끼리 약탈을 위해 싸우는 모습이 묘사된 그림은 없다. 반대로 청동기를 경계로 국가와 신분 제도가 생긴 이후 신전에 새겨진 부조에는 전쟁 장면이 단골 주제로 등장한다. 인류가 지구에 출현한 후 살아온 대부분의 기간 동안 집단 간 약탈을 위한 싸움이 특징적 현상이 아니었음을 잘 보여 준다.

또한 이는 인간에게만 한정된 현상이 아니다. 영장류 세계의 히피족이라 할 수 있는 보노보의 사례도 비슷하다. 보노보들은 먹이다툼 상황에 놓였을 때 싸우기보다는 성행위를 하고 평화롭게 먹이를 나눠 먹는다. 상대적으로 지능이 발달한 동물에 국한된 현상이 아니다. 하다못해 곤충 가운데서도 얼마든지 발견되는 현상이다.

그러므로 생존 경쟁은 자연 선택을 둘러싼 일부분의 현상이나 요인으로 봐야 한다. 생존 경쟁에 의한 진화를 모든 종의 현상, 진화의 일반적 원리로 삼기는 어렵다. 하물며 후천적이고 인위적인 요소가 복잡하게 얽혀 있는 사회나 경제 현상에 이를 그대로 적용하는 것은 더 무리다. 그런데 현재도 다윈의 주장을 진화론 자체와 동일시하는 사고방식이 지배적이다. 진화론과 함께 동시에 적자생존과 자연도태를 떠올리니 말이다. 그리고 이를 곧바로 인간 사회의 경쟁만능주의를 정당화하는 수단으로 사용한다.

먹이사슬을 중심으로 한 피라미드 형태의 수직적 구조로 자연을

　　　　　　　　다윈 진화론 이데올로기에 맞짱을!

이해하는 사고방식도 그 연장선에 있다. 다수의 초식 동물 위에 소수의 육식 동물이 있고, 그 위에 사자나 호랑이를 세운다. 그리고 최종적으로는 꼭대기에 인간을 올려놓는다. 본래 자연 자체가 경쟁을 통해 만들어진 피라미드 구조라는 식의 발상이다. 그러니 인간 사회에도 경쟁의 결과로 불가피하게 여러 층으로 이루어진 수직적 체계가 필연적이라는 논리다.

하지만 자연계는 피라미드로 설명하기 어렵다. 만약 경쟁을 통한 승자를 피라미드의 꼭대기에 올려야 한다면, 미생물에 불과한 바이러스가 최종 우승자의 위치에 올라서는 게 더 타당할지도 모른다. 이 지구상의 어떤 동물도, 심지어 인간까지도 바이러스를 정복한 적이 없기 때문이다. 오히려 지금 이 순간도 끊임없이 바이러스의 공격에 사실상 속수무책으로 당하고 있다. 지구에 큰 환경 변화가 찾아와 인간이나 육식 동물이 멸종한다 해도 최종적으로 살아남을 생명체는 아마 바이러스일 것이다. 그 정도로 생존과 번식에 관련된 경쟁력은 바이러스가 가장 우수하다. 사정이 이러하니 피라미드가 필요하다면 맨 위에 자리해야 마땅하다.

자연계를 경쟁을 통한 피라미드 구조로 이해하는 왜곡된 발상이 바뀔 필요가 있다. 경쟁이나 협력은 물론이고 그 외에도 다양한 요인이 종의 변이에 영향을 미친다고 봐야 한다. 또한 진화를 진보와 동일시하는 경향도 수정되어야 한다. 더불어 자연계는 수직적 피라미드가 아니라 수평적이되 다양한 그물코를 가진 그물 모양으로 연결되어 있다는 발상이 필요할 수도 있다. 자연과 진화를 설명하는 좀 더 폭넓은 이해 방식을 제공할 뿐만 아니라, 인간 사회의 복잡성은 물론이고 인류의 바람직한 미래를 그리는 데도 더 설득력 있는 설명과 더 많은 유용성을 제공할 것이기 때문이다.

다윈 진화론 이데올로기에 맞짱을!

07

사회생물학은
인류에게 축복인가?

신비로운 인간에 대한 궁금증

레오나르도 다빈치(Leonardo da Vinci, 1452~1519)의 〈비트루비우스적 인간〉은 인간의 몸에서 규칙을 찾아내려 했던 작가의 탐구 욕구를 보여준다. 고대 로마 건축가 비트루비우스가 의 "인체의 몸에서 발견되는 비례의 규칙을 신전 건축에 사용해야 한다."라는 생각을 몸에 구현한 작품이다. 실제 인물을 대상으로 다빈치가 직접 측정해 가며 나름의 규칙을 찾아 그린 인체 비례 그림이다.

그림 속 사람은 손과 발을 최대한 뻗어 움직이는 동작을 취하고 있다. 배꼽을 중심으로 정확하게 동그란 원을 형성하고 있다. 손끝을

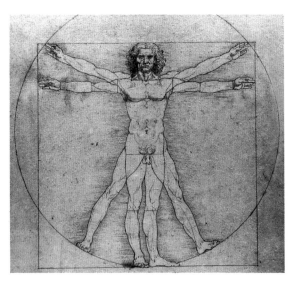

레오나르도 다빈치, <비트루비우스적 인간>, 1490년

다윈 진화론 이데올로기에 맞짱을!

어깨가 있는 높이로 곧게 펴고, 이를 정수리 높이에 있는 곳과 발이 머무는 곳까지 각각 직선을 그으면 네 변의 길이가 같은 정사각형이 만들어진다. 똑바로 서 있을 때의 키가 두 팔을 벌렸을 때의 너비와 같다. 또한 정수리와 가슴 아래, 그리고 다리가 갈라지는 곳과 무릎, 마지막으로 발바닥까지의 길이는 각각이 모두 같다.

다빈치는 실제 길이를 측정하고 각각을 비교하면서 기하학적인 비례를 갖춘 인체에 신비감을 느낀 듯하다. 다빈치는 팔다리와 키뿐 아니라, 손가락과 손바닥, 귀와 코의 길이 등에 이르기까지 인체의 세부 기관을 꼼꼼하게 비교했다고 한다. 비트루비우스가 인체의 비례에서 건축의 이상적인 비례를 찾았듯이, 다빈치도 인체에서 아름다움의 원형을 발견하려 시도하지 않았나 싶다. 그만큼 인체의 구성이나 완결적인 기능은 신비로움을 자아낼 만하다.

하물며 인간의 정신적 능력에 이르면 그러한 신비로움을 더 커질 수밖에 없다. 정신 능력은 서로 긴밀하고 명확하게 의사소통하며 이를 위해 복잡한 말과 글을 만들어 냈다. 언어와 기호를 활용해 정신은 다시 우주의 움직임을 연구하는 천문학, 수의 질서에 기초한 수학과 기하학, 사물의 본질과 변화를 규명하는 자연학, 세계와 인간의 진실을 찾아가는 철학 등 온갖 분야의 학문을 발전시켰다. 여기에 그치지 않고 인간은 미술, 음악, 무용, 문학, 연극 등 예술을 통해 아름다움 찾았다.

이 모든 것을 갖추고, 나아가 주어진 삶의 조건을 스스로 개선해 나가는 인간이 어찌 신비롭지 않을 수 있겠는가. 그래서 오랜 기간 인류는 현실의 동물이나 사물과 구별되는 영적이거나 신적인 무엇인가를 향하고, 인간은 지상과 천상 사이에 자신이 있다고 여김으로써 신비로움에 응답했는지도 모르겠다.

그런데 진화론은 사람들에게 전혀 다른 응답을 보냈다. 인간은 자연에서 비바람을 맞으며 살아가거나 가축으로 기르는 여러 동물의 한 부분이고, 진화를 통해 갈라져 나왔을 뿐이라고 하니 말이다. 적어도 이러한 점에서는 비슷한 시기에 진화론을 주장한 다윈과 라마르크는 차이가 없다. 라마르크는 《동물 철학》에서 인간이 서 있는 곳을 밝힌다.

"만약 '신체적인 것'과 '정신적인 것'이 공통의 기원에서 생겨난다면, 관념, 사유, 상상 등도 역시 자연현상에 지나지 않으며 갖가지 조직화의 산물에 불과하다면, 이 분야의 탐구는 특히 유기적 현상을 탐구하는 동물학자의 영역이 되는 것이 당연한 일이다."

_장 바티스트 드 라마르크,《동물 철학》, 지식을만드는지식

인간을 신비로움으로 가득한 존재로 자부하던 사람들로서는 실망을 넘어 분노를 느꼈을 만하다. 인간의 과거를 비추는 거울에 네 발로 땅을 기어다니던 동물의 모습이 비치도록 만들었으니 말이다. 그런데 당시의 사람들은 그나마 사정이 조금은 더 나았는지도 모르겠다. 현대로 오면서 과학기술의 발달에 힘입어 눈에 보이지 않는 더 미세한 진화의 요인을 찾아내는 데 이르렀는데 거울에서 완결적인 생

명체의 모습조차 볼 수 없었기 때문이다.

생물학자 그레고어 멘델(Gregor Mendel, 1822~1884)은 유전학의 첫 장을 열었다. 그는 완두콩을 이용한 7년의 실험을 정리해 1865년에 유전학 이론을 제시했다. 물론 당시에는 유전자의 존재가 알려지지 않았다. 하지만 실험을 통해 생물의 형질을 결정하는 불변의 어떤 인자가 분명히 있음을 밝혔다. 우성 유전자가 열성 유전자를 압도해 발현된다는 작용 방식을 증명함으로써 고전 유전학을 완성했다.

멘델의 유전법칙은 생물의 설계도인 유전자의 존재와 작용 방식을 입증함으로써 유전자를 해독하면 생물체의 형질을 미리 알 수 있다는 생각을 유포시켰으며, 또한 다윈의 진화론에 탄탄한 이론적 뒷받침을 제공했다. 즉, 진화란 열성 유전자에 대한 우성 유전자의 승리 기록이라는 것이다.

멘델이 유전을 담당하는 인자로 보았던 물질의 실체로 DNA가 밝혀진 것은 20세기 중반에 이르러서였다. 물리화학 분야에서 돌파구가 열렸다. 당대 최고의 이론물리학자였던 에르빈 슈뢰딩거(Erwin Schrodinger, 1887~1961)는 1944년에 출간한 《생명이란 무엇인가》에서 생명 활동을 물리화학 현상으로 규정했다.

"생명체의 몸과 마음의 활동은 복잡한 구조와 물리화학에서 받아들여진 설명을 고려할 때 통계학적으로 결정론적이다. (…) '자신을 순수한 기계라고 선언하는 것'에 대한 불쾌한 느낌이 없다면, 편견 없는 생물학자는 누구나 동의하리라고 믿는다." _에르빈 슈뢰딩거,《생명이란 무엇인가?》, 동서문화사 인간의 몸은 물론이고 마음은 물리적인 반응의 결과로 이루어진다. 이에 인간의 정신은 물리화학 반응 차원에서 연구해야 하는 분야로 좁혀진다. 심지어 비록 '통계학적으로'라는 단서가 전제되지만, 단순한 '영향' 차원이 아니라 몸과 마음의 판단과 선택을 '결정'한다.

이에 대해 인간이 물질적인 결정에 따라 움직이는 기계란 말이냐는 반발이 당연히 제기될 게 분명하다. 자기 성찰에 따른 인간의 자유 의지를 부인한다며 노골적인 불쾌감을 드러내는 사람도 많으리라. 하지만 슈뢰딩거는 과학자로서 편견을 갖지 않고 본다면 물리화학적 결정론에 동의할 것이라고 했다.

수천 년 동안 주류 학문은 '나'라는 존재의 본질을 '정신'에서 찾았다. 몸은 동물적인 특징이기에 동물과 인간의 질적인 차이를 드러내기 위해서도 정신의 역할을 강조했다. 그런데 슈뢰딩거는 정신을 인간 몸 내부의 미세한 물리화학 반응이라고 하며 많은 사람들에게 충격을 주었다. 그는 아예 '나'를 "경험과 기억이라는 개개 자료의 모임, 다시 말해 그러한 자료들을 모아 놓은 캔버스일 뿐"이라고 했다. 결국 그동안 판단과 행위의 '주체'라고 여겼던 '나'는 허상이고, 자료들을 저장하고 분류하는 공간으로서의 '틀'에 불과하게 된 셈이다.

물리화학 작용의 구체적인 실체는 이로부터 약 10년 후인 1953년에 왓슨이 유전 물질인 DNA의 이중나선 분자구조 모형을 제출함으로써 결정적으로 확인되었다. 왓슨은 《DNA 생명의 비밀》에서 다음과 같이 설명했다.

"생명은 결국 물리학과 화학의 대상일 뿐이다. 이제 문제는 생명의 DNA 부호가 어떻게 자기 일을 하는지 규명하는 것이다. (…) 진화는 아미노산 사슬 중에서 특정한 작용을 하거나 특정한 3차원 구조를 형성하는 구조 영역들을 뒤섞어 새로운 조합을 만드는 것 같다"

_제임스 듀이 왓슨,《DNA 생명의 비밀》, 까치

DNA는 인간을 비롯한 생명체의 유전 정보를 담고 있다. 그러므로 생명은 이중나선이라는 물리적인 구조와 이들의 화학적인 반응으로 작용하는 대상이다. 생물은 생애 전 단계에서 끊임없이 세포 분열을 한다. 이때 유전 정보 역시 빠짐없이 전달되는, DNA 복제가 일어난다. 2개의 긴 가닥이 풀리면서 유전자 복제가 시작된다. 복제가 끝나면 다시 닫힌다. 구조 영역들을 뒤섞어 새로운 조합을 만들 때 일어나는 변이가 진화의 원인이 된다.

DNA 부호가 어떻게 자기 일을 하는지 이해하려면 RNA의 작용에 주목해야 한다. "RNA는 유전 정보를 저장하고 복제할 수 있다는 점에서 DNA와 같고, 중요한 화학 반응의 촉매가 될 수 있다는 점에서 단백질과 같으므로 해답이 된다." RNA는 유전자 발현과 조절을 비롯한 다양한 생명 현상에서 중요한 역할을 하는 고분자 유전 물질이다.

왓슨의 발견 이후 DNA의 복제 및 단백질의 역할을 중심으로 해 유전의 본질과 메커니즘을 이해하고, 나아가서 생물체의 조절 작용이나 진화 현상을 연구하는 '분자생물학'이 진화 연구에서 중요한 역할을 했다. 분자생물학적 유사성은 모든 생물이 공통 조상을 통해서

서로 관련이 있다는 사실에서 비롯한다. 이는 생명체가 진화를 통해 다양한 계통으로 진화했다는 다윈의 주장을 입증한다.

유전자 결정론의 현대적인 형태는 이른바 사회생물학을 통해 마련되었다. 사회생물학은 약 수십 년 전부터 여러 사람들에게 알려지기 시작했고, 그 이후 지금 흔히 알려진 사회의 영속성을 정당화하는 지배적인 이론이 되었다.

사회생물학은 사전적인 정의로는 다윈의 진화론에 기초해 '인간을 포함한 모든 동물의 사회적 행동을 체계적으로 연구하는 학문'이다. 하등 동물에서 고등 영장류와 인간에 이르기까지, 유전자에서 개체, 사회뿐만 아니라 인간의 정신과 문화에 이르기까지 생물학적 기초에서 통일적인 분석 · 규명이 가능하다고 본다. 사회생물학은 1970년대부터 왓슨에 의해 발전한 분자생물학 지식의 후광을 입고 유명해졌다. 여기에 결정적으로 이바지한 사람은 하버드대학 교수이며, 곤충의 사회적 행동 분야에서 탁월한 업적을 낸 에드워드 윌슨이다.

윌슨은 사회생물학의 아버지로 불린다. 개미 생물학의 세계 제1의 권위자이기도 하다. 벌, 개미, 흰개미 등 사회성 곤충의 행동과 사회 구조가 원숭이나 심지어 인간의 사회적 행동과도 일맥상통한다는 점을 일깨움으로써 생물학은 물론 다른 많은 학문에 자극을 주었다. 윌슨은 동물과 인간의 모든 사회행동은 생물학적 기초 위에 이루어지며, 자연 선택에서 선택되는 것은 개체인 듯하나 실제로는 그 개체가 갖고 있는 유전자이며 개체는 유전자가 증식하기 위한 수단으로서의 운반자에 불과하다고 한다. 《인간 본성에 대하여》의 다음 내용

다윈 진화론 이데올로기에 맞짱을!

이 이를 잘 보여 준다.

"인간의 사회적 행동이 유전적인 결정인가 하는 문제는 이제 질문거리도 되지 않는다. 문제는 어느 정도인가이다. 유전자에 관한 수많은 증거는 사람들이 알고 있는 것보다 훨씬 더 상세하고 압도적이다. 나는 좀 더 강력하게 말하겠다. 그것은 이미 결정적이다."

_에드워드 윌슨,《인간 본성에 대하여》, 사이언스북스

유전자가 사회적인 행동을 결정한다는 점은 이제 논란의 단계를 벗어난 지 오래라고 한다. 단지 결정의 정도가 문제일 뿐이다. 보통은 유전자가 '영향'을 준다는 말로 이해하기 십상이다. 혹은 여러 결정 요인 가운데 유전자도 한 부분을 차지한다고 여긴다. 하지만 윌슨은 오해의 여지 없이 명확하게 '압도적'이라고 한다.

태초부터 지금까지 지구의 역사를 돌이켜 볼 때, 개체란 잠시 태어났다 사라지는 덧없는 존재이고 자손 대대로 영원히 살아남을 수 있는 것은 오직 유전자뿐이다. 개체는 더 많은 복사체를 만들 수 있도록 유전자를 도와서, 형질이 성공적으로 살아남아 지금 우리와 함께 있는 것이다. 생명의 다양성은 물론이고 인간의 특성 모두가 필연적으로 유전자에 의한 진화의 산물이다. 그러한 의미에서의 '결정'이다. 바로 이렇게 확고한 규정력 때문에 '유전자 결정론'이라고 한다.

윌슨은 집단생물학과 유전학을 도입해서 하등 생물에서 고등 사회성 생물, 그리고 인간 집단에 이르기까지 일관적으로 적용되는 통일된 생물학적 관점을 제시했다. 생물은 각각의 종을 구성하는 유전자를 기초로 우연히 구성된 유전자 조합이며, 인간을 포함한 생명체의 사회적 행동은 생명체의 유전자와 환경 사이의 오랜 상호작용의 결과로 나타났다고 주장한다. 생물체의 주요 기능은 유전자의 재생산이며, 생물체는 단지 유전자가 만들어 놓은 길을 따라 생각하고 움직인다.

윌슨의 이러한 주장에 사회생물학을 둘러싸고 생물학자들 내에서 논쟁이 벌어졌다. 미국의 진화생물학자인 리처드 르원틴, 스티븐 제이 굴드 등은 윌슨 주장의 위험성을 즉각 지적하고 사회생물학의 기본 견해에 대한 반대를 공개적으로 표명했다. 이후 유전자 결정론과 문화적 결정론, 환경 결정론 사이에 불꽃 튀는 논쟁이 이어졌다. 이제 그 논쟁은 현대 사회의 주요 논쟁 중에 빠질 수 없는 중요한 위치를 차지하고 있다.

단지 이론적인 논쟁에 머물지 않는다. 최근 생명공학이 급속하게 발전하고, 특히 인간의 유전 정보를 해독해 내는 인간게놈 프로젝트가 완료되어 가면서 사회생물학과 연관된 주요 논쟁점이 실천적인 측면에서도 중요한 문제로 떠오르고 있다. 인간게놈 프로젝트는 단지 학문 영역에 한정되지 않고, 사회적인 삶에 직접 영향을 미치는 방식으로 사용될 가능성이 크기 때문이다. 의료 측면에서의 이용, 인간 정체성에 대한 문제, 나아가서는 사회적인 통제 수단 가능성 문제에 이르기까지 폭넓게 논쟁이 이어지고 있다. 그 과정에서 생물학적인 논쟁과 사회철학적인 논쟁, 현실의 실천적 문제 등이 뒤섞이며 맥락을 정확하게 이해하는 데 혼란을 주기도 한다.

인간을 이기적 유전자의 생존 기계로 선포하다

일부 사회생물학자는 유전자의 이기성을 특히 강조했다. '유전자 이기주의'는 동물과 인간의 모든 사회적 관계를 결정짓는다고 한다. 영국 진화생물학자 리처드 도킨스(Richard Dawkins, 1941~)는 윌슨의 사회생물학을 더욱 극단적인 모습으로 이끌었다. 유전자 결정론의 옹호 입장이든 비판 입장이든 도킨스의 주장과 논리를 대면하지 않고 논의하기 어려울 정도로 논쟁의 중심에 서 왔다.

도킨스가 쓴 《이기적 유전자》는 1976년에 출판된 후 선풍적인 인기를 끌었고, 세계적으로 '유전자 이기주의'의 유행에 결정적인 역할을 했다. 진화생물학 분야의 과학자치고 도킨스만큼 뜨거운 학문 논쟁

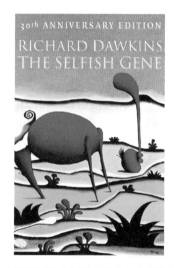

리처드 도킨스, 《이기적 유전자》 표지, 1976년

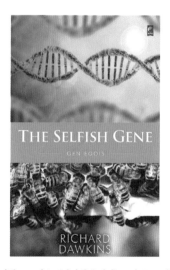

리처드 도킨스, 《이기적 유전자》 표지, 2017년

의 한가운데 있으면서, 대중적 인기를 누린 인물도 흔치 않다. 첫 출판 당시의 《이기적 유전자》 표지는 동물학자로 《털 없는 원숭이》의 저자 이자, 초현실주의 미술 경향의 화가인 모리스의 그림을 사용했다.

자연에서 살아가는 생명체를 묘사했는데 형체가 불분명하다. 진화는 뚜렷한 형태를 갖춰서 우리 눈으로 직접 확인할 수 있는 개체 차원으로 이루어지는 게 아니라는 점을 보여 주는 듯하다. 개체는 자기 운명의 진정한 주체가 아니라, 다른 주인공이 유도하는 대로 움직여야 하는 처지를 보여 주는 게 아닐까 싶다.

생명체의 행위를 결정하는 진정한 주인공은 《이기적 유전자》 2017년본 표지의 윗부분에 있는 DNA다. 왓슨이 모형으로 입증한, 이 중나선 구조를 갖추고 있는 DNA에 유전 정보가 담겨 있다. 윌슨이나 도킨스는 아래의 꿀벌들이 서로 역할을 나누어 이루어지는 사회적 행동도 기본적으로 DNA에 프로그래밍이 되어 있다고 보았다. 꿀벌의 일상 행동은 연령·성·계급에 따라 정해져 있다. 여왕벌은 알을 낳고 수벌은 여왕벌과 교미한다. 일벌은 벌 무리의 운영과 번영에 필요한 모든 일을 한다. 꿀벌은 16개 염색체에 10,000~15,000개의 유전자가 있는데, 먹이활동과 보육 행동 등에 관련된 사회적 행동은 유전자들에 의해 결정된다는 것이다.

도킨스는 《이기적 유전자》에서 자연 선택에서 선택의 단위는 유전자이고, 모든 생물은 유전자에 의해서 프로그램된 생존 기계라고 했다.

"개체는 안정한 것이 아니다. 정처 없이 떠도는 존재다. (…) 유전자는 자기 복제자이고 우리는 그들의 생존 기계다. (…) 유전자는 종합 기본 프로그램이고 자기의 생명을 위해 프로그램을 짠다. 유전자는 자기의 생존 기계가 생애에서 부딪치는 모든 위험을 극복할 수 있도록 만든 프로그램의 성공 여부에 의해 생존과 소멸의 심판을 받는다."

_리처드 도킨스, 《이기적 유전자》, 을유문화사

그에 의하면 인간은 스스로 특정한 목적을 정해 살아가는 존재가 아니다. 인간은 유전자의 생존 기계다. 인간만이 아니라, 동물과 식물, 박테리아 그리고 바이러스까지 포함해 모든 생명체가 그러하다. 좀 더 노골적으로 말하자면, 모든 개체는 유전자 보존을 위해 맹목적으로 프로그램된 로봇 기계다. "우리는 수단으로 쓰인 후 버려진다. 그러나 유전자는 지질학적 시간을 사는 거주자이다." 유전자는 지질학적인 변동 등에 의해 종이 멸종할 때까지 존속되나, 각각의 종에 속하는 개체는 아주 짧은 시간을 살다 죽는다는 점에서 정처 없이 떠도는 존재에 불과하다.

번식은 유전자를 존속시키기 위해 프로그램된 행동일 뿐이다. 유전자는 몸과 마음을 창조했으며, 유전자 보존이 우리의 존재 이유다. 가족을 사랑하는 마음도 마찬가지다. 유전자가 자기와 비슷한 유전자들을 되도록 많이 남기기 위해 가족 사랑이라는 프로그램을 만들었다. 우리는 유전자에 프로그램된 대로 먹고 사랑하면서 유전자를 후대에 전달하는 임무를 수행하는 운반 도구에 불과하다.

외부 환경이나 힘이 생명체 특성을 결정한다는 주장은 타당하지 않다. 고등 생명체의 자연적 기관인 눈이 왜 생겼는지를 생각하면 금방 이해가 간다. 사진기가 외부 대상을 재현하기 위해 만들어진 기계이듯, 마찬가지로 눈은 외부 대상을 재현하기 위해 생명체의 필요로 만들어진 것이다. 어떠한 외적인 목적도 개입하지 않는다. 모든 생명체는 삶을 영위하기 위해 물질대사를 하는 존재다.

환경이 생명체의 진화와 무관하다고 할 수는 없다. 하지만 외부 환경은 개체의 특성을 결정하는 요인 중 하나가 아니다. 흔히 유전적 '영향'이라든가 환경적 '영향'이라는 표현을 사용하는데, 이는 문제를 막연하게 만드는 역할을 한다. 우리가 논의해야 하는 것은 막연하게 무엇이 '영향'을 미치는가의 문제가 아니다. 특히 학문이라면 무엇이 '결정'하는가의 문제에 대해 대답해야 한다.

외부 환경이나 개체 발생 과정에서 우연적인 변수의 영향은 유전자에 의해 결정된 특성을 바꾸지 못한다. 특성 발현에 차이를 나타낼 뿐이다. 예를 들어 아이의 눈동자 색깔이 유전적으로 푸른색이었는데 환경의 영향으로 갈색이 된다든가 하는 일은 일어나지 않는다. 다만 환경 영향으로 일부 기능에서 일정하게 차이가 생기는 정도다. 외적인 요소가 아니라 내적인 요소, 즉 유전자가 '결정'한다.

우연적인 변수의 영향도 부분적인 차이를 만들어 낼 뿐이다. 같은 유전 정보라 해도 개체 발생 과정에서 우연한 변수로 다른 특징이 나타날 수는 있다. 하지만 영향을 미치는 차원이지 개체 특성의 결정 요인은 아니다. 예를 들어 쌍둥이로 태어나도 어떤 요인에 의해 다른

다윈 진화론 이데올로기에 맞짱을!

특성이 나타나기도 하지만, 유전적으로 결정된 특성 발현에서의 차이로 봐야 한다.

도킨스는 다윈주의자임을 자처하면서도 다윈의 진화론을 크게 변경했다. 다윈은 《종의 기원》에서 진화의 메커니즘을 자연 선택으로 설명하면서 선택의 단위는 개체라고 했다. 다윈의 이론에 따르면 생물은 살아남아 자손을 만드는 개체 수보다 더 많은 자손을 만든다. 따라서 태어난 자손들 사이에는 냉엄한 생존 경쟁이 일어난다. 생존 경쟁에서 살아남는 개체는 그때그때 주어진 환경에 가장 잘 적응하는 최적자이고 나머지는 도태되어 사라진다. 이런 식으로 수많은 세대를 거치는 동안에 개체 변이가 일어나는데, 우수한 개체 변이를 남기는 자연의 법칙이 자연 선택이라고 한다.

하지만 도킨스는 선택의 단위를 유전자로 변경했다. 자연 선택의 기초 단위는 종도 집단도 아니고, 엄밀히 말하면 개체도 아니라는 점에서 다윈주의를 수정했다. 그가 보기에 진화를 바라보는 가장 좋은 방법은 가장 낮은 수준에서 일어나는 선택의 관점이다. 자연 선택에 의한 진화라는 다윈 학설에서 배워야 하는 점은 단순성에서 복잡성으로 변하는 방법, 즉 무질서한 원자가 스스로 더 복잡한 패턴을 이루어 인간을 만들어 낸 방법을 보여 준 것이다. 당연히 진화와 관련된 가장 작고 낮은 단계는 유전자이고 이와 관련해 자연 선택이 이루어진다고 봐야 한다.

도킨스는 한발 더 나아가 유전자의 속성을 이기주의라고 규정했다. 그리고 유전자의 이기적 속성이 개체의 속성을 결정한다고 했다.

유전자의 이기적인 속성에 의해 진화 방향이 결정되고, 심지어 인간조차도 오직 자신의 복제에만 관심이 있는 이기적인 유전자의 조정을 받는 기계에 불과하다.

"우리의 유전자는 경쟁이 격심한 세계를 때로는 수백만 년이나 살아왔다. 이 사실은 유전자에 무엇인가 특별한 성질이 있음을 말하고 있다. 내가 말하는 것은, 성공한 유전자에게 기대되는 특질 중에 '무정한 이기주의'가 가장 중요하다는 것이다. 유전자의 이기성은 이기적인 개체 행동의 원인이 된다."

_리처드 도킨스, 《이기적 유전자》, 을유문화사

유전자가 이기적인 이유는 오직 하나의 목적만 가지고 있기 때문이다. DNA의 진정한 목적은 생존하는 것, 그 이상도 그 이하도 아니다. 오직 자기 복제만을 위해서 운반자, 즉 생물 개체를 만들고 이용한다. 성공하는 유전자의 기대되는 특질 중에 가장 중요한 것은 비정한 이기주의다. 그러한 점에서 우리는 이기적으로 태어났다. 아무리 아니라고 믿고 싶어도, 보편적 사랑이나 종 전체의 번영은 있을 수 없는 일이다.

현실에서 나타나는 인간의 이타적인 행위를 근거로 들어 유전자의 이기주의를 반박하는 사람이 많으리라는 점은 도킨스도 잘 안다. 자연 선택에서 이타적으로 보이는 행위는 적어도 현상적으로 대상에게 생존과 이익을 늘리는 대신, 이타주의자에게 반대의 가능성을 준다. 도킨스는 그러한 행위의 이면을 보라고 한다. "잘 조사하면 이타

다윈 진화론 이데올로기에 맞짱을!

적으로 보이는 행위는 실은 모양을 바꾼 이기주의인 경우가 많다." 하지만 개체의 동기가 아니다. 행위의 실제 효과가 이기성과 연결된다.

타인의 행복을 위한 이타적 행위를 존경하고 칭찬하는 사람들로서는 받아들이기 어려운 주장이다. 자기가 속한 집단이나 국가를 위한 희생이 어떻게 이기적인 효과와 연결되느냐는 반론이 제기될 수도 있다. 하지만 둘은 동전의 양면처럼 나타나곤 한다. "집단 내의 이타주의는 집단 간의 이기주의를 동반할 때가 많다." 국가를 위한 이타적 희생은 더 분명하다, 국가 간 갈등에서 젊은이들이 나라의 영광을 위해 목숨을 바치는 게 숭고한 행위로 여겨져 왔지만, 그들은 타국인이라는 점 외에는 아무것도 모르는 타인을 살상하도록 장려받는다.

유전자의 이기성은 자기 복제만을 목적으로 한다는 데서 온다. 그런데 현대 사회에서 인간이 저출산 현상처럼 더 많은 복제를 거부하는 방향으로 선택을 하는 경향에 대해서는 어떻게 설명할 수 있을까? 도킨스가 보기에는 이 역시 이기적인 유전자에 의해 일어나는 현상이다. 동물들도 새끼 수를 조절하는데, 때로는 수를 줄이는 방향으로의 선택도 한다. 먹이가 충분하지 못한 조건이 상당 기간 지속되면 새들은 새끼 수를 조절하기 시작한다.

어미가 먹이와 양육을 위한 노력을 하는 데에 한정된 자원을 너무 많이 분산시키면 어미가 키울 수 있는 새끼의 수는 적당한 목표에 비해 적어지기 때문이다. 한 마리의 어미 새 또는 한 쌍의 짝이 구할 수 있는 먹이와 자원의 총량이 키울 수 있는 새끼 수를 결정하는 제한 요인이다. 자연 선택은 한정된 자원에서 최대의 유리함을 유도하도록 한 둥지의 알 수나 배 속의 새끼 수를 조절한다.

이렇게 본다면 환경이 어려워졌을 때, 새끼 수를 조절하는 행위는 유전자 복제라는 이기주의에의 역행이 아니라 정확히 부합하는 경우다. 유전자에게 자기 복제란 단순히 무조건 많이 복제하는 것이 아니라 안정된 복제라고 봐야 한다. 유전자가 오래 생존할 수 있는 안정된 복제 전략의 일환이다. 인간 사회에서 나타나는 저출산 현상도 연관이 깊다는 주장이다.

자연 선택의 단위가 개체가 아니라 유전자라고 보는 주장, 특히 이를 인간에 적용하는 주장에는 큰 난점이 있었다. 인간의 사회적 행동 가운데 본질적인 특징으로서 문화 행위를 빼놓을 수 없기 때문이다. 인간은 단순히 음식물을 먹고, 생명을 유지하고, 번식하는 생존

수메르, <우르의 깃발>, B.C. 3000

다윈 진화론 이데올로기에 맞짱을!

차원에서의 행위만이 아니라 특정한 문화를 만들어 내고 즐긴다.

수메르 고대 도시인 우르의 무덤에서 발견된 화판 〈우르의 깃발〉은 문화의 한 단면을 보여 준다. 이 지극히 단순해 보이는 한 장면만 해도 수많은 문화 요소가 들어 있다. 욕구는 생존으로 제한되지 않는다. 당장 직접 깊이 연관된 의식주만 해도 생존을 넘어선다. 왼편 귀족은 손에 술잔을 들고 있다. 술은 즐기기 위한 목적을 갖고 인위적으로 만든 문화의 산물이다. 옷도 단지 추위를 비롯해 외부의 위험한 자극에서 몸을 보호하는 기능만을 하지는 않는다. 화판의 귀족이 고급 양털로 꾸몄듯이 신분이나 상황, 혹은 주관적인 기분을 표현하는 문화적 수단이기도 하다.

기쁜 일을 기념하기 위해 연회를 여는 일도 마찬가지다. 뿐만 아니라 아주 고도한 능력을 발휘해 만들어 내는 문화적 행위도 허다하다. 뒤에서 연회의 흥을 돋우기 위해 연주하는 현악기는 오랜 고안과 개선을 거쳐 리라 비슷한 모양을 갖추었다. 음계를 만들고 멜로디를 구상하는 문화 행위는 더 창의적인 작업이 필요하다. 공동체 구성원들이 오랜 기간 노동력을 쏟아부어야 할 만큼 상당한 공을 들여 무덤을 만든 것, 조개껍데기와 청금석을 상감해 화려한 화판을 만들고, 여기에 당시 벌어진 중요한 일을 기록한 것도 중요한 문화적 행위다.

도킨스도 "인간에 관한 특이성은 대개 '문화'라고 하는 하나의 말로 요약"된다며 그 중요성을 인정했다. 문화를 통해 인간은 여러 분야에서 발전을 이루어 냈다. 그런데 문화야말로 유전자가 아니라, 후천적으로 획득한 경험이 작용하는 게 아닌가? 도킨스는 문화조차 유전으로 설명했다. 유전의 영역을 생명의 본질적인 면에서 인간 문화로까지 확장한 문화 유전론을 펼쳤다. 이를 위해 '밈(Meme)'이라는 독특한 개념을 제시했다.

"문화 전달의 단위 또는 모방의 단위는 '밈'이다. 곡조나 사상, 표어, 의복 양식, 그릇 만드는 법, 아치 건조법 등은 모두 밈의 예다. 유전자가 유전자 풀 내에서 번식할 때 정자나 난자를 운반체로 하여 몸에서 몸으로 날아다니는 것과 같이 밈이 밈 풀 내에서 번식할 때는 넓은 의미로 모방이라고 할 수 있는 과정을 매개로 하여 뇌에서 뇌로 건너다닌다."

_리처드 도킨스, 《이기적 유전자》, 을유문화사

밈은 모방을 의미한다. 유전적 진화의 단위가 유전자라면, 문화적 진화의 단위는 밈이다. 유전자는 하나의 생명체에서 다른 생명체로 복제되지만, 밈은 모방을 통해 한 사람의 뇌에서 다른 사람의 뇌로 복제된다. 결과적으로 밈은 유전적인 전달이 아니라 모방이라는 매개물로 전해지는 문화 요소다.

문화적 전달은 한편으로 기존 관행과 구조를 유지하는 경향을 지니기에 보수적이면서도, 다른 한편으로 바뀐 시대 조건을 반영하면서 어떤 형태의 변화를 일으키게 한다는 점에서 유전적 전달과 유사하다. 의식주와 연관된 도구나 취향만이 아니라 심지어 창의성이 발휘된 결과로 여기는 음악도 문화 유전자의 작용이라 할 수 있다. 그런데 문화적 전달은 인간만의 고유한 현상이 아니다.

도킨스는 뉴질랜드 앞바다 섬에 사는 안장새의 울음소리를 예로 들었다. 그 섬에서는 약 아홉 종류의 서로 다른 새소리를 들을 수 있다. 각각의 수놈은 이들 소리 중에서 하나 또는 몇 가지만 지저귄다. 아비와 수놈 새끼를 비교한 결과 노래의 패턴이 유전적으로 전해지는 것이 아니었다. 개개의 젊은 수놈은 근처에 영역을 갖는 다른 개체의 노래를 인간의 경우처럼 모방이라는 수단에 의해 자기 것으로 삼았다. 젊은 수놈이 옛 노래법을 모방하다가 새로운 노래를 '발명'하는 사례도 있었다.

인간도 마찬가지다. 좋은 생각을 하거나 접하면 주위 사람들에게 전한다. 그 사람 역시 흥미롭거나 인상적인 내용이라면 다른 자리에서도 이를 언급한다. 사람에게서 사람으로, 더 정확히 말해 뇌에서 뇌로 퍼져 자기 복제를 한다. 원래 유전자의 특성이 이러한 자기 복제자다. 예를 들어 '사후에 생명이 있다는 믿음'이라는 밈은 셀 수 없이 많은 세대를 거치며 사람들 속에 계속 복제되어 왔다. DNA와 유사한 작용을 한다면, 어떤 종의 진화 과정에 기초가 된다는 점에서 유전의 일종으로 보지 않을 이유가 없다. 그러한 의미에서 새로운 자기 복제자로서의 밈은 단순한 비유가 아닌, 후세대로의 번식력을 지니고 있기에 엄밀한 의미에서 유전자로서 역할을 한다.

유전자가 진화와 인간을 결정하는가?

도킨스로 대표되는 사회생물학은 두 가지의 경향 때문에 거센 비판

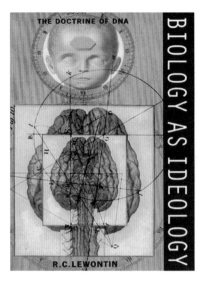

리처드 르원틴, 《DNA 독트린》 표지, 1991년

을 불러일으켰다. 하나는 유전자 결정론이고, 다른 하나는 생물학 원리에 근거한 자연과학 중심의 인문학 통합 경향이다. 사회생물학을 비판적인 학자들은 대체로 문화 혹은 환경의 역할에 주목한다.

먼저 인간이 유전자의 생존 기계라는 도킨스의 주장에 맞선 인물로는, 미국의 유전학자이자 진화생물학자인 리처드 르원틴(Richard Lewontin, 1929~2021)과 스티븐 제이 굴드(Stephen Jay Gould, 1941~2002)가 대표적으로 꼽힌다. 먼저 르원틴의 《DNA 독트린》에서 핵심 문제의식을 만날 수 있다. 책에는 '이데올로기로서의 생물학'이라는 부제가 달려 있는데, 생물학이 원인과 결과에 대한 잘못된 이데올로기에 토대를 두고 있다는 본질적인 문제를 제기했다.

다윈 진화론 이데올로기에 맞짱을!

"우리는 유전자에 의해 영향을 받지만 결정되지는 않는다. 발생은 부모로부터 유전 받은 물질에 의존할 뿐 아니라 발생하는 개체에 영향을 주는 특정한 온도, 습도, 영양분, 냄새, 시각, 소리 등에도 의존한다. (⋯) 같은 종 내의 개체 사이에서 나타나는 편차는 유전자와 발생 환경 사이에서 일어나는 끊임없는 상호작용의 고유한 결과다."

_리처드 르원틴, 《DNA 독트린》, 궁리

개체에 미치는 유전자의 영향에는 분명하게 동의한다. 아마 과학에 최소한의 신뢰를 가진 사람이라면 이를 부정하지 않을 것이다. 적어도 전형적인 창조론을 주장하는 사람이 아니라면 말이다. 그런데 도킨스는 단지 영향이 아니라 유전자가 우리를 결정한다고 주장하기에 문제가 된다.

르원틴에 의하면 유전자만이 아니라 개체 발생 과정에서 다양한 요소가 영향을 준다. 수정이 이루어지는 당시의 온도와 습도는 물론이고 부모의 영양 상태에 의해서도 영향을 받는다. 임신 중 부모의 영양 상태가 부실하면 유전적인 요소와는 별도로 병약한 아이가 태어난다. 심지어 소리의 영향도 받는다. 많은 부모가 임신 기간에 태교를 중요하게 여긴다. 책을 읽거나 음악을 통해 태어나기 전의 아이에게 긍정적인 영향을 미치기 위한 행위다. 출산할 때까지 수많은 요소가 직접 혹은 간접적으로 개체에 작용함을 무시하기에 도킨스는 유전자의 역할을 과도하게 절대화하는 오류를 범하고 있다.

초파리의 사례를 살펴보자. 아주 작고 단순한 구조를 가진 초파

리조차 어미의 유전자 전달에도 불구하고 좌우 날개털의 숫자가 다르게 나타나는 경우가 비일비재하다. 유전자가 똑같은 개체 사이에도 형태 차이가 생기는 경우는 수도 없이 많다. 같은 개체에서 꺾꽂이해 번식시킨 식물들은 모두 같은 유전자형을 지녔지만, 동일한 환경에서 재배해도 개체 사이에는 약간의 변이가 생긴다.

유전자의 본체인 DNA에 간직되고 있는 유전 정보가 RNA를 거쳐 개체의 형질이 발현되기까지 수많은 생화학적 반응이 차례로 일어나는데, 이 과정에서 다양한 변수가 개입하고 변이가 발생하기 때문이다. 동일한 조건에서도 이러한데, 여기에 토양이나 비료 등 조건을 달리하면 더 큰 변이가 일어나는 게 당연하다.

단순한 생명체조차 유전적 동일성에도 불구하고 개체 발생 과정에서의 우연적인 변수에 의해 다른 특징을 만들어 내는데, 인간처럼 복잡한 생명체는 임신과 출산 과정에서 훨씬 많은 우연적 변수의 작용을 받는다. 아주 작은 배아단계에서부터 기본적인 형태를 갖출 때까지 참으로 셀 수 없이 많은 요소가 개체 특징의 결정에 영향을 준다. 도킨스는 이 모든 것을 관념적으로 제거하고 유전자만 바라보기에 큰 오류에 빠진다.

다양한 변수의 작용만이 아니라, 이에 더해 유전자가 환경적인 요인과의 상호작용하는 점까지 고려하면 상황은 더욱 복잡해진다. 유전자가 상당한 영향을 미친다는 점을 인정하면서도 일방적인 결정이 아니라 상호작용을 미친다는 것이다.

"유전자는 특정 개체가 환경에 민감한 정도에 영향을 미치고, 환경은 특정 개체의 유전적 차이가 얼마나 적절한지에 영향을 미친다. 둘 사이의 상호작용은 특정한 환경 집합의 특정 순간의 특정 생물 집단에 국한해서만 유전적 영향과 환경적 영향을, 그것도 통계적으로, 구분할 수 있을 뿐이다."

_리처드 르원틴, 《DNA 독트린》, 궁리

그의 유전자는 '특정 개체가 환경에 민감한 정도에 영향을 미친다'는 주장이 무엇을 의미하는지부터 살펴보자. 몇몇 실험은 특정한 유전자를 가진 생물체가 환경적 변이에 극히 민감한 반면, 다른 유전자를 가진 개체들은 환경 변이에 둔감하다는 사실을 보여 주었다고 한다. 개체가 환경 변화에 적응하는 정도도 유전자에 따라 달라진다. 이것만을 보면 유전자가 생명체에서 생기는 모든 일을 한다고 생각하기 쉽다.

그런데 둘 사이는 일방적이지 않고 상호작용하는 관계다. 환경이 특정 개체의 유전적 차이에 미치는 영향을 동시에 살펴야 한다. "환경 변화는 능력을 수십 배로 바꿀 수 있다." 비슷한 유전자를 갖고 태어난 형제나 자매 사이에서도 어떤 성장 환경에 놓이느냐에 따라 매우 다른 능력을 보이는 경우가 드물지 않다. 같은 부모 아래 태어났으면서도 성적을 비롯해 측정할 수 있는 지적 능력에서 현격한 차이를 보이는 자식들을 주변에서 볼 수 있다. 신체적인 측면도 마찬가지다. 뛰어난 성적을 거둔 운동선수의 형제나 자매가 모두 비슷한 신체 능력을 갖춘 게 아니라는 점도 확인할 수 있다.

혹은 개인 사이의 유전적 차이가 갖는 '현실적 의미'가 환경 변화로 인해 상당히 희석되는 경우도 고려할 수 있다. 전통 사회에서는 현실적으로 어떤 일을 맡거나 배제되거나 할 정도의 '현실적 의미'를 갖는 상당한 유전적 차이가 "기계적 발명물로 폐기될 수 있을 것"이다. 예를 들어 남자와 여자 집단 사이에 체격과 힘의 생물학적 평균의 차이가 있을 수는 있다.

과거에 큰 트럭은 여성의 힘으로 핸들을 조절하기 어려워서 관련 분야에서 여성이 일하기 어려운 경우도 있었다. 하지만 '파워 스티어링'이 개발되어 장착된 이후에는 여성도 대형 트럭을 운전하는 데에 아무런 어려움이 없다. 또한 예전에는 여성이 높은 곳까지 무거운 옮기기 어려웠지만, 전자적으로 구동되는 승강기가 개발된 이상 과거와 같은 정도의 현실적 의미를 갖는 차이가 아니게 되었다. 특히 컴퓨터 기술의 발달로 전자식 제어가 일반화되면서 남성과 여성의 유전적 차이 때문에 세워졌던 벽이 허물어지는 분야가 늘어나고 있다.

르원틴이 주장하는 환경이 유전적 차이에 미치는 영향은 그가 지적한 부분 말고도 다양한 사례로 확인할 수 있다. 유전자의 영향을 인정하면서도, 환경과의 상호작용임을 보여 주는 다양한 실험이 인간을 대상으로도 있었다. 대표적인 것이 쌍생아 연구다. 환경과 유전의 영향을 비교하는 데 가장 좋은 방법은 서로 다른 환경에서 양육된 일란성 쌍생아 연구다.

유전적으로는 동일하면서도 자라난 환경이 다르기에 환경과 유전의 영향을 분리해 낼 수 있기 때문이다. 미국의 미네소타대학에서

다윈 진화론 이데올로기에 맞짱을!

실시된 쌍생아 연구가 대표적이다. 연구 결과는 조사된 인간 성격들의 50% 정도가 유전적 요인에 기인함을 보여 준다. 환경적 요인에 의해 결정되는 인간 성격의 정도는 20~30% 정도로 나왔다.

　이 연구 결과를 보면 유전적 영향이 환경적 영향보다 크다는 점은 알 수 있지만 그렇다고 해서 유전자가 전체를 결정하지는 않는다는 점도 확인된다. 나머지는 르원틴의 논리를 적용하면 발생 과정에서의 변수도 고려할 수 있으리라. 결국 유전적 요소와 환경적 요소, 발생 과정의 변수 등 다양한 요소가 개체 특성을 결정한다고 보아야 한다.

　자연 선택의 단위를 '개체'로 본 다윈의 이론을 변경해 '유전자'로 좁혀 놓은 도킨스의 주장에 대한 반론으로는 스티븐 제이 굴드가 《판다의 엄지》에서 지적한 다음 내용이 상당한 설득력이 있다.

　"도킨스의 주장에는 치명적인 결함이 있다. 그가 아무리 유전자에 큰 힘을 부여하고 싶어도, 유전자로서는 할 수 없는 일이 있다. 그것은 유전자가 자연 선택에 직접 노출될 수 없다는 것이다. 다시 말해 선택은 유전자를 직접 볼 수 없고 유전자 중에서 어느 하나를 직접 고를 수 없다. 선택은 그 매개체로서 생물의 신체를 사용해야만 한다."

_스티븐 제이 굴드, 《판다의 엄지》, 사이언스북스

　굴드가 보기에 분명히 유전자가 진화에 크게 작용한다. 그렇더라도 유전자에는 자연 선택에 직접 노출될 수 없다는 결정적인 한계가 있다. 아무리 작더라도 완결적인 구조를 갖춘 개체만이 자연 선택의 대상이 된다. "유전자는 세포에 숨겨진 DNA의 지극히 작은 조각이다. 반면 선택이 보는 것은 그것이 들어 있는 몸, 즉 생물의 개체다." 선택이 어떤 개체를 선호하는 것은, 선택의 효과가 더 강해지거나 더 사나워지는 것으로 개체에 나타나 생존 경쟁에서 유리한 위치에 서게 하기 때문이다. 혹은 개체의 성적 성숙이 더 빨라지거나 다른 개체에 비해 더 아름다운 모습을 갖게 됨으로써 번식에 유리해지는 효과를 얻기 때문이다.

유전자는 개체 즉, 생물의 신체를 이용해야만 자연과 만날 수 있다. DNA의 아주 작은 조각에 불과한 유전자를 자연 선택이 직접 접촉할 방법은 없다. 지극히 미세한 바이러스나 하다못해 단세포생물일지라도, 그러한 의미에서 어쨌든 원시적인 수준에서라도 자연과 직접 접촉하는 개체만이 자연 선택의 단위가 된다.

또한 유전자는 낱개로 분할되어 존재하지도 않고, 그 상태로 생명체에 영향을 미치지도 못한다. 아무리 작은 생명체라 하더라도 다수 유전자의 혼합물로 기능한다. 혼합 방식과 상태에 따라 개체의 서로 다른 특징이 만들어진다. 오늘날 독립생활을 하는 최소의 자기 생산적 존재는 작은 구균인 혐기성 박테리아다. 이 작은 박테리아조차도 3,000개의 유전자와 이를 둘러싸고 있는 단백질을 가지고 있다.

유전자의 복잡한 결합 방식이 만들어지는 과정에서 환경의 영향을 받는다. 혐기성 박테리아조차 탄소·수소·질소·산소의 결합 원자들이 물질 대사계에서 순환적으로 상호작용한다. DNA의 작용을

다윈 진화론 이데올로기에 맞짱을!

위해서는 활동적인 RNA가 필요하다. DNA와 RNA가 합세해 세포 구조물을 이루는 단백질을 만들며, 또한 유전자를 잘라 내고 이어 주는 효소를 만든다. 유전자 암호는 사실상 DNA 염기 배열의 명령을 엄청나게 다양한 단백질의 아미노산 배열과 대응시키는 것을 말한다. 이러한 복잡한 과정은 환경 조건과 떼려야 뗄 수 없는 관계를 맺고 있다. 그러므로 유전자의 단위로까지 내려가더라도 환경은 중요한 역할을 한다.

더 나아가 생물 진화는 개체만이 아니라 집단까지 고려해야 제대로 이해된다. 굴드는 변이와 선택, 그리고 진화를 구분하여 각각이 어디에 작용하는지를 설명한다.

"돌연변이는 변이가 일어나는 궁극의 원천이며 유전자는 변이가 일어나는 단위다. 선택의 단위는 개체다. 그러나 개체가 진화하는 것은 아니다. 개체는 단지 성장하고, 번식하고, 죽을 뿐이다. 진화적인 변화는 상호 작용하는 생물 개체의 집단에서 일어나는 것으로, 진화가 일어나는 단위는 종이다."

_스티븐 제이 굴드,《판다의 엄지》, 사이언스북스

진화 과정은 자연 선택의 문제와 직접 연관을 갖는다. 유전자 돌연변이에 의해 어떤 새로운 개체가 생겨났다고 생각해 보자. 그런데 새로운 개체가 생겨났다고 해서 꼭 자손을 퍼뜨리면서 진화를 이끄는 것은 아니다. 자연 선택에 의해 적응력이 인정된 집단만이 진화를 이끌어 나가는 힘이 된다.

굴드가 보기에 변이는 유전자, 선택은 개체, 진화는 종으로 연결할 때 다윈의 진정한 문제의식과 만난다. 진화 단위를 집단으로 설정해야 의미 있는 접근이 가능하다. 인간만이 아니라 동물도 본질적으로 사회적 존재다. 즉 집단으로부터 분리된 개체라는 설정 자체가 적어도 진화적으로는 의미가 없다.

예를 들어 이동하는 비비 원숭이 집단을 보면 확고한 규칙이 있다. 서열이 높은 수컷들이 집단의 선두와 후미를 형성하고, 발정기의 암컷을 수컷 한 마리가 뒤따른다. 새끼가 딸린 암컷에게는 수컷이 한 마리씩 꼭 붙어 다닌다. 그러다가 위협적인 맹수를 만나면 새끼 딸린 암컷은 집단의 중앙으로 모이고 주위를 수컷들이 에워싼다. 가장 서열이 높은 수컷이 공격 준비 상태에서 적과 대치한다.

집단생활을 하는 동물이 개별적으로 행동하는 동물보다 적에 더 효율적으로 대처하며, 집단은 암컷과 새끼와 같은 약한 개체를 우선 보호한다. 아주 작은 곤충에서 거대한 포유류에 이르기까지 동물은 집단을 전제로 해 생존 능력을 높여 왔다. 그 과정에서 개체 변화와 자연 선택이 나타난다.

모든 유전자는 자체로 생존하는 것이 아니고, 특정한 개체로서의 생명체와 결합함으로써 자기 복제를 할 수 있다. 그렇다면 당연히 진화를 연구할 때 유전자와 함께 개체, 그리고 개체가 현실적으로 생존할 수 있기 위해 필수적인 집단의 문제를 함께 고려해 이 각각이 진화에 어떻게 영향을 미치는가를 파악해야 한다.

그런데 윌슨이나 도킨스는 무리하게 유전자가 결정 요인이라는 결론을 끌어내기 위해 유전자 선택이라는 이론을 세우고, 결정과 영향을 구분하는 논리를 펼쳤다. 이것은 유전자 결정을 강조하는 사람들이 입이 닳도록 강조하는 과학에서의 객관성을 스스로 부정하고 오히려 관념적 · 주관적인 잣대로 자연을 분해하는 논리적 오류를 보인다.

르원틴이나 굴드 이외에도 사회생물학에 대한 다양한 비판이 제기되었다. 재레드 다이아몬드도《제3의 침팬지》에서 인간이 유전자의 생존 기계라는 주장에 반박했다. "우리는 단지 진화된 노예도 아닐뿐더러, 유전적으로 획득된 형질의 노예도 아니다. (…) 사회생물학은 사회적 행동이 어떻게 진화되었는지를 이해하는 데는 유용하지만, 너무 지나치면 문제가 된다."

도킨스의 생각대로라면 인간은 단지 자신의 유전자를 나르는 짐꾼에 불과하게 된다. 말하자면 우리는 유전자의 노예이며 유전자가 매어 놓은 고삐에 마음대로 끌려다니는 존재에 불과하다. 하지만 그는 진화적 설명은 인간 행동의 기원을 아는 데만 유효하다고 한다. 진화적 설명만이 오늘날의 인간 행동을 이해하는 유일한 방법은 아니라는 것이다.

인간의 사회적 행동 중에는 유전적으로 획득된 형질에 반하는 방향으로 나타나는 사례들도 있다. 유전자의 가장 강한 명령인 번식 본능에 대응하는 현대의 저출산 경향이 대표적이다. 사회생물학자들은 '안정적 번식'을 위해 새끼 수를 조절하는 새처럼 인간도 일부 출산율을 낮추는 방식으로 인구 조절을 하는 것이라며 자기 논리를 정당화한다. 하지만 안정적 번식 논리도 꼼꼼하게 들여다보면 허점이 많다.

고대에는 상당한 지역에서 인구 조절을 위한 방법으로 영아 살해가 행해졌다. 현대 문명은 자식을 죽이는 것 같은 고례의 형태를 없애는 데 성공했다. 또한 현대의 저출산 경향을 안정적 번식을 위한 인구 조절로 이해하기에는 무리가 따르기도 한다. 저출산 경향이 생존 자원의 부족으로 인구 조절이 필요한 사회가 아니라, 오히려 산업이 고도로 발달해 훨씬 풍부한 자원 능력을 지닌 나라에서 특징적으로 나타나는 현상이라는 점에서 논리적으로 타당성이 떨어진다.

인간의 사회적 행동은 때로 번식 경쟁의 목표나 방법과 대립할 수도 있는 목표로 나타나기도 하는 것이다. 그런 선택이야말로 인간을 다른 동물에서 떨어져 나오게 한 요인이다. 그러므로 유전자의 특성과 진화로 인간의 모든 영역을 설명하려는 사회생물학의 시도는 아주 한계적으로만 받아들일 필요가 있다.

인간의 사회적 행동 가운데는 유전적 현상보다는 문화적 현상으로 볼 때 합리적인 이해의 폭이 더 넓어지는 경우가 적지 않다. 문화가 견고해지면 새로운 목표를 갖게 된다. 생물학적인 본능과는 다른 욕구의 추구, 예를 들어 예술적 취향의 추구나 윤리적 목적의 추구 등이 나타난다. 그러한 점에서 마빈 해리스가 《작은 인간》에서 언급한 다음 내용도 꽤 의미가 있다. "우리의 문화는 성장하고 확장하며 진화한다. 그것이 우리 문화의 본질이다. 문화의 본질은 보통의 유기체적인 본질에서 비롯되는 것이면서도 동시에 그것을 초월한다."

예를 들어 강아지와 고양이와 같은 반려동물의 선호는 자연 선택이 아니라 문화적 선택의 결과로 봐야 한다. 가축은 좀 더 안정적으로 생존 자원을 확보하기 위해 유전자가 유도한 방법이다. 하지만 반려동물은 아이의 양육에 비유될 정도로 상당히 많은 애정과 노력을 기울여야 한다. 부분적으로는 생존 자원을 분산시키는 쪽으로 작용할 만큼 상당한 비용이 든다. 그런데 한국만 해도 반려동물 양육인구는 1,000만 명을 넘은 지 오래되었다.

인구의 상당수가 인터넷 중독이나 스마트폰 중독 증상을 보이는 점도 자연 선택으로 설명하기 어렵다. 중독을 본능보다는 학습에 의존하는 행동임을 부인한다면 오히려 우스운 일이라고 봐야 한다. 물론 학습된 행동이 모두 유전과 구별되는 문화는 아니다. 학습된 행동으로서의 문화 중에서도 인간 본성의 욕구를 만족시키거나 부응하는 과정에서 생겨난 것도 많다. 하지만 유전자의 영향에서 출발하지만, 나중에 자기 발전을 거치면서 이를 초월하는 문화도 나타난다. 유전적인 정보의 단순한 이행에 머물지 않고, 이를 '활용'하는 면에서 인간의 능력을 발휘하면서 생기는 결과다.

이기주의가 유전자와 진화의 특성인가?

유전자의 가장 특별한 성질은 '무정한 이기주의'이고, 유전자의 이기성은 이기적인 개체 행동의 원인이라는 도킨스의 주장도 다양한 측면에서 비판 대상이 된다. 영국의 동물학자 매트 리들리(Matt Ridleu,

1958~)는 《이타적 유전자》에서 오히려 진화를 추동하는 요인은 이기주의보다는 서로 협조하는 이타주의에 가깝다고 했다.

"역사적으로 볼 때 가장 협동적인 동물이 가장 성공적인 동물이었다. 개체와 개체 간의 투쟁만이 진화의 유일한 동인은 아니며, 개체 사이의 상호부조 추구도 진화의 동인이었다. (…) 인간의 역사를 살펴보면 협동은 문명화된 시민 사회뿐 아니라 원시 종족 사회에서도 공통된 특징이다. (…) 사회가 인간에게 주는 가장 큰 이점은 노동의 분화다."

_매트 리들리, 《이타적 유전자》, 사이언스북스

이집트, <나케트 무덤 벽화>, B.C. 1410~1370

다윈 진화론 이데올로기에 맞짱을!

인간은 지구상의 여러 동물의 진화 가운데 '가장'일지는 몰라도 적어도 성공적인 사례에 들어간다. 그가 보기에 인간의 성공은 노동의 분화에 기초한 상호 협동이 상당한 역할을 했다. 생활에 필요한 물자를 만드는 일을 각자가 자급자족 방식으로 모두 생산할 때의 성과 총합보다 각자 잘할 수 있는 일로 분화된 노동을 했을 때의 성과 총합이 크다.

원시 종족은 수렵과 채집을 둘러싸고 아주 초보적인 형태의 노동 분화에 머물렀다. 문명이 발달하는 정도에 비례해 점차 노동의 분화도 증가하는 경향을 보였다. 이집트의 〈나케트 무덤 벽화〉는 고대 문명이 자리 잡은 단계에서의 노동 분화와 협동 상황을 잘 보여 준다.

벽화는 하나의 그림에 몇 가지 분화된 노동을 묘사하고 있다. 먼저 맨 위는 늪지대에서 오리를 사냥하는 모습을 담았다. 몇몇 남자는 손에 부메랑과 비슷한 용도로 사용하는 휘어진 막대기를 들고 있다. 사냥에서도 일정한 분업을 보인다. 막대기를 들지 않은 아이들이나 여자들은 짐승 사냥을 할 때의 몰이꾼처럼 한꺼번에 소리를 지르거나 달려드는 역할로 보인다. 이에 놀라 오리들이 떼를 지어 날아오르면 건장한 남성들이 부메랑을 던져 사냥의 효과를 높인다. 맨 아래 칸에는 낚시로 잡은 물고기를 줄에 가득 꿰어 들고 가는 사람들도 있다.

이러한 모습에서 서로 다른 노동으로의 분화를 발견할 수 있다. 중간에는 포도 농사를 짓는 모습이 나온다. 자연에서 자라난 포도를 따는 게 아니다. 포도 넝쿨이 여러 방향으로 충분히 뻗어 최대한 수확량을 늘릴 수 있도록 인위적으로 반원형 막대기를 설치해 놓았다. 옆에는 여러 명이 밟아 포도즙을 내는 별도의 시설에서 작업하는 사람들이 보인다. 또한 포도주를 담은 큰 항아리들을 일렬로 보관하고 있다. 이러한 점들로 볼 때 꽤 큰 포도 농장이다. 상당히 전문적인 작업이 필요하기에 일반적인 밀 농사와 구분된 작업에 종사했으리라.

분화된 노동 안에서 협동이 이루어지고, 서로 다른 노동 분야 사이에서의 협조 관계가 원활할수록 사회 전체의 생산량이 증가했다. 인간 사회의 발전은 경쟁만이 아니라, 그 이상으로 상호 유기적인 분업과 협동 관계를 통해 이루어졌다. "사람들이 서로 도우면 도울수록 사회는 번영했다." 이는 촌락 공동체의 공동 경작에서 수공업 발전, 나아가 기계제 대공업 발전에 이르는 과정에서 확인되는 특징이다. 그만큼 인간의 뇌 속에는 경쟁 이상으로 사회적 유대 관계를 창출하고 활용하는 본능이 자리 잡고 있다.

분업과 협동에 기초한 사회적 응집은 동물에게서도 성공적인 진화의 동력이었다. 1억 년 전에 이미 100만 마리 이상의 대집단으로 이루어진 복합 군체가 등장한 개미의 겨웅가 대표적인 사례다. 지금까지도 지구 역사상 응집의 효과라는 점에서 볼 때 가장 성공적인 군집 설계 가운데 하나로 꼽을 수 있다. 사회성을 지닌 군집 동물에게서 흔하게 나타나는 사례이기도 하다. 리들리는 좀 더 근본적인 차원의 진화 원리로 들어가 설명했다. 인간이나 동물과 같은 개체를 넘어 내부 세포의 관계도 같은 원리로 움직인다는 것이다.

"유기체 자체가 해명되어야 한다. 어째서 세포들은 하나로 모이는가?

다윈 진화론 이데올로기에 맞짱을!

(…) 자세히 보면 각각의 세포도 사실은 집합체다. 세포는 박테리아들 사이의 공생적 관계로 형성된다. (…) 모든 세포는 저마다 중요한 역할을 맡고 있으며, 저마다 서로의 관계를 통해 단독으로 이룩할 수 있는 것보다 훨씬 많은 것을 이룬다."

_매트 리들리, 《이타적 유전자》, 사이언스북스

    그에 의하면 모든 세포 내에 있는 미토콘드리아는 7~8억 년 전에 조상들의 세포에 들어와 안전한 생활의 대가로 독립성을 양도하고 에너지 생산공장으로 특화되었다. 몸을 이루는 세포 자체가 연합이다. 세포 속의 유전자는 총 75,000개가 된다. 이 염색체들도 제각기 따로따로 움직이는 것이 아니라 23개의 쌍으로 팀을 이루어 기능한다. 그러므로 유전자가 이기적이기에 개체도 이기적이라는 도킨스의 논리는 유전자 사이의 협력, 세포 사이의 협력, 개체 사이의 협력 등을 고려할 때 정당화되기 어렵다.

    개체의 기본 단위인 유전자가 이기적이니 전체적으로 이기주의로 보아야 한다는 논리도 허약하다. 개미의 유전자가 번식이라는 이기적인 목적을 지녔다고 해서, 개미 개체의 행위가 이타적이라는 사실이 부정되지는 않는다. "개체들이 서로에게 헌신적일 수 있다면 그같은 선행을 일으키는 '동기'를 꼭 따질 필요는 없다." 다른 개체를 구하거나 협력하는 행위가 비록 칭찬을 받으려는 동기가 있어도 마찬가지다. 행위 자체가 중요하다.

    게다가 인간에게는 어떤 동물보다도 문화의 역할이 크다. 전통, 관습, 신념 등이 사람들 사이에 확대되는 특성이 인간을 새로운 종류의 진화로 이끌었다. 물론 인간 사회에도 개체와 개체, 집단과 집단 사이에 치열한 경쟁이 있고, 개인이든 집단이든 이기적인 행위가 나타난다는 점은 분명하다. 하지만 이를 곧 이기주의에 의한 진화로 규정하기는 어렵다. 협동을 잘하는 집단이 번성하는 경향을 무시할 수 없고, 협동적 관습이 인간의 정신 깊이 스며들어 있다. 인류의 진화에서 경쟁과 적대감, 개인과 집단의 이기주의가 다른 요소와 분리되어 작용하는 것이 아니다. 문화적 순응. 강한 연대감, 협동적인 집단 수호 등이 함께 작용하면서 발전했다.

생명윤리 분야 연구로 유명한 피터 싱어(Peter Singer, 1946~)의 《사회생물학과 윤리》에는 동물의 이타성을 뒷받침하는 꽤 많은 사례가 들어 있는데, 이는 도킨스의 이기주의에 의한 진화 주장을 반박하는 자료가 되어 준다.

그 가운데 외부의 위협에 대응하는 이타적 행위가 대표적이다. 매가 머리 위로 날아오를 때 검은새는 경고음을 낸다. 무리에 속한 새들이 도망가는 데 도움을 준다. 하지만 이때 경고음을 낸 새는 위치가 노출되어 더 위험해진다. 가젤의 사례도 잘 알려져 있다. 가젤은 맹수를 발견하면 '경계 도약'이라고 부르는 행위를 한다. 뻣뻣한 걸음걸이로 뛰어오르며 도망간다. 개체의 입장에서는 전속력으로 도망가는 것이 생존이나 번식에 유리하다. 가젤은 이 도약 행위가 개체로서는 희생을 키울 수 있음에도 무리를 위해 그렇게 행동한다.

한정된 생존자원을 나누는 형태의 이타성도 있다. 늑대와 들개는 사냥에 참여하지 않은 구성원들을 위해 고기를 가지고 돌아간다.

다윈 진화론 이데올로기에 맞짱을!

긴팔원숭이와 침팬지도 획득한 식량을 조금만 나눠 달라고 몸짓하는 다른 구성원이 요청을 받아들이는 경우가 많다. 코스타리카의 흡혈박쥐 사례도 비슷하다. 흡혈박쥐는 60시간 동안 피를 먹지 못하면 아사 위기에 처한다. 그래서 흡혈박쥐들은 하루 필요량 이상의 피를 빨아 두었다가 잉여분은 다시 토해 내서 다른 박쥐에게 주곤 한다.

동물들 사이에서는 어려움에 부닥친 동료를 돕는 이타성도 발견할 수 있다. 몇몇 종들은 상처 입은 동료가 생존할 수 있도록 도와준다. 돌고래는 포유류이기 때문에 숨을 쉬기 위해 수표면까지 올라간다. 깊은 상처를 입어서 수표면에 이를 수 없는 경우, 다른 돌고래 무리가 그 돌고래를 밀고 올라가 숨을 쉬도록 한다.

이타적인 행위를 하는 동물들의 경우 대체로 호혜적인 방식으로 나타난다. 원숭이들은 서로 털을 다듬어 주면서 많은 시간을 보내는데, 이때 그들은 스스로의 손이 닿지 않는 애매한 위치에 있는 기생충을 잡아 준다. 이는 혈연관계가 아닌 동료 사이에도 빈번하게 이루어진다. 털 다듬어 주기를 받은 원숭이는 보답으로 상대에게 같은 행위를 한다.

흡혈박쥐는 호혜성을 위해 나름의 암묵적 규칙을 가진다. 8년 이상의 수명 동안 같은 장소에 서식하기에 특정 상대와 도움을 주고받는 기회를 여러 번 갖는다. 과거에 피를 제공한 박쥐는 그 상대로부터 피를 보답받는다. 남은 피를 주지 않은 박쥐는 다음에 피를 얻지 못한다.

물론 진화론을 주장하는 모든 생물학자나 사회생물학자가 이기주의만을 진화 요인으로 주장하는 것은 아니다. 그들도 동물이나 사람에게서 일정하게 나타나는 이타적 행위를 인정한다. 하지만 도킨스만큼의 극단적인 결론은 아니라 하더라도 저울추가 상대적으로 이기성 쪽으로 기우는 경향이 있는 점도 부인하기 어렵다. 다윈의 진화론에서 현대 사회생물학에 이르기까지 생존 경쟁과 적자생존을 핵심 원리로 여기는 이상, 비록 이기성 강조에 정도의 차이는 있을지라도 그들 사이에서 저울추가 한쪽으로 기우는 경향은 어찌 보면 당연하다고 볼 수 있다.

그렇다고 도킨스를 비롯해 유전자 결정론을 주장하는 사회생물학의 문제일 뿐, 다윈의 진화론에는 아무런 문제가 없다고 말하기는 어렵다. 물론 다윈의 진화론이나 사회생물학은 모두 인간의 기원을 설명하는 데에 꼭 필요하다. 즉, 그것들은 우리가 어디에서 왔는가에 대한 답을 찾는 일에 결정적인 도움을 준다. 그런데 문제는 기원이 곧 본질은 아니라는 점이다.

인간의 기원이 곧바로 인간은 무엇인가라는 문제, 특히 '지금, 여기'에서의 인간은 누구인가에 대한 대답을 대신하는 것은 아니다. 본질을 이해하는 데 중요한 한 부분이거나 영향을 줄 수는 있어도, 전부이거나 결론일 수는 없다. 다윈이나 사회생물학이 인류가 세계와 인간에 대한 지적 통찰에 크게 이바지했고, 지금도 여전히 중요한 의미가 있음에도 불구하고, 그만큼의 어두운 그늘을 드리우고 있는 이유다.

08

환원주의와 속류 경험론에서
벗어나기 위하여

정신을 물리적 사건에 의한 정보로 규정하다

구석기 시대, 아르헨티나에 만들어진 〈손의 동굴〉 그림은 특이한 시각 경험을 제공한다. 마치 봄에 들판을 가득 채운 꽃의 물결처럼 벽면 가득 손의 향연이 펼쳐진다. 야생 동물들이나 수렵 장면도 있는데, 세계 어느 지역의 구석기 동굴보다 손 그림이 많다. 바위에 자기 손바닥을 댄 상태에서 주위에 물감을 뿌려 손의 모습을 그대로 드러냈다. 아무래도 물감을 뿌리기 위한 도구를 오른손으로 잡았기에 묘사된 모습은 대부분 왼손이다. 애써 동굴 천장에 가까운 곳까지 올라가 남기기도 했다. 흰색, 검은색, 붉은색 등 다양한 물감을 뿌렸고, 기존 그림에 겹쳐 놓은 것도 많아서 손이 물결을 이루는 느낌을 준다.

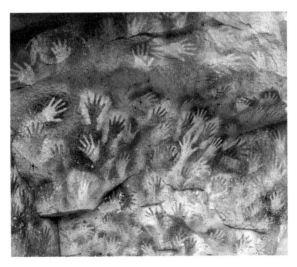

아르헨티나, <손의 동굴>, B.C. 7000

다윈 진화론 이데올로기에 맞짱을!

이는 이 동굴만의 특유한 그림은 아니다. 약 17,000년 전의 벽화가 담긴 프랑스 남부의 페슈 메를 동굴의 곳곳에서 발견되고, 여러 구석기 동굴에서 비슷한 방식으로 제작된 손 그림을 볼 수 있다. 쇼베 동굴에는 손자국과 비슷한 방식으로 표현된 발자국도 나타난다. 구석기 수렵·채집인들은 왜 동굴에 손 그림을 그렸을까? 이 손들은 인류를 향해 무엇을 말하고 있을까?

동굴벽화에 종종 등장하는 손의 모습은 개인을 향한 관심을 확인할 수 있는 단서다. 여러 동굴에서 나타나는 현상이라는 점에서 어떤 사람의 우연한 행위는 아니다. 손은 자화상처럼 개인을 나타내는 표식이다. 벽화 속에 사냥 중인 여러 사람을 등장시킬 때 당시의 묘사력으로는 그 가운데 자신을 구별할 방법은 없다. 물에 비친 모습 말고는 얼굴도 제대로 볼 기회가 없었던 구석기인들에게 자기를 가장 손쉽게 드러내는 방법이 손 모양을 그대로 뜨는 행위였을 것이다.

그 개인이 바로 자신이라는 점에서 자의식의 흔적이기도 하다. 자의식은 생각의 대상을 개별적인 존재로서의 자신에게 돌리는 데서 출발한다. 구석기인이 공동으로 수렵·채취를 하고 공동으로 분배했기에, 이후 시대의 어떤 인류보다 공동체 의식이 강했음은 충분히 짐작할 수 있다. 하지만 이것이 곧바로 개인의식이나 자의식 부재의 증거는 아니다. 동굴에 다양한 대상을 다양한 방식으로 표현할 정도로 활발한 예술 활동을 하던 사람들인 이상, 이미 일정한 수준에 도달한 정신적 존재, 즉 자의식과 자유의지를 지닌 존재였다고 봐야 한다.

고대 소크라테스 이후 근대에 이르기까지 주류 철학자들은 인간의 본질을 정신에서 찾았다. 철학자들만이 아니라 지금도 많은 사람이 우리 몸의 뇌와 신경을 작동하게 하는 자유의지를 가진 주체로서의 인간을 생각한다. 하지만 사회생물학자 윌슨은 《인간 본성에 대하여》에서 한 마디로 그동안의 기대와 상식을 꺾어 버린다.

"유전자가 유전되고, 환경이 우리가 태어나기 전부터 작동하고 있었던 물리적 사건의 인과 사슬이라고 한다면, 어떻게 뇌 속에 진정한 독립 행위자가 있을 수 있단 말인가? 행위자 자체는 유전자와 환경의 상호작용을 통해 창조된다. 그러므로 자유란 단지 자기기만이 아닐까?"

_에드워드 윌슨, 《인간 본성에 대하여》, 사이언스북스

그에 의하면 인간의 정신도 기본적으로 곤충이 보이는 기계적인 반응과 질적인 차이가 없다. 벌, 개미, 흰개미 등 사회적 행위를 하는 곤충의 최고 연구자답게 관련 사례를 통해 인간 정신 활동의 원리를 찾았다. 꽃을 찾는 꿀벌들의 평균적인 비행 패턴을 상세히 규명한 곤충학자들의 연구 경험을 근거로 들었다. 벌이 꿀이 있는 곳에서 벌집까지 날아가면서 추는 춤의 통계적 특성을 분석했다. 또한 꿀벌이 정보를 전달할 때 일어날 수 있는 오차의 분포와 발생 시점도 분류했다.

윌슨이 보기에 많은 사람이 자유로운 정신 활동의 주체라고 믿는 판단과 행위에 대해서도 통계적인 접근과 예측이 얼마든지 가능하다. 인간과 그를 둘러싼 환경에 관련한 여러 정보가 우리에게 주어진다면 "인간 사회의 통계적 행동도 거의 알려지지 않은 수준까지 예

측해 낼 수 있을 것"이라고 한다.

도킨스와 학문 활동 동료인 미국 신경과학자 샘 해리스(Sam Harris, 1967~)는 《자유의지는 없다》에서 좀 더 선명하게 물리·화학적인 작용으로서의 정신 활동을 논한다.

"뇌의 기능적 상태와 물질적 구조에 생긴 변화가 우리의 사고와 행동을 완전히 지배한다. (…) 물리적 관점에서 보면, 모든 행위가 일련의 비인격적 사건들로 환원될 수 있다. 유전자가 전사되고, 신경전달물질이 수용체에 결합하여 근섬유들이 연락하면, 아무개가 손에 든 총의 방아쇠를 당기는 것이다."

_샘 해리스, 《자유의지는 없다》, 시공사

한 생리학자는 인간이 자신이 움직이기로 생각했다고 느끼기 전에 이미 뇌의 운동피질에서 활동이 나타난다는 것을 뇌파검사를 사용해 입증했다. 이는 대부분의 정신 활동이 물리적 사건의 산물이라는 점을 알려 준다. 뇌는 말 그대로 물리적 체계로서 자연적인 요인에 의해 유지되고 움직인다.

뇌에서 일어난 물리·화학적 사건에 의해 인간의 의도와 행위가 초래되기에 의식적 주체로서의 우리는 자유로울 수 없게 된다. 사람들은 지금 당장 자신이 원하는 것을 할 자유가 있음은 분명하지 않냐며 의문을 품을 수 있다. 이에 대해 해리스는 "그렇지만 당신의 욕망은 어디서 유래한 것일까?"라고 물었다. 그리고 현상으로 나타나는 의도와 행위의 근원으로 파고들면 인간의 자유의지는 설 자리가 없다고 했다.

　이러한 관점에서 보면 정신은 물리적이고 통계적인 정보의 꾸러미다. 정신 활동은 기계적인 프로그램과 차이가 불분명해지고, 정보처리를 통해 행동이 촉발한다. 그리고 측정 기구와 방법이 기술적으로 더 발전하면 뇌에서 반응하는 정보를 확인하여 판단과 행동을 예측할 수도 있게 된다.

　정신의 본질을 물리적인 정보로 이해하는 문제의식은 지난 수십 년 사이에 상당히 폭넓은 공감을 얻는 중인 듯하다. 비슷한 발상을 담은 영화나 드라마, 애니메이션으로 꽤 많이 나왔고, 대중적인 인기를 얻었다는 점만 봐도 그러하다. 일본 애니메이션인《공각기동대》도 정신에 대한 전통적인 이해를 무너뜨리는 흥미로운 충격과 함께 폭넓

애니메이션《공각기동대》포스터, 1995년

　　　　　　　　　　　　다윈 진화론 이데올로기에 맞짱을!

은 관심을 받았다.

《공각기동대》는 컴퓨터와 통신기술의 비약적 발달로 국가나 사회가 거대한 네트워크를 이루고 있는 시대가 배경이다. 네트워크상에서 정보 조작과 파괴 활동을 담당하는, 일종의 사이버 로봇 '인형사'를 만든다. 어느 날, 영화 포스터 뒤편에 보이는 여성형 의체가 달아나다 교통사고를 당해 망가진 상반신이 회수된다.

조사를 통해 기계적으로 만든 인공두뇌 안에 고스트 같은 것이 있음을 발견한다. 분해하려는 연구원들의 대화에서 "녀석은 뇌 의학용의 뇌 디바이스를 채워 넣고 있어. 혼이 깃들어도 이상하지 않아."라며 인공두뇌가 혼이라고도 부르는 인간의 정신과 같을 수 있다는 내용이 나온다. 갑자기 인형사는 내부 동력으로 작동해, "나는 AI가 아니라 정보의 바다에서 발생한 생명체"라며 망명을 요청한다.

상대가 "자기보존 프로그램에 지나지 않아!"라고 하자, 인형사가 반박하는 내용이 현대 사회생물학의 발상과 꽤 유사한 면을 보인다. "그렇게 말한다면 당신들의 DNA도 자기보존 프로그램에 지나지 않는다. 생명은 정보의 흐름에서 태어난 결절점과 같다. 종으로서의 생명은 유전자란 기억 시스템을 가지고, 사람은 단지 기억에 의해 개인일 수 있다."

인간의 정신과 인공지능 프로그램이 차이가 없다는 주장이다. 인간의 정신도 결국은 뇌에 의해서 만들어진, 물질 작용의 결과라는 것이다. 도킨스가 주장하듯이 인간 역시 유전자의 확대재생산을 위한 운반 기계에 불과하다고 할 때, 인간과 로봇의 사고능력과 기억 능력이 크게 다를 바가 없는 게 아니냐는 생각을 하지 않을 수 없다.

캐나다의 진화심리학자 스티븐 핑커가 《마음은 어떻게 작동하는가》에서 정의하는 인간의 마음과 상당히 유사하다. 그가 보기에 현재 인간과 같은 로봇이 존재하지 않는 이유는 마음이 기계와 같다는 개념 자체가 잘못이어서가 아니다. 유전자 지도를 읽는 일보다 훨씬 더 어렵고 복잡하기에 아직 기술적으로 부족한 게 문제다. 뇌의 물리적 · 통계적인 작용을 충분히 파악할 만큼 기술이 발달하면 정신과 프로그램은 본질적인 차이가 없게 된다.

"마음은 뇌의 활동인데, 엄밀하게 말해 뇌는 정보를 처리하는 기관이며 사고는 일종의 연산이다. 마음은 여러 개의 모듈, 즉 마음 기관들로 구성되어 있으며, 각각의 모듈은 이 세계와의 특정한 상호작용을 전담하도록 진화한 특별한 설계를 가지고 있다. 모듈의 기본 논리는 우리의 유전자 프로그램으로 지정된다." _스티븐 핑커, 《마음은 어떻게 작동하는가》, 동녘사이언스

그가 보기에 마음의 체계는 각자의 기능을 수행하는 블랙박스와 같다. 정신은 우주선의 정교한 기계처럼 수많은 공학적 문제를 해결하기 위해 설계되었다. 뇌 물질은 여러 과제를 처리하는 첨단 체계로 구성되어 있다. 블랙박스처럼 외부 자극에 대한 데이터베이스 장치를 지니고, 충돌하는 요소를 조율하여 처리하는 복잡한 장치도 숨겨져 있다.

기억의 관리도 발달한 컴퓨터 기능을 닮아 있다. 그러한 점에서

다윈 진화론 이데올로기에 맞짱을!

기억의 체계는 사진을 가득 담아 놓은 구두 상자가 아니다. 다시 말해, 물건들이 수북하게 쌓인 가운데 필요할 것을 매번 뒤적이며 찾는 수공업적 활동과 구별된다. 무수한 기억이 명제로 된 상부구조 안에 분류되고 체계화된다. 최신 컴퓨터와 엄청난 속도를 내는 온라인, 그리고 잘 만들어진 프로그램이 연결된 상태를 떠올리면 된다. 다양한 형태를 가진 여러 정보가 데이터베이스 안에서 첨부 지점과 연결된 하이퍼미디어와 비슷하다.

정신이 인간이 직면했던 문제를 해결하기 위해 설계된 기관들의 연산 체계라는 점은 몇 가지 과학혁명의 성과를 통해 분명해졌다. 하나는 "1960년대의 인지혁명으로, 사고와 감정의 동역학을 정보와 연산 개념으로 설명"할 수 있게 되었다. 다른 하나는 "생물체의 복잡 적응 설계를 복제자들 사이의 선택이란 개념"으로 설명할 수 있게 해 준 진화생물학 분야에서 일어난 혁명이다.

정신을 기술적으로 계산하고 예측하는 일이 가능해졌기에 '계산주의 이론'이라 부른다. 최근의 인공지능은 이와 직접 연관성을 갖는다. "계산주의 마음 이론이 옳다는 것을 암시하는 증거는 인공지능, 즉 인간처럼 지적 과제를 수행하는 컴퓨터가 존재한다는 것이다."

과학에 대한 최소한의 신뢰를 가진 사람이라면, 모든 생명현상이 궁극적으로는 물리적인 반응에서 출발함을 인정한다. 지구에 최초의 생명이 탄생하는 과정을 생각해 보면 어렵지 않게 고개를 끄덕이게 된다. 지구에 처음부터 유기체가 있었다는 가정은 과학적으로 상대할 가치가 없는 무지이기 때문이다. 적어도 종교적인 창조론이 아니라, 과학으로 접근한다면 유기체인 생명의 탄생은 무기물에서 시작된다.

다윈도 충분한 실증적 근거를 갖추고 있지는 못했지만, 추론을 통해 비슷한 생각을 밝힌 바가 있다. 1871년에 한 편지에서 "생명은 온갖 종류의 암모니아와 인산염, 빛·열·전기 등이 있어서 단백질 화합물이 화학적으로 합성된 뒤 곧바로 더 복잡한 변화가 일어날 수 있는 따뜻한 작은 연못에서 시작되었을 것이다."라고 한다. 생명현상과 관련하여 발견된 가장 오래전 화석이 오스트레일리아 서부의 암석에서 나온 35억 년 전의 미생물 잔해다. 엽록소를 이용해 광합성을 하는 세균이 얕은 물에서 침전물에 붙어 자라면서 굳어져 생기는 것이다.

미국의 화학자 스탠리 밀러(Stanley Miller, 1930~2007)는 1953년에 지구의 초기 환경이라고 생각했던 것을 모형화해 실험했다. 모조 해양에 해당하는 증류수의 표면 위로 모조 대기에 해당하는 기체들로 플라스크를 채웠다. 일주일 동안 번개와 같은 전기 방전으로 유리 플라스크에 충격을 가했다. 그 결과 생물체의 단백질을 구성하는 필수 아미노산인 알라닌과 글리신이 다른 화합물들과 함께 자연적으로 플라스크에서 생겨났다. 무기물에서 유기물의 가능성을 지닌 물질을 만들어냄으로써 생물의 기원에 대한 실증적 단서를 제공했다.

유기물 덩어리가 자기 복제 기능을 갖추는 순간 생명체가 탄생했다. 생물학에서 흔히 '원시 수프'라고 말하는 무형의 상태 속에 떠돌다가 유리한 복제의 형식을 찾아낸 자기 복제자가 생존할 확률이 높아졌고, 그 형식이 세포였다. 자기 복제자는 단순히 일회적인 생존이 아니라 계속 존재하기 위해 운반체인 개체를 만들어 낸 것이다.

생명체의 유전자나 세포도 기본적으로 무기물의 합성으로 만들어진 유기물에 시작되었음은 분명하다. 뇌에서 정신 활동을 담당하는 다양한 신경 세포들도 같은 출발점에서 진화된 결과 형성되었다. 현대 사회생물학자들은 이러한 점에 주목하면서 인간의 정신 역시 본질적으로는 물리 현상과 반응이라는 결론에 이르렀다. 현실의 복잡한 구조와 요소의 뿌리가 되는 가장 단순한 것에서 진화 원리를 찾는 사회생물학의 결론이 유전자였다. 이제는 정신을 다루면서 더 소급해 올라가서 물리적 사건으로서의 활동, 확률적인 계산이라는 물리학적인 탐구 영역으로 전환되었다.

생물학적 환원주의에서 벗어나기 위하여

가장 간단한 것에서 특히 물리적이거나 기계적인 최소단위에서 근원적인 결정 요인을 확인할 수 있다고 여기는 현대 생물학 논리를 환원주의적인 오류로 비판하는 사람이 많다. 환원주의는 복잡한 현상의 원인을 하나의 현상에서 구하는 사고방식으로, 복잡한 구조와 속성이 부분을 통해서 설명될 수 있다는 신념이다. 이러한 환원주의는 기계론적 세계관과 함께 근대 과학의 중심적인 특성으로 자리 잡았다.

근대의 기계론적 세계관에 기초한 환원주의를 대표하는 사람으로 르네 데카르트(Rene Descartes, 1596~1650)를 꼽을 수 있다. 그는 《방법서설》에서 동물이 단순한 자동기계임을 증명하기 위해 육체의 동작과 생물학적 기능을 기계적 조작으로 환원했다.

> "원숭이 또는 이성을 갖지 않은 다른 동물과 똑같은 기관을 가졌고, 같은 모양을 한 기계가 있다면 동물과 어딘가 다름을 인정할 수단을 우리는 갖지 못한다. 그러나 우리 신체와 닮았고, 행동을 흉내 내는 기계가 있어도, 진짜 인간이 아님을 인정하기 위해 매우 확실한 두 가지 수단이 있다."

_르네 데카르트,《방법서설》, 동서문화사

동물은 아무리 사람과 가장 비슷한 원숭이라 해도 기본적으로 기계 작용과 차이가 없다. 외부와 내부의 기관이 같은 모양과 기능을 갖추고 있다면 동물과 기계는 다르지 않다. 움직임도 변수가 안 된다. 비록 사람이 만들었지만, 시계나 동력 기계처럼 각종 방법으로 스스로 동작하는 힘을 갖고 있기에 본질에서 다르다고 볼 이유가 없다.

그가 '이성을 갖지 않은 동물'이라고 단서를 붙였듯이, 인간도 이성을 제외한 신체는 기계 작용과 같다. 그는 "나는 인간의 육체를 하나의 기계라고 생각한다."라고 규정하기도 했다. 심지어 병든 사람을 잘못 제조된 기계에, 건강한 사람을 잘 제조된 기계에 비유했다. 모든 동물의 각 신체 기관 구조와 작용, 활동에서 나타나는 판단과 행동은 기계와 구분하기 어렵지만, 오직 인간만은 특별한 존재인 셈이다.

데카르트는 기계와 인간의 질적인 차이를 두 가지 수단에서 찾았다. "첫째, 기계는 자기 생각을 나타내기 위해 말이나 신호를 사용할 수 없다." 말하는 기계를 만들 수는 있지만, 기계에 가해진 물리적 행위에 적절한 말만 한다. 인간에 의해 입력된 범위 안에서만 기계적으로 반응할 뿐이다. 상황에 맞게 말을 바꾸어 사용하는 인간의 말이나 언어와 근본적으로 다르다.

다른 하나는 인간 이성에 해당하는 차이다. "둘째, 기계는 인간처럼 이해에 의해 움직이지 않고 기계적인 배치에 따라 움직인다." 이성은 모든 상황에서 사용할 수 있는 보편적인 도구다. 기계는 기계적으로 배치된 특정한 판단만 한다. 이성이 삶에서 일어나는 모든 일에 대처할 수 있다면, 기계는 그만큼 많은 장치를 갖추는 게 불가능하기에 근본적으로 다르다.

인간이 기계와 구분되는 가장 중요한 기준은 '상황에 맞게' 생각하고 언어를 사용하는 이성 능력이다. 데카르트의 주장은 인간을 제외한 동물에 적용되는 기계론적 환원주의다. 그런데 인간을 동물이나 기계와는 전혀 다른 존재로 규정하고자 했던 그의 의도와는 달리, 이러한 환원주의 논리는 현대에 와서는 인간과 동물·기계의 구분을 무의미하게 만드는 더욱 강력한 생물학적 환원주의의 근거가 되었다.

그의 논리대로라면 동물도 '상황에 맞게' 생각하고 일정한 언어 사용이 입증되면 차이가 사라진다. 다윈의 진화론 이후 동물 행동 연구에 근거한 사회생물학의 발전에 힘입어 동물에게도 비슷한 기능이 있음을 알게 되었다. 또한 '상황에 맞게' 판단하고 말·글을 사용하는 기계가 만들어지면 인간과의 차이가 무의미해진다. 그런데 현대 신경과학과 뇌과학의 발전, 나아가 컴퓨터와 인공지능 기술의 발달로 스스로 학습해 유연하게 대응하는 로봇이 생겨날 수 있었다.

살아 있는 유기체를 기계적 작용으로 기술하는 것이 다윈 이후 생물학자·의학자·심리학자들의 중요한 해결 과제였다. 급진적인 환원론자들은 생명현상이 그 생명을 구성하는 각 부분의 물리적·화학적 설명으로 환원되어야 한다고 주장했다. 이는 르원틴이《우리 유전자 안에 없다》에서 지적한 내용이기도 하다.

"환원론적 시각에서 행동은 정량화될 수 있고, 표준과의 관계 속에서 분포되고 혹은 어떤 방식으로 '뇌 안에' 위치시킬 수 있게 된다. 이는 19세기 이론화의 중요한 관심이었다. (…) 다윈에 의해《인간과 동물의 감정 표현》에서 명확하게 표명되었다. (…) 1950~1960년대의 분자생물학은 의도적 공식화 속에서 표현된 기계론자들의 최종적 승리를 제공했다. 그 공식은 'DNA→RNA→단백질'이다." ＿리처드 르원틴,《우리 유전자 안에 없다》, 한울

생물학적 환원론의 출발을 다윈으로 지목한다. 실제로 다윈은《인간과 동물의 감정 표현》에서 인간의 감정 표현을 진화로 만들어진 신체 기관의 활동으로 설명했다. 심지어 정신 활동의 중심 영역인 '의식'도 그 연장선에서 이해했다. "나는 의지, 의식 그리고 의도라고 하는 용어를 적절히 적용하는 것에 상당한 어려움을 느끼는 경우가 종종 있었다." 비록 '종종'이라는 단서를 달기는 했지만, 실제 내용은 전체적인 환원론에 가깝다.

다윈은 독립적인 정신 작용으로 여기는 의식이나 의지가 실상

은 유전적으로 습득된 동작의 일환이라고 했다. 그 결과 아주 먼 옛날에 의지로 행해진 행동을 촉발한 원인이 오늘날의 인류에게 작용하면 '반사 작용'에 의한 행동으로 이루어진다. "의식과 의욕이 의존하고 있는 세포와 먼저 통하지 않고 운동 세포를 자극한다." 우리가 자유의지나 독립적인 의식의 결과라고 생각하는 상당수의 행동이 사실은 유전으로 획득된 신체적인 '반사 작용'이다.

다윈의 환원론적 접근은 생물에 대한 미시적인 눈을 제공함으로써, 이후 생체분자를 규명할 수 있었고 생물의 독립적인 기능단위인 세포를 발견하게 했다. 또한 세포학의 도입은 생물학을 탄탄한 기초 위에 올려놓았고 생물학 발전의 획기적인 장을 열었다. 그로 인해 생명현상을 물리적·화학적 상호작용으로 환원하는 경향은 분자생물학의 기본 주류가 되었다.

도킨스의 환원적인 발상은 더 노골적이다. 유전자가 생존 기계와 신경계를 조립하는 방법을 지령함으로써 개체의 행동에 궁극적인 영향을 미쳤다. 인간의 자유의지도 착각이다. 특수하게도 인간의 뇌가 고도로 발달함에 따라 일정하게 방침 결정의 역할을 맡기는 한다. 하지만 유전자 입장에서는 궁극적이고 종합적인 방침을 뇌에 이미 내려놓은 상태이고, 정신은 이 틀 내에서 부분적인 결정을 할 뿐이다. 여전히 궁극적인 결정은 유전자에 의해 내려진다.

유기체의 복잡성을 비약적으로 증가시키는 행동조차 유전자의 단순한 원리를 통해 설명할 수 있다는 환원주의적인 시각이 현대 사회를 지배했다. 나아가 최근에는 유전공학과 뇌과학을 중심으로 한 생물학적 환원주의가 인공지능 관련한 정보화 기술에 결합하면서 기계론적 환원주의는 더욱 강화된 현대적인 형태로 변신했다. 정신 활동의 상당 부분을 기계 작용인 인공지능이 대신할 수 있다는 믿음이 확대되었다.

정신이나 행위가 유전으로 획득된 신체적인 '반사 작용', 조금 더 구체적으로는 뇌에서 일어난 '물리·화학적 반응'이라는 환원주의는 사실 새로운 경향이 아니다. 사물의 형성이나 운동은 물론이고 정신과 행동까지 역학적인 법칙에 의한 인과관계로 환원하는 기계론이 고대 철학부터 여러 모습으로 변신하며 이어져 왔다. 현대 사회에서는 유전자 결정론을 중심으로 한 생물학적 환원주의가 지배적인 경향으로 자리 잡았다.

 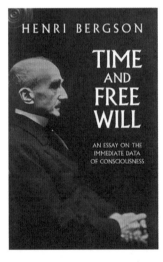

앙리 베르그송, 《창조적 진화》 표지, 2019년   앙리 베르그송, 《시간과 자유의지》 표지, 2001년

다윈 진화론 이데올로기에 맞짱을!

역사적으로 기계론의 대척점에 목적론이 있었다. 사물이든 인간이든 자체의 목적에 의해 존재하고 자기 발전으로 변화한다는 사고 방식이다. 다윈의 진화론은 적어도 유기체에 관한 한 목적론의 기반을 결정적으로 무너뜨렸다. 생명을 지닌 개체 자체의 목적 실현이 아니라 자연 선택에 의한 진화로 생겨나고 변화했음을 부정할 수 없게 되었으니 말이다. 문제는 다윈에게서 새로운 단서를 마련하고, 이후 물리·화학 분야의 새로운 발견과 결합하면서 기계론적 환원주의가 그 자리를 대신하고 있다는 점이다.

생물학적 환원주의에서 벗어나는 길이 과학 발전으로 이미 설득력과 효력을 잃은 목적론으로의 회귀일 수는 없다. 생명의 기원과 변화의 원리를 규명한 진화론에 기초하면서도 인간의 정신과 행동과 관련해 환원주의에 빠지지 않을 방향을 찾아야 한다. 그러한 점에서 기계론과 목적론을 모두 넘어서려 했던 프랑스 철학자 앙리 베르그송(Henri Bergson, 1859~1941)의 문제의식은 나름대로 의미가 있다. 그의 주장에서 나타나는 여러 한계에도 불구하고 발전적으로 검토할 필요는 있다. 그는 《창조적 진화》에서 의식과 뇌 물질의 관계를 설명했다.

"의식이 품고 있는 잠재 행동이 신경중추에서 언제든 실행 신호를 접수하듯, 두뇌는 매 순간 의식의 운동 지시에 신경 쓴다. (…) 의식의 운명이 뇌 물질의 운명에 얽매여 있지는 않다. (…) 그러나 의식은 물질을 가로질러 가려면 어쩔 수 없이 물질에 올라앉아야만 하며, 거기에 적응해야만 한다. 이 적응이야말로 지성의 본분이다." _앙리 베르그송, 《창조적 진화》, 동서문화사 그에 의하면 의식은 자기에게 생명을 주는 유기체의 상태와 변화를 직접 겪지만, 그렇다고 해서 유기체에 구별할 수 없을 정도로 속박되어 있는 것은 아니다. 의식이 신경세포의 신호에 연결되어 있듯이, 뇌 물질도 의식의 선택에 영향을 받는다. 그러한 점에서 긴밀한 관계를 맺고 있지만 서로가 상대의 운명을 결정하지는 않는다.

베르그송은 진화론과 과학이 밝혀낸 새로운 사실을 받아들였다. 무기물과 유기물 사이에 세워져 있던 기존의 높은 벽을 허물었다. "무기물을 통해 생물의 진위를 더 깊이 파볼 수 있을 것이다." 화학은 무기물에서 유기물의 합성을 실현할 수 있다. 아주 초보적인 유기물에서 점차 단순한 생명체가 생겨났으며, 진화를 거치며 복잡한 생명체로, 나아가 현재의 다양한 개체를 품은 자연을 만들어 왔다.

그러나 진화가 곧바로 개체가 모든 부분에서 타율적일 수밖에 없음을 의미하지는 않는다. 진화를 일으키는 변이는 어떻게 생겨나는가? 생물이 자기가 사는 환경에의 적응하는 과정임은 분명하다. 그런데 적응은 저절로 일어나는 자동적 과정이 아니다. 개체가 환경에 적응하려는 치열한 '노력'이 있어야 나타나는 현상이다. 노력이 중요한 역할을 한다는 점에서 변이는 개체의 의지나 의식을 포함한다. 의식이 뇌 물질의 운명에 얽매여 있지 않은 이유다.

기계론과 목적론은 서로 반대 방향에 있더라도, 저지르는 오류는 공통적이다. 부분적인 요인을 전체로, 충분히 검증되지 않은 명제를 너무 먼 데까지 확대 적용하는 데 있다. 목적론의 잘못은 지성에 의한 개념에 과도한 비중을 두면서 생긴다. 그런데 생각은 고립된 섬이 아니다. "우리는 오로지 행동하기 위해서 생각한다." 행동을 위해서는 먼저 목적을 정하게 되고 이를 실현할 의지가 중요해진다. 행동과 생각을 동시에 고려할 때 비로소 적응과 의식이 긴밀하게 관계를 맺는다. 기계론과 목적론의 문제를 모두 넘어설 가능성이 생긴다.

그런데 왜 베르그송은 물질에의 "적응이야말로 지성의 본분"이라고 하는가? 여기에서 지성은 우리가 흔히 '이성'이라고 부르는 합리적·분석적 사고를 말한다. 지성은 자유로운 정신의 근거가 아니라는 의미다. 반대로 지성에 의존할 때 정신을 물질에 묶어 놓았다.

"인간적 지성은 타성적 대상, 특히 고체들 사이에 방치되어 있을 때는 편안함을 느낀다. (…) 개념은 고체의 모습에 따라 형성되어 왔으며, 논리는 무엇보다 고체의 논리다. 그러므로 우리의 지성은 기하학에서 승리를 거둔다."
_앙리 베르그송,《창조적 진화》, 동서문화사

지성의 역할은 주로 외부 세계 사물끼리의 관계를 표상하는 일, 즉 물질을 사고하는 일이다. 공간에서 특정한 위치와 크기·질량을 갖고 존재하고 움직이는 물질을 분석한다. 이성이 고안한 개념이나 논리도 공간적인 물질에 근거를 둔다. 지성은 언제나 주어진 요소들로 재구성하는 작업에 몰두한다. 예측할 수 없는 것은 인정하지 않는다. 기하학은 지성과 물질이 맺는 관계를 대표적으로 보여 준다. 논리적 사고와 생명이 없는 물질의 친근한 관계가 잘 드러난다.

지성의 역할은 우리를 둘러싼 물질적 환경을 분석하고, 선택과 행동이 환경에 맞도록 하는 일이다. 물질이나 환경에 대해 상대적인 자율성을 지니게 하기는커녕 오히려 정신을 여기에 속박하는 역할을 한다. 지성이 발달할수록 정신의 자유는 더 줄어든다. 지성이 아니라면 정신은 어디에서 상대적인 자율성을 얻는가? 베르그송은《시간과 자유의지》에서 자유의 가능성을 모색했다.

"행위는 모든 감정과 사상, 내적인 갈망에 부합하며, 과거 모든 경험의 등가물인 생에 대한 개인의 관념에, 요컨대 행복과 명예에 대한 개인적 관념에 상응한다. (…) 자유는 구체적 자아와 그것이 행하는 행위와의 관계를 이른다." 　　　　　　　　　_앙리 베르그송,《시간과 자유의지》, 삼성출판사

앞에서 살펴보았듯이 변이는 환경에 의해 저절로 이루어지는 현상이 아니다. 환경에 맞닥뜨린 개체의 치열한 '노력'이 있어야 하는데, 노력은 현실에서 구체적인 행동으로 나타나기 마련이다. 인간의 행동은 무작위로 일어나지 않는다. 개인의 내적인 감정과 갈망이 행동의 방향과 방식에 영향을 준다. 또한 개인이 살아가면서 쌓인 경험으로 형성된 행복에의 관념도 행동에 중요한 역할을 한다.

이로 인해 같은 상황이나 환경이라 해도 개인마다 다른 행동이 생겨난다. 물질과 환경에 대해 개체들이 타율적이고 획일적인 수용이 아니라, 능동적이고 개별적인 적응으로 나아갈 가능성이 생긴다. 대응하려는 노력과 행동의 근거로 작용하는 감정·갈망과 행복에의 관념은 이성과 다른 정신 활동이다. 지성이라기보다는 생에 대한 욕

구와 연관된 '의지'다. 개인마다 다른 의지를 지니고, 내적인 요인이 상당히 작용한다는 점에서 '자유의지'다.

자유는 막연하게 자유를 의식하는 생각에서 오지 않는다. "자유는 구체적 자아와 그것이 행하는 행위와의 관계를 이른다." 구체적인 생에 대한 욕구를 가진 개인과 그 개인의 행위 사이를 '의지'가 매개한다. 그러므로 자아는 활동적인 의지를 본질로 한다. 이성은 오히려 "자아의 활동성을 응결시킴으로써 마침내는 자발성이 타성으로, 자유가 필연으로 변질"된다. 지성이 자유로운 행위를 의식적인 자동기계 장치로 변질시킨 것이다.

베르그송은 인간의 본질적인 자유를 의지에서 찾음으로써 기계론과 목적론 모두에서 벗어날 길을 모색했다. 의지가 생명체의 욕구에 기반을 두고 있다는 점에서 진화에 긴밀하게 연결된다. 하지만 개인마다 다른 갈망과 관념을 갖고 능동적으로 행동한다는 점에서 기계론의 속박에서 벗어난다. 또한 물질·생명과 연결된 끈을 끊고 자신의 독립적인 목적으로 세계와 인간을 이해하는 목적론을 넘어서려 한다. 목적론의 핵심 수단인 이성이 오히려 정신의 자유를 훼손한다는 점을 강조한다.

베르그송이 《창조적 진화》에서 "인간이 진화의 마지막이며 목적"이라고 규정하듯이, 여전히 목적론의 흔적이 묻어 나오는 점을 부인하기 어렵다. 또한 '의지'를 통한 자유로운 정신의 모색이 현재 문제가 되는 사회생물학의 환원주의를 극복할 유력한 통로인지도 명확하지 않다. 그런데도 베르그송의 문제의식을 살펴본 이유는 기계론과 목적론을 모두 넘어서려 했던 시도 자체의 중요성 때문이다. 진화론이 환원주의에 빠지지 않는 방향으로의 모색이 절실하기에 그의 시도를 검토하는 작업이 나름의 의미가 있다는 생각이다.

속류 경험론에서 벗어나기 위하여

다윈 진화론의 철학적인 기반은 영국의 근대 경험론이다. 다윈 이후의 생물학이나 사회진화론, 현대 사회생물학도 대체로 경험론 전통위에서 이론 작업이 이루어졌다. 근대 경험론의 아버지로 불리는 프랜시스 베이컨(Francis Bacon, 1561~1626)은 《신기관》에서 인간이 자연의 사용자와 해석자로서 자연에 대해 무언가를 알기 위해서는 관찰이 우선되어야 한다고 주장했다.

> "자연의 질서에 대해 실제로 관찰하고, 고찰한 것만큼 무엇인가를 할 수 있으며 이해할 수 있다. 그 이상은 알 수도 없고, 할 수도 없다. (…) 인간이 할 수 있는 일은 다만 자연물을 결합하거나 해체하는 것일 뿐, 그 나머지는 자연 그 내부에서 스스로 진행된다." _프랜시스 베이컨,《신기관》, 한길사

인식이나 학문은 전혀 존재하지 않은 어떤 것을 창안하지 못하고, 관찰을 통해 발견된 것을 정교하게 배열할 뿐이다. 이미 발견된 성과조차도 학문의 공로라기보다는 경험 덕분에 얻은 것이다. 관찰을 통한 경험이 인식의 출발이라면, 추상적 개념에 의존한 학문은 순

서가 완전히 뒤바뀐 작업이어서 성과를 낼 수 없다. 필연적으로 거짓과 오류에 빠진다.

자연을 관찰하고 원리를 찾기 위해서는 끊임없이 실험 사례를 모으고, 분석하는 방법을 따르라고 한다. 자연은 개별 사물로 존재하므로 철학은 있는 그대로의 자연을 전제로 해야 한다. "인간이 할 수 있는 일은 다만 자연물을 결합하거나 해체하는 것일 뿐, 그 나머지는 자연 그 내부에서 스스로 진행"되기 때문이다. 어떤 현상의 결과를 미리 판단해서는 안 된다.

경험론은 베이컨과 로크, 흄 등을 거치면서 영국 내의 지배적인 경향으로 자리 잡았다. 특히 각 분야 과학자들에게는 절대적인 권위를 지닌 학문 방법론 지위에 있었다. 다윈 역시 경험론자들이 세운 전통에 따라 충실하게 표본을 수집하고 식물과 화석과 새들을 비교·분석했다. 《종의 기원》에 제시된 진화론은 대서양을 통해 남미대륙, 태평양을 가로질러 뉴질랜드와 오스트레일리아, 인도양을 횡단하여 아프리카를 거치는 긴 여정에서 직접 경험한 현상을 관찰하고 수집한 자료를 분석한 결과였다. 경험론의 문제의식과 학문 방법을 적용했다.

학문 방법만이 아니라 진화론의 발상에서도 경험론 철학의 영향이 적지 않았다. 다윈은 영국의 경험주의를 완성했다고 평가받는 철학자 데이비드 흄(David Hume, 1711~1776)의 저작을 평생에 걸쳐 여러 차례 읽었다. 특히 진화론을 구상하던 시기에 흄의 저작을 읽었다는 기록이 있음을 고려할 때 그의 이론에 미친 영향을 짐작할 수 있다.

흄의 어떤 부분을 받아들였는지는 다윈이 명시적으로 언급한 내용이 없으니 알 길이 없다. 하지만 흄 이론과 다윈 저작의 연관된 내용에 주목해서 보면 어느 정도 연결은 가능하다. 인상과 관념을 구분하여 정신에 대해 논한 부분이, 다윈이 진화론을 인간의 정신에 적용한 《인간의 기원》이나 《인간과 동물의 감정 표현》에 스며들었으리라는 점을 추측할 수 있다. 흄은 《오성론》에서 정신에 나타나는 지각을 인상과 관념으로 구분했다.

"내가 눈을 감고 내 방을 생각할 때, 내가 만드는 모든 관념은 내가 느낀 인상의 정확한 재현이다. (…) 관념과 인상은 항상 서로 대응하는 것으로 나타난다. (…) 끊임없는 경험을 통해 단순 인상이 언제나 대응 관념에 앞서며, 결코 거꾸로 된 순서로 나타나지 않는다."

_데이비드 흄, 《인간이란 무엇인가-오성론》, 동서문화사

관념과 구분되는 인상을 설정함으로써 정신이 감각 대상과 직접 연관되는 통로를 마련한다. 그간 관념론 철학은 감각과 직접 관계하지 않고 정신 활동이 이루어진다는 논리로 인간을 감각에 전적으로 의존하는 동물과 구별했다. 그런데 흄은 인간 정신의 특징이라고 여기는 관념이 인상의 도움 없이는 작용할 수 없다고 한다. 아예 인상의 복사물이 관념이라는 '복사 원리'로 규정한다.

인상과 관념은 항상 같이 작용하지만, 인상이 언제나 대응 관념에 앞선다. 인상과 관념은 일방향의 관계다. 흄은 어떤 아이에게 주홍

이나 오렌지 색깔 또는 단맛이나 쓴맛의 관념을 제공하기 위해 대상을 직접 보여 주겠다고 했다. 그리고 곧바로 색깔 또는 맛의 인상을 전하지, 먼저 관념을 불러일으킴으로써 인상을 만들어 내려고 애쓰는 것처럼 어리석은 행동을 하지는 않는다고 단언했다. 관념은 인상이 제공한 정보를 대상으로 작업을 할 수 있을 뿐이라는 것이다.

과거 관념론 철학은 독립적이고 통일된 하나의 자아를 지닌 존재로서의 인간을 상정했다. 하지만 흄이 보기에 우리의 '자아'는 독립적인 정신 위에 세워지는 게 아니다. 인상과 인상에서 만들어진 관념이 정연하게 모여 있는 집합이다.

다윈이 진화론을 인간에게 적용할 때 가장 큰 난점은 정신의 자율성·독립성 문제였다. 자연 선택을 인간에게 온전하게 적용하려면 신체 변화만이 아니라 정신 활동도 포함되어야 했다. 그런데 정신이 자연이라는 감각 대상과 무관하게 활동하고 발전할 수 있다면, 적어도 인간에 관한 한 자연 선택은 반쪽짜리 이론이 되어 버린다.

감각 대상과 직접 연결된 인상과 감정을 정신의 출발점으로 삼는 흄의 주장은 다윈에게 이론적 돌파구를 마련해 주었을 것이다. 감각 대상과 관계를 맺을 때 정신이 제 기능을 할 수 있다는 점에서 정신도 자연 선택과 직접 연결될 수 있기 때문이다.

특히 다윈이 보기에 인간의 진화에서 집단 선택이 중요한 역할을 하는데, 여기에는 도덕심과 양심이 크게 작용한다. 그런데 고대 그리스 철학에서 근대 합리주의 철학에 이르기까지 도덕과 양심은 감각과 무관하게 이성에 속하는 영역이라는 주장이 지배적이었다. 흄이 정신의 근거가 감각 대상과 감각, 그리고 감정임을 주장함으로써 이 난제에도 해결의 실마리를 제공했다. 다윈은 인간이 생존을 위해 공동체를 유지하려는 사회적 본능에서 도덕심과 양심이 생겨났다고 한다. 사회적 본능을 공동체를 위해 목숨까지도 버리는 감정으로 본 다윈의 생각에 흄이 영향을 주었을 것이다.

다윈 이후 진화론을 계승한 생물학자, 그리고 윌슨이나 도킨스와 같은 현대 사회생물학자 역시 대부분 철학적인 기반을 경험론에 두고 있음을 밝혔다. 하지만 경험론에 기초한 과학이라는 그들의 신념과 자부심에도 불구하고, 경험론 철학을 뒷걸음질 치게 만든 면도 무시할 수 없다. 의도하든 의도하지 않든 베이컨과 흄의 경험론에서 역동성을 제거하고, 기계적인 속류 경험론으로 후퇴시킨 면이 있다.

베이컨은 《신기관》에서 여러 차례 경험론을 단순화시키는 오류를 경계했다. 그가 경험론의 창시자는 아니다. 고대 그리스 철학부터 베이컨 이전까지 경험을 중시하는 철학 경향은 늘 있었다. 그러나 대체로 기계적인 유물론의 단순 수용에 머물렀다. 그리스 유물론자들은 몇 번의 실험을 주의 깊게 한 다음, 그 실험에 맞추어 곧바로 종합적인 이론 체계를 수립하려 든다고 비판했다.

특히 유물론자들의 경우는 경험론에 대한 왜곡된 인식을 초래할 우려가 있기에 경계를 게을리해서는 안 된다. "우리의 간곡한 권고를 받아들인 사람들이 이해가 부족하거나 성급한 탓에, 소수의 실험에서 곧바로 일반적 명제와 원칙으로 치달을 가능성이 있기 때문"에 중대한 위험성을 가지고 있다. 경험이나 실험의 중시가 곧바로 베이컨

조셉 라이트, <현자의 돌을 찾는 연금술사>, 1771년

과 흄의 경험론은 아니다. 여러 차례의 실험과 몇몇 관련 성과가 있었다고 해서 곧바로 과학적인 경험으로 이어지지는 않는다. 오히려 과학에서 가장 거리가 먼 신념이나 결론에 도달할 수도 있다. 과학의 역사에서 대표적인 사례가 '연금술'이다.

18세기 유럽의 눈부신 과학기술 발전을 소재로 작품 활동을 한 대표적인 화가 조셉 라이트(Joseph Wright, 1734~1797)의 〈현자의 돌을 찾는 연금술사〉는 실험에 몰두하는 연금술사를 묘사하고 있다. 중앙에 연금술사가 실험기구 앞에 앉아 새로운 발견에 경탄하는 듯하다. 뒤쪽에 조수로 보이는 청년 2명이 작업하는 중이다. 연금술사가 관찰하고 있는 것은 유리로 만들어진 비커 안에서 빛을 발하는 인광체다.

영국의 과학자 로버트 보일이 원소 개념을 명확히 하기 전까지 연금술사들은 '현자의 돌'을 만들어 내기 위해 혈안이 되어 있었다. 현자의 돌은 비금속을 황금으로 변화시키는 힘이 있다며 연금술사가 찾아 헤매던 물질이었다. 이들은 금을 만드는 과정에서 이 물질이 필요하다고 생각했다. 연금술사들은 온갖 물질을 혼합하는 노력을 기울였으나 성공하지 못했다. 연금술은 화학적 지식의 축적으로 원소의 개념이 확립되고 금이 화합물이 아닌 원소라는 사실이 이해됨에 따라 근거 없는 것임이 밝혀졌다.

연금술이 실험이나 경험, 하물며 과학과 무슨 관련이 있느냐고 의문을 품을 수 있다. 고대에서 중세를 거쳐 근대에 이르기까지 이들은 수도 없이 많은 실험을 거듭했다. 화학, 금속학, 물리학, 약학 등 과학이라는 부르는 다양한 분야를 망라해 온갖 지식을 활용하고 융합이 이루어졌다. 또한 용해된 여러 금속을 섞거나 여기에 비금속 화학 물질을 섞는 과정에서 전에 없던 새로운 금속이 만들어지는 경험을 여러 차례 겪기도 했다. 현대 과학에서도 쓰이는 증류와 정제 기술, 각종 실험도구 발명 등으로 화학 연구의 기초를 쌓은 면도 있다. 오랜 기간 실험과 경험이 축적되었기에 여러 금속·비금속을 섞어 금을 만들어 낸다는 생각이 당시로서는 터무니없는 생각이 아니었다.

실험과 경험에 기초했어도, '현자의 돌'이라는 신비주의적인 주장

다윈 진화론 이데올로기에 맞짱을!

에 도달하는 연금술처럼 얼마든지 과학적인 사고에서 멀어질 가능성이 있음을 보여 준다. 몇 차례의 실험과 성과에 근거하여 성급하게 일반적인 이론으로 성급하게 치달아 버릴 때 초래되는 위험한 결과다.

베이컨은 유명한 네 종류의 우상 비판, 즉 정신을 사로잡아 인식을 오류로 이끄는 종족·동굴·시장·극장의 우상 비판에서도 속류 경험론을 포함한다. '동굴의 우상'은 개인의 특수성에서 오는 오류인데, "정신은 각자의 기질에 따라 변덕이 심하고, 동요하고, 말하자면 우연에 좌우되는 것"이기에 오류에 빠지기 쉽다. 여기에는 사물에 대한 관찰과 실험을 소홀히 하고 사물을 복합적 형태 그대로 고찰하는 오류만 있는 게 아니다.

데모크리토스의 원자론처럼 자연을 단순한 요소로 쪼개어서 관찰하여 일반적 결론에 도달하는 기계적 유물론도 심각한 오류다. 사물이나 세계의 전체 구성을 무시하여 우리를 잘못된 길로 인도한다. 원자의 운동으로 사물의 형체나 운동만이 아니라 인간 정신이나 개인 성격까지 규정한다. 현대 사회생물학의 유전자 결정론도 자연을 단순한 요소로 쪼개어 정신과 사회적 행동까지 일반적으로 규정하려 시도한다는 점에서 비슷한 오류라는 비판에서 자유롭기 어렵다.

그릇된 증명 방법으로 발생하는 '극장의 우상'에도 속류 경험론이 쉽게 빠지는 오류가 포함된다. 경험이 중요하기는 하지만 어떤 실험에서 얻은 경험을 비슷한 다른 사례에까지 무분별하게 적용할 경우 그릇된 결과를 초래한다. 이 역시 몇몇 동물의 진화에서 나타나는 특징을 무리하게 인간 정신에 적용하는 현대 학자들의 시도를 뒤돌아보게 한다. 일부 동물 행동에서 나타나는 특징을 다른 동물이나 다른 종에, 심지어 전체 동물에 적용하는 경우가 적지 않다. 현대의 진화심리학자 중에는 동물 행동을 근거로 인간 심리에 연결하는 시도가 꽤 빈번하게 나타난다.

베이컨이 개별 사물을 대상으로 한 관찰에서 출발해 고도한 수준의 사고 작용을 나아가는 이론 작업을 부정하는 것은 당연히 아니다. 학문은 바로 개별 사물을 규정하는 원리에 대한 탐구와 발견 및 개발을 자기 임무로 한다는 의미에서 추상 작용은 필요하고 또한 중요하다. 사물과 정신의 관계는 개별 사물의 직접 반영이라는 일방적 관계가 아니라, 정신에 의한 적극적 작용이 결합한 상호 관계여야 했다.

과학적인 학문 방법론으로서 귀납법을 강조했다. 구체적 사실로부터 보편적 사실을 추론해 내는 방식이다. 그런데 이를 협소하게 이해하면 속류 경험론 오류에 빠진다. 귀납법은 한두 번의 실험이 확실한 결과를 보여 주었다고 해서 이를 근거로 곧바로 일반적 결론에 이르는 방법을 의미하지 않는다.

"귀납법은 단순 나열의 유치한 귀납이 아니다. 단순 나열의 귀납은 보통 소수 사례, 손쉽게 얻을 수 있는 사례, 특히 두드러진 사례들만 가지고 판단하기 때문에 믿을 만한 결론을 내릴 수 없을 뿐만 아니라, 단 한 가지라도 반대 사례가 나타나면 결론이 당장 무너진다." _프랜시스 베이컨, 《신기관》, 한길사

이어서 개별 사물이나 사례에서 출발해 일반적인 공리에 도달하

는 올바른 귀납의 길을 제시했다. 사물과 관찰이나 실험에서 명제로 치닫지 않고, 일정한 단계를 중단이나 두절 없이 연속적으로 상승하는 길이다. "개별 사례에서 저차원의 공리, 다음에 중간 수준의 공리, 계속해서 고차적 공리로 차츰 올라가, 마지막으로 가장 일반적 공리에 도달하는 길"이다.

사례에서 여러 중간 단계의 공리를 거쳐 최종적 공리에 도달하는 방법만으로 올바른 경험론 학문 방법이 끝나지도 않는다. 상호작용을 통한 신중한 검토가 뒤따라야 한다. 귀납을 구체에서 추상으로 나아가는 길만으로 한정하지 않는다. "그와 같은 학문적 경험으로는 대단한 발견을 기대할 수는 없다." 개별 사물에서 출발해 가장 일반적 공리에 도달하는 길만으로는 대단한 발견에 도달하지 못한다. 새로운 빛이 필요하다. "우리가 가는 길은 평지가 아니라 오르막이 있고 내리막도 있어서 공리까지 올라갔다가 다시 내려와 성과에 이르는 것이다."

구체적 사례에서 추상적 원리에 이르는 상승 과정만으로는 완결적이고 성과 있는 결과에 도달하기 어렵다. 학문이 진정으로 확실한 토대 위에 서고 궁극적으로 현실에서의 유용성을 지니기 위해서는 추상에서 다시 구체로 하강하는 과정이 필요하다. 베이컨은 이를 오르막과 내리막이라는 표현을 통해 정확히 표현했다. 가장 고도한 공리에 도달한 다음에는 다시 개별 사례에 적용하면서 공리의 정당성과 현실성을 검증했다. 구체와 추상의 지속적인 교차 작업을 통해 공리가 공리에 머무르지 않고 현실에 유용한 적용의 과정으로 들어갈 수 있다.

신중함에 신중함을 더한, 복합적이고 역동적인 연구 방법을 사용해야 과학적으로 의미 있는 결론에 도달한다. 기존의 기계적 유물론이나 속류 경험론과 얼마나 다른지를 알 수 있다. 베이컨만 엄격한 게 아니다. 흄은 여기에서 한발 더 나아간다. 《오성론》에서 개연성과 인과 관념에 대해 논하면서 도달한 공리에 어떤 관점을 가져야 하는지를 설명했다.

"모든 종류의 추론은 비교에 지나지 않는다. 서로 관련된 둘 이상의 대상이 갖는 계속적이거나 일시적인 관계를 오로지 발견할 뿐이다. (…) 일반적으로 모든 존재에 속하면서 그 존재에게 인과라는 이름에 알맞은 자격을 부여하는 어떤 성질이 없다는 것은 확실하다."

_데이비드 흄, 《인간이란 무엇인가-오성론》, 동서문화사

사례에서 저차원의 공리로, 그리고 중간과 고차원을 거쳐 가장 일반적인 공리로 나아가는 각 단계에는 추론이 사용된다. 흄에 의하면 모든 추론은 복수 대상의 관계를 비교하면서 얻는 지식일 뿐이다. 정신은 감각기관을 통해 인상을 오직 수동적으로 받아들이기 때문이다. 그러므로 존재나 관계에 대해 절대적인 확실성을 갖는 추론은 기대하기 어렵다.

사정이 이러하니 추론으로 도달한 공리를 각 사물이나 사건들 사이에 원인과 결과로 적용하는 시도도 문제가 된다. 물론 경험에 의

다윈 진화론 이데올로기에 맞짱을!

해 대상과 대상 사이에, 관념과 관념 사이에 인과관계를 설정할 수는 있다. 문제는 이를 필연적 원인이나 법칙 의미로 고정해서는 안 된다는 점이다. 정신이 상당 기간 한 관념을 변함없이 응시할 수 없기에, 또한 인식이 경험을 토대로 하기에 정신이 귀납의 방법을 통해 도달할 수 있는 것은 필연성이기보다는 개연성이 작용할 수밖에 없다. 그러므로 "충분한 실험으로 어떤 이론을 세우고 나서 더 이상의 연구가 그를 모호하고 불분명한 사변에 빠지게 할 수 있다는 것을 알았을 때 그 수준에서 만족하는 것"이 필요하다.

베이컨과 흄이 제시한 귀납에 의한 연구 방법에 비추어볼 때 윌슨이나 도킨스의 사회생물학이 과연 제대로 된 경험론을 계승하고 있는지는 상당히 의문스럽다. 윌슨이 벌, 개미, 흰개미 등 이른바 사회성 곤충의 사례에서 출발해 여러 단계의 중간 공리를 거쳤다고 보기 어렵다. 곧바로 인간의 사회적 행동과도 일맥상통한다는, 사실상의 최종적인 공리로 치닫는 경향이 있다. 도킨스의 유전자 결정론은 더 심각하다. 유전자에 유전 정보가 담겼다는 사실이 곧바로 우리가 '생존 기계'에 불과하다는 결론을 저절로 정당화해 주지는 못하기 때문이다. 베이컨이 가장 경계했던 기계적 유물론의 오류 가능성이 크다.

유전자와 개체의 행동 사이에는 수많은 중간 단계가 있기 때문이다. 유전자인 DNA가 작용하기 위해서는 활동적인 RNA가 필요하다. DNA와 RNA가 합세해 세포 구조물을 이루는 단백질을 만들며, 또한 유전자를 잘라 내고 이어 주는 효소를 만든다. 소위 유전자 암호라는 것은 사실상 DNA 염기 배열의 명령을 엄청나게 다양한 단백질의 아미노산 배열과 대응시키는 것을 말한다. 이러한 복잡한 과정은 환경적인 조건과 떼려야 뗄 수 없는 관계를 맺는다. 그러므로 유전자의 단위로까지 내려가서 보더라도 환경은 무시할 수 없을 만큼 중요한 역할을 한다.

복잡성은 여기에서 끝나지 않는다. 유전자의 결정을 인간에게 적용하면 더 복잡해진다. 인간의 유전자는 약 35,000개에 이른다. DNA 염기서열은 무려 30억 쌍이다. DNA 염기들은 고정된 역할이 아니라 상호작용 속에서 다양한 방식으로 기능한다. 무려 30억 쌍에 이르는 것들의 복잡한 상호작용을 인류는 아직 다 밝혀내지 못했다. 나아가서 유전자 정보가 개인마다 다른 점을 고려하면 더 어려워진다. 염기서열 정보를 인과적으로 전환하는 데에서 발생하는 적지 않은 문제는 사람의 유전자가 개인마다 다르다는 점이다.

지금까지는 그나마 구체에서 추상으로 올라가는 과정에서 아직 풀지 못한 문제다. 여기에 더해 베이컨이 "오르막이 있고 내리막도 있어서 공리까지 올라갔다가 다시 내려와" 검토해야 한다고 지적한 과제, 즉 추상에서 구체로의 검증 과정까지 포함하면 과연 앞으로도 개인의 정신과 행동에 미치는 유전자의 작용을 정확하게 밝혀내는 게 가능하기는 한지 의문을 품어야 할 정도다. 그런데 도킨스는 아직 명확하지 않은 중간 단계의 수많은 요소에 눈을 감고 '유전자 결정'이나 '생존 기계'라는 섣부른 최종 공리로 달려가는 경향이 있다는 점에서 속류 경험론 혐의를 받을 여지가 크다.

다윈 진화론 이데올로기에 맞짱을!

무한 경쟁과 적자생존의 덫에서 벗어나기 위하여

사회생물학은 과학의 범위를 넘어 이데올로기 성격이 상당히 짙다는 문제점도 보인다. 단순히 이론적인 오류라면 문제가 조금은 덜하겠지만, 유전자의 이기성에 근거한 인간과 사회 이해는 직접적으로 인간의 삶에 영향을 미치게 된다는 점에서 심각한 문제를 일으킨다. 무엇보다도 먼저 불평등한 사회 구조를 정당화하는 이데올로기 역할을 한다.

예를 들어 현대 사회의 경쟁적이고 위계적인 질서를 합리화한다. 흔히 자유주의 경제학자들은 개인마다 다른 능력의 차이가 사회적인 불평등을 만들어 내는데, 개인이 능력이 천부적인 만큼 사회적인 불평등도 본래적이므로 이를 수정하려는 시도는 잘못되었다고 주장한다. 불평등 자체의 인정을 둘러싼 주장이라면 문제가 될 게 없다.

하지만 현실에서의 논란은 불평등의 '정도'에 대한 것이다. 도대체 인간의 능력 차이가 지금 현실에서 극단적으로 나타나는 정도의 불평등을 합리화시켜 줄 만큼 큰 차이인가라는 점이다. 그런데 사회생물학은 극단적인 불평등조차, 비록 생물학자로서 의도한 내용은 아니라 하더라도 사회적으로 이를 합리화하는 논리를 제공한다.

그것은 사회문화 배경을 무시하고 유전자 환원주의를 지지하는 우익 이데올로기 색채를 띤다. 우수한 유전자를 가진 사람과 열등한 유전자를 가진 사람 사이의 불평등은 불가피하다는 논리는 세계적으로 신자유주의적인 보수 이데올로기가 확장되는 흐름과 관련이 깊다는 지적을 받는다. 사회적 불평등을 비롯해 기존 질서를 개선하려는 노력을 인간 본성에서 벗어난 일탈행위 정도로 취급해 버리는, 보수 세력의 '적자생존' 논리의 기초 역할을 한다는 비판에 직면한다.

생존 경쟁과 적자생존은 생물진화론의 중요한 원리였다. 다윈은 《종의 기원》에서 자연 선택의 핵심 동력을 생존 경쟁에서 찾았다. 어떤 생물에게 유용한 변이가 일어나면, 그 개체는 생존 경쟁에서 보존되는 기회를 얻는다. 유전 원리에 따라 이들은 더 나은 형질을 갖는 자손을 생산한다. 다윈은 "이러한 보존의 원리 또는 적자생존의 원칙을 '자연 선택'이라고 명명"한다.

다윈과 함께 진화론의 승리에 공을 세운 라마르크도 비슷한 문제의식을 던진다. 《동물철학》의 핵심 주장인 '용불용설'을 통해 만날 수 있다. "다양한 환경이 동물 각각의 습성에 새로운 욕구와 필연적인 변화를 유발한다. (…) 모든 동물에 있어서 어떤 기관의 더 잦은 사용은 이 기관을 차츰 강화하고 발달·확대시켜 사용 기간에 비례하는 능력을 부여한다."

용불용설을 설명할 때 가장 빈번하게 등장하는 사례가 기린의 경우다. 기린의 엄청나게 긴 목은 진화를 연구하는 그에게 흥미로운 연구 대상이었을 것이다. 그에 의하면 아프리카의 "풀이 거의 없는 건조한 지역에서 나뭇잎을 먹고" 살아야 하는 조건이 기린이 목이 길어지도록 작용했다. 모든 동물은 환경이 제공하는 식량 이상으로 번식하는 경향이 있다. 기린도 마찬가지여서 식량을 놓고 종 내부에서 경쟁이 생긴다. 기린은 아카시아나 살구나무 등의 여린 잎을 좋아한다. 낮은 곳에 있는 나뭇잎은 모두가 쉽게 먹을 수 있기에 점차 희박해진다.

다윈 진화론 이데올로기에 맞짱을!

그러면서 기린은 최대한 목을 뻗으려는 동작을 자주 한다. 여러 세대에 걸쳐 매일, 매시간 반복적으로 특정 기관을 사용하면서 목이 길어지는 쪽으로 변이가 일어난 변종이 생겨난다. 이들은 생존 경쟁에서 더 우월한 지위를 차지하면서 번성한다. 하지만 변이가 일어나지 못한 개체들은 생존 경쟁에서 밀리면서 점차 도태하는 수밖에 없다.

먹이사슬을 중심으로 한 피라미드 형태의 수직적 구조로 자연을 이해하는 사고방식도 그 연장선에 있다. 다수의 초식 동물 위에 소수의 육식 동물이 있고, 그 위에 사자나 호랑이를 세운다. 그리고 최종적으로는 꼭대기에 인간을 올려놓는다. 본래 자연 자체가 경쟁을 통해 만들어진 피라미드 구조라는 발상이다. 그러니 인간 사회에도 경쟁의 결과로 불가피하게 여러 층으로 이루어진 수직적 체계가 필연적이라는 논리가 스며들기에 적합하다.

다윈의 진화론이 비춘 빛만큼이나 그늘도 날이 갈수록 짙고 넓어지고 있다. 무엇보다도 진화론이 인간의 정신이나 문화와 직접 연관되기에 외적인 생활만이 아니라 내적인 사고방식에도 질곡을 만들어 낸다. 단순하게 부분적인 부작용 정도라면 크게 신경 쓰지 않고 넘어가면 될 일이다. 어느 정도 시간이 해결해 줄 테니 말이다. 문제는 현대인의 삶과 사고방식 전체를 규정하면서 오히려 갈수록 더욱 심각해지는 양상이라는 점에서 절망적인 기운까지 감돈다.

미국 화가 조지 벨로스(George Bellows, 1882~1925)의 〈클럽의 밤〉은 현대인의 자화상이다. 링 위에서 권투 선수 2명이 혈투를 벌인다. 조금만 주의 깊게 관찰하면 오른편의 선수가 승기를 잡은 듯하다. 허리

조지 벨로스, <클럽의 밤>, 1907년

를 틀면서 막 왼손으로 결정타를 노린다. 왼편 선수는 이미 얼굴이 피범벅이 되어 있다. 자세와 표정도 위축된 상태여서 열세를 드러낸다. 주변의 관중들은 막바지를 향해 치닫는 경기 흐름에 긴장하는 분위기다. 결정타를 날려 끝내 버리라는 함성과 뜨거운 열기가 느껴진다.

　　이 그림을 볼 때면 현대인이 매일 겪는 치열한 생존 경쟁의 모습이 겹친다. 현대 사회는 일반적인 의미의 경쟁을 넘어선 지 오래다. 경쟁이라는 말로는 현실을 제대로 반영하기 어렵기에 '무한' 경쟁이라는 무시무시한 말이 익숙해졌다. 한국 사회의 현실을 보면 무한 경쟁이라는 말이 전혀 과장이 아니다. 인생을 살아가면서 경쟁이 아닌 순간이 없다.

다윈 진화론 이데올로기에 맞짱을!

충분히 뛰어놀아야 할 아동기부터 전력으로 질주해야 한다. 대학 입시를 코앞에 둔 고등학생에 국한된 이야기가 아니다. 초등·중등·고등학교에 이르는 10여 년 동안 입시 경쟁에 시달린다. 학교 자체가 학생들에게 검투사가 되기를 강요한다. 학생의 평가 기준이 시험 경쟁력으로 획일화되어 있다. 성적으로 줄 세우기를 하는 이상 권투 선수나 검투사처럼 누군가를 물리치고 자리를 차지해야 한다. 입시 지옥이라는 표현이 상식일 정도로 지독하다. 부모도 자녀의 경쟁이 최대 관심사다.

취업 경쟁은 더욱 치열하다. 누구나 원하는 대기업 정규직이나 공무원 취업을 향해 달려든다. 입시에서는 전국의 모든 학생이 서로 경쟁자이지만, 취업은 대학을 통해 걸러진 우수한 경쟁자들 사이에서의 경쟁이기에 훨씬 더 첨예하다. 대학은 학문의 전당이 아니라 취업을 위한 학원으로 변한 지 오래다. 대학 졸업 이후에도 상당 기간 취업 경쟁을 준비하는 학원에 다녀야 하는 처지다.

문제는 가뜩이나 목을 졸라매는 취업 경쟁이 갈수록 더 격화된다는 점이다. 특히 IT 기술과 인공지능 기술의 발달에 따른 자동화 확산으로 일자리가 빠르게 줄고 있다. 사기업 취업의 문이 좁아진 만큼 경쟁 압박감은 몇 배로 증가했다. 직장에 들어가도 경쟁이 끝나거나 완화되는 게 아니다. 취업 경쟁의 심화는 승진 경쟁의 심화로 이어진다. 피라미드의 윗부분이 비좁아지면서 필연적으로 승진의 사다리를 오르려는 싸움도 심해진다. 취업 경쟁이 보통 몇 년 동안이라면 승진 경쟁은 직장에 다니는 수십 년 동안 지속된다는 점에서 경쟁은 끝이나지 않는다.

직장에서 벗어나 소자본 창업을 해도 벗어날 수 있는 굴레가 아니다. 생계를 위해 장사하는 사람들의 상황이 조금도 덜하지 않다. 치킨집, 커피숍, 편의점, 미용실, 음식점, 옷가게 등을 가리지 않고 업종 대부분이 오래전부터 과포화 상태다. 웬만한 대도시의 길거리에는 한정된 유동 인구를 대상으로 한 가게가 즐비하다. 더군다나 한 블록이나 같은 골목 안에 같은 업종의 가게가 여럿이기 마련이다. 서로 사정이 나빠지는 방향으로의 출혈 경쟁을 버티지 못하고 1년도 되지 않아 폐업하는 가게가 줄을 잇는다. 그나마 유지해도 온 가족이 달라붙어 겨우 생계를 이어 가는 경우가 많다.

벨로스의 〈클럽의 밤〉에 나오는 권투 선수들은 몇 달에 한 번 링에 오른다. 하지만 대부분의 현대인은 생존을 건 경쟁에 몸을 맡기고 매일 링에 오른다. 경쟁이 삶 전체의 일상이 되고, 경쟁의 강도도 날로 강해진다. 물론 경쟁은 공동생산과 공동분배를 기본 생활방식으로 하는 원시 공동체가 무너진 이후 현대에 이르기까지 언제나 있었다. 하지만 만인에 대한 만인의 경쟁이 사회와 인간 전체의 지배 원리로 자리 잡은 것은 현대 자본주의 사회다.

현대인이 경쟁으로 내몰리는 상황과 진화론이 무슨 관련이 있냐며 의문을 품을지 모른다. 경쟁에 의한 인간 지배는 외적인 강제와 내적인 강제가 맞물릴 때 나타난다. 외적인 강제는 권력의 명령과 사회적 시스템에 의해 만들어진다. 대량생산과 대량소비에 의해 톱니바퀴가 굴러가는 자본주의 사회, 개인 경쟁 중심의 대도시 체제, 투기자

다윈 진화론 이데올로기에 맞짱을!

본의 무제한 이윤 축적이 보장된 금융체계 등이 여기에 해당한다.

하지만 같은 자본주의 사회라 해도 경쟁이 인간을 지배하는 정도의 차이는 상당히 크다. 경쟁의 파괴적 결과를 제도와 정책을 통해 상당 부분 보완하는 북유럽 복지국가와 오직 경쟁만을 거의 유일한 기본 질서로 여기는 한국·미국·일본을 비교해 보라. 경쟁의 양상과 지배력의 격차가 무시 못 할 만큼 크다. 체제, 제도 등 외적인 요인만이 아니라, 경쟁을 둘러싼 내적인 요인이 서로 다르게 작용하기 때문이다. 사회 구성원들이 내면적으로 품고 있는 사고방식의 차이 말이다.

사람들이 경쟁을 내면화한 정도가 큰 사회일수록 경쟁은 더 촘촘하게 뿌리를 내린다. 대부분의 개인이 자발적인 결정으로 기꺼이 경쟁의 장에 뛰어들었다고 생각한다. 내면화 정도에 비례해서 경쟁의 강도와 농도가 증가한다. 그 결과 경쟁에 뒤처져 열악한 처지에 있거나 경쟁에서 탈락해 비참한 처지에 있는 수많은 사람은 빈곤, 차별 등이 사회의 문제가 아니라 자신의 노력이나 실력이 부족해서 생긴 결과라며 자책한다. 그리고 다시 무한경쟁 열차의 꼬리 칸 안에서 약자끼리의 자리바꿈 싸움에 몰두한다.

다윈의 진화론과 사회진화론, 현대의 사회생물학과 진화심리학 등은 현대인이 경쟁을 내면화하는 데 강력한 무기를 제공했다. 경쟁이 인간 본성에 따른 것이기 때문에 어쩔 수 없고, 경쟁력이 부족한 사람은 도태가 불가피하다는 이데올로기를 광범위하게 유포해 왔다. 과학의 권위까지 등에 업고 경쟁을 인간의 속성으로 규정하기에 사람들의 내면에 손쉽게 파고든다. 인간이 동물과 마찬가지로 진화의 산물임을 부정할 수 없는 이상, 앞으로도 가파른 피라미드 사회 구조와 치열한 경쟁 속에서 각개전투하며 살아가는 방법 이외에 달리 아무런 길이 없다는 사고방식에 갇힌다.

하지만 자연계든 인간 사회든 갈수록 각도가 좁아지는 피라미드로 설명하기 어렵다. 만약 경쟁을 통한 승자를 피라미드의 꼭대기에 올려야 한다면, 미생물에 불과한 바이러스가 최종 우승자의 위치에 올라서는 게 더 타당할지 모른다. 이 지구상의 어떤 동물도, 심지어 인간까지도 바이러스를 정복한 적이 없기 때문이다. 오히려 끊임없이 바이러스의 공격에 당하고 있다. 지구에 큰 환경 변화가 찾아와 인간이나 육식동물이 멸종한다 해도 최종적으로 살아남을 생명체는 아마 바이러스일 것이다. 그 정도로 생존과 번식에 관련된 경쟁력은 가장 우수하다. 사정이 이러하니 피라미드가 필요하다면 맨 위에 자리해야 마땅하다.

세상을 무한한 생존 경쟁과 적자생존의 피라미드로 이해하는 왜곡된 발상이 바뀔 필요가 있다. 경쟁이나 협력은 물론이고 그 외에도 다양한 요인이 진화에 영향을 미친다고 봐야 한다. 진화를 진보와 동일시하는 경향도 수정해야 한다. 또한 자연계는 수직적 피라미드만이 아니라 수평적이되 다양한 그물코를 가진 그물이 함께 연결되어 있다는 발상이 필요할 수도 있다. 자연과 진화를 설명하는 좀 더 폭넓은 이해 방식을 제공할 뿐만 아니라, 인간 사회의 복잡성은 물론이고 인류의 바람직한 미래를 그리는 데도 더 설득력 있는 설명과 더 많은 유용성을 제공할 것이기 때문이다.

다윈 진화론 이데올로기에 맞짱을!

참고 문헌

대니얼 네틀, 김상우 옮김, 《성격의 탄생》, 와이즈북

더글러스 노스, 이병기 옮김, 《제도, 제도변화, 경제적 성과》, 한국경제연구원

데이비드 버스, 전중환 옮김, 《욕망의 진화》, 사이언스북스

데이비드 흄, 김성숙 옮김, 《인간이란 무엇인가-오성론》, 동서문화사

데즈먼드 모리스, 김석희 옮김, 《털 없는 원숭이》, 영언문화사

르네 데카르트, 소두영 옮김, 《방법서설》, 동서문화사

리처드 도킨스, 홍영남 옮김, 《이기적 유전자》, 을유문화사

리처드 르원틴, 김동광 옮김, 《DNA 독트린》, 궁리

리처드 르원틴, 이상원 옮김, 《우리 유전자 안에 없다》, 한울

마빈 해리스, 김찬호 옮김, 《작은 인간》, 민음사

매트 리들리, 신좌섭 옮김, 《이타적 유전자》, 사이언스북스

밀턴 프리드먼, 민병균 외 옮김, 《선택할 자유》, 자유기업원

샘 해리스, 배현 옮김, 《자유의지는 없다》, 시공사

소스타인 베블런, 박홍규 옮김, 《유한계급론》, 문예출판사

스콧 피츠제럴드, 김욱동 옮김, 《위대한 개츠비》, 민음사

스티븐 제이 굴드, 김동광 옮김, 《판다의 엄지》, 사이언스북스

스티븐 핑커, 김한영 옮김, 《마음은 어떻게 작동하는가》, 동녘사이언스

아리스토텔레스, 김진성 옮김, 《자연학》, 이제이북스

아리스토텔레스, 김진성 옮김, 《형이상학》, 이제이북스

앙리 베르그송, 이희영 옮김, 《창조적 진화》, 동서문화사

앙리 베르그송, 정석해 옮김, 《시간과 자유의지》, 삼성출판사

애덤 스미스, 박세일 옮김, 《도덕감정론》, 비봉출판사

에드워드 윌슨, 이한음 옮김, 《인간 본성에 대하여》, 사이언스북스

에르빈 슈뢰딩거, 조진남 옮김, 《생명이란 무엇인가?》, 동서문화사

에밀 뒤르켐, 민문홍 옮김, 《사회분업론》, 아카넷

울리히 벡, 홍성태 옮김, 《위험사회》, 새물결

월터 브래드 포드 캐넌, 조진남 옮김, 《사람 몸의 지혜》, 동서문화사

장 바티스트 드 라마르크, 이정희 옮김, 《동물 철학》, 지식을만드는지식

재레드 다이아몬드, 김정흠 옮김, 《제3의 침팬지》, 문학사상사

제인 구달, 박순영 옮김, 《희망의 이유》, 궁리

제임스 듀이 왓슨, 이한음 옮김, 《DNA 생명의 비밀》, 까치

조셉 니덤, 이석호 외 옮김, 《중국의 과학과 문명》, 을유문화사

존 메이너드 케인스, 조순 옮김, 《고용, 이자 및 화폐의 일반이론》, 비봉출판사

지그문트 프로이트, 김석희 옮김, 《문명 속의 불만》, 열린책들

지그문트 프로이트, 박성수 옮김, 《정신분석 운동》, 열린책들

지그문트 프로이트, 서석연 옮김, 《꿈의 해석》, 범우사

찰스 로버트 다윈, 김성한 옮김, 《인간과 동물의 감정 표현》, 사이언스북스

찰스 로버트 다윈, 송철용 옮김, 《종의 기원》, 동서문화사

찰스 로버트 다윈, 이한중 옮김, 《나의 삶은 서서히 진화해왔다》, 갈라파고스

찰스 로버트 다윈, 추한호 옮김, 《인간의 기원》, 동서문화사

칼 구스타브 융, 설영환 옮김, 《무의식 분석》, 선영사

칼 마르크스, 김수행 옮김, 《자본론》, 비봉출판사

칼 마르크스, 최인호 외 옮김, 《공산당선언-맑스·엥겔스 저작 선집1》, 박종철출판사

클로드 레비스트로스, 박옥줄 옮김, 《슬픈 열대》, 한길사

토머스 맬서스, 이서행 옮김, 《인구론》, 동서문화사

파트리크토르, 최정수 옮김, 《찰스 다윈, 진화를 말하다》 시공사

프랑수아즈 에리티에, 배영란 옮김, 《여자, 남자 차이의 구축》, 알마

프랜시스 베이컨, 진석용 옮김, 《신기관》, 한길사

프리드리히 엥겔스, 나상민 옮김, 《공상에서 과학으로》, 새날

피터 싱어, 김성한 옮김, 《사회생물학과 윤리》, 연암서가

허버트 스펜서, 이정훈 옮김, 《진보의 법칙과 원인》, 지식을만드는지식

헨리 조지, 김윤상 옮김, 《진보와 빈곤》, 비봉출판사

《공동번역 성서》 대한성서공회

다윈 진화론
이데올로기에 맞짱을!
_인문학의 시선에서 통찰한 과학

ⓒ 박홍순, 2024

발행일 2024년 11월 7일

지은이 박홍순

편집 김유민

디자인 이진미

펴낸이 김경미

펴낸곳 숨쉬는책공장

등록번호 제2018-000085호

주소 서울시 은평구 갈현로25길 5-10 A동 201호(03324)

전화 070-8833-3170 **팩스** 02-3144-3109

전자우편 sumbook2014@gmail.com

홈페이지 https://soombook.modoo.at

페이스북 /soombook2014 **트위터** @soombook **인스타그램** @soombook2014

값 17,000원 | ISBN 979-11-94161-00-4